アラビア語・ペルシア語・ウルドゥー語
対照文法

黒柳 恒男 著

東京 大学書林 発行

はしがき

本書は印欧語比較文法やセム語比較文法のような比較言語学に拠る学術書ではなく，書名が明示するように三言語の対照文法である。言語学上セム語族に属するアラビア語と，印欧語族，インド・イラン語派に属するペルシア語，ウルドゥー語とは属する系統が全く異なるので言語学的に相互を比較するのは不可能であるが，対照なら可能である。対照というより，端的に言うならば，アラビア語彙，語形が，ペルシア語にどのように借用，受容され，変形したか，また多くのアラビア語を含むペルシア語がウルドゥー語の語形論においてどのような影響を及ぼしているかを，発音・語形・意味の三分野にわたって考察したい。

本書執筆の目的は上述の三言語のうち，一言語を学習した者が他の一，二言語を学習したいと思う場合に，既習言語を基礎に，他の言語をより効果的に学ぶにはどうしたらよいか，そのためにいささかでもお役に立てばという気持ちから本書の執筆を思い立った。本書は決して三言語それぞれの学習文法書ではない。そのためには各言語の既刊学習書・文法書を参照すればよいのである。

属する系統が異なるとはいえ，三言語に共通するのはアラビア文字で書かれ，さらに言語使用者がイスラーム教徒であるという二点が最大の共通点である。筆者は半世紀有余にわたり三言語を学び研究し，東京外国語大学をはじめ他の諸機関で教育に従事し，また若干の文法書，辞典などを刊行してきた。自らの乏しい経験・体験に基づき，新進気鋭の諸士のためにいささかでも書き残しておきたい気持ちが切実である。筆者が知る限りでは，欧米で三言語を同じ一冊の本に扱ったのは一世紀以上も前にただ一度だけである。イギリスの著名なアラビスト E. H. Palmer が 1882 年に刊行した Simplified Grammar of Hindustani, Persian and Arabic（London）のみである。彼は 104 頁から成る簡約文法書で H. 27 頁，P. 27 頁，A. 50 頁を割当て各文法を略述しているが，対照はされていない。この書は学術書ではなく，当時イギリスの植民地であったインドに勤務するインド文官試験の志願者を対象にしたものであった。

ペルシア語学習者は A. K. S. Lambton: Persian Grammar において全体の約三分の一にわたって The Arabic Element が述べられ，ウルドゥー語学習者は J. T. Platts: A Grammar of the Hindustani or Urdu Language の随所に Persian constructions, Arabic constructions の記述が多くなされていることに気付いたであろう。各言語にとってこれらの要素は不可分・不可欠である。それ故，これらの要素の知識は他の言語学習をきわめて容易にするばかりでなく，専攻言語の十分な理解のためにも非常に有益であることは申す迄もない。はじめ東京外語でウルドゥー語を学んだ筆者はペルシア語，アラビア語と学習するにつれて，さらに理解力が増した若き日々が思い出される。

現代ペルシア語の語彙の半分以上がアラビア語系であり，ウルドゥー語でもペルシア語，アラビア語系が半分以上を占めている。しかしこれはあくまでも語彙の面だけで，言語の本質的な文法構造はそれぞれ独立した固有の体系を保持し，他の言語の影響をほとんど受けていない。ペルシア語においてはアラビア系語彙をそのまま借用・受容した例も少なくはないが，多くの場合，発音，意味などにおいて自国語に即して変化・変容させた。古代・中世ペルシア語を経て約一千有余年前にアラビア文字を採用して成立した近世ペルシア語はその発生・発展過程において十一世紀以降二，三世紀間に実に驚くほど多くのアラビア語彙が採り入れられたが，言語の本質はなんら変わることなく，表現力はそれ以前に比べていく十倍も増大したといえよう。

ウルドゥー語はアラビア語，ペルシア語に比べるとかなり新しい言語である。十三世紀初頭にペルシア語を母語としたトルコ系民族が北インドに独立ムスリム王朝樹立以降，当時のヒンディー系言語を母体にペルシア語と混交して成立した言語で，もっぱら話し言葉として用いられた。なぜならデリー諸王朝，ムガル朝末に至るまでイスラーム支配時代には数世紀以上にわたって公用語，学術書はペルシア語であった。ウルドゥー韻文学はムガル時代後半から隆盛の一途を辿ったが，散文学は十九世紀初頭からといえよう。現在，ウルドゥー語は文字と語彙の点を除けば，本質的にはヒンディー語と文法構造は同じである。

既述のように本書は三言語の対照文法で，語彙を中心に語形論の各分野にわたり，対照・異同を指摘するとともに，各言語の文法も略述して各言語間の本質的な相違を認識する一助になれば筆者にとって幸いである。読者が筆者の意図をくみとり，学習にいささかでも利用・活用して下さればと願う次第である。

本書の出版に当たって絶大な協力を惜しまれなかった出版社（株）大学書林と組版を担当された（株）ロガータの関係各位に心から感謝を捧げたい。

平成 14 年 1 月

黒柳 恒男

凡　例

1）略語

アラビア語	— A	トルコ語	— T
ペルシア語	— P	英語	— E
ウルドゥー語	— U	フランス語	— F
ヒンディー語	— H	ロシア語	— R

2）発音は現代音で表記し，アラビア語女性形語尾 ة は（a）とする。格変化の語尾は対格（-an）を除き原則として省略する。

3）ペルシア語，ウルドゥー語の異字同音は発音表記では区別しない。

例　ث, س, ص → s

4）アラビア語，ペルシア語の口語，俗語は対象とせず，現代文語に限定し，古語も対象としない。

5）短母音の上の横棒は長母音を表す。

例　ā（アー），ī（イー），ū（ウー）

6）文法用語は各言語で一般に用いられている用語を使用する。

参考文献

A 文献

D. Cowan: An Introduction to Modern Literary Arabic, Cambridge, 1958

J. A. Haywood & H. M. Nahmad: A New Arabic Grammar of the Written Language, London, 1962

池田修「アラビア語入門」岩波書店，1976

黒柳・飯森「現代アラビア語入門」大学書林，平成 11 年

H. Wehr: A Dictionary of Modern Written Arabic, Wiesbaden, 1961

池田・竹田「現代アラビア語小辞典」第三書館 1981

本田・石黒「初級アラビア語辞典」白水社 1997

P 文献

E. H. Palmer: Simplified Grammar of Hindustani, Persian and Arabic, 1st. ed. London, 1882

A. K. S. Lambton: Persian Grammar, Cambridge, 1961

G. Lazard: Grammaire du Persan contemporain, Paris, 1957

J. R. Perry: Form and Meaning in Persian Vocabulary, The Arabic Feminine Ending, California, 1991

Kh. Farshīdvard: Arabī dar Fārsī, Tehran, 1979

M. J. Sharī'at: Dastūre-zabāne-Fārsī, Esfahan, 1985

黒柳恒男「ペルシア語四週間」大学書林，昭和 57 年

黒柳恒男「ペルシア語の話」大学書林，昭和 59 年

黒柳恒男「ペルシア語辞典」大学書林，昭和 63 年

G. Lazard: Dictionnaire persan-français, Leiden, 1990

U 文献

J. T. Platts: A Grammar of the Hindustani or Urdu Language, 6th. ed. Oxford, 1920

Abdul-Haqq: Qawā'ide-Urdu, Karachi, 1951

蒲生礼一「ウルドゥー語入門」泰流社，昭和 51 年

鈴木斌「ウルドゥー語文法の要点」大学書林，平成 8 年

J. T. Platts: A Dictionary of Urdu, Classical Hindi and English, 1st. ed. London, 1884

Ferozsons: Urdu-English Dictionary, Lahore, 1960

鈴木・麻田「ウルドゥー語常用 6000 語」大学書林，昭和 55 年

目　次

はしがき …… i

凡例 …… iv

参考文献 …… v

（1）文字（アルファベット），正書法，書体 …… 1

（2）発音と発音符号 …… 17

（3）P，U における ة の変化 …… 43

（4）意味と外来語 …… 59

（5）名詞 …… 76

（6）代名詞 …… 95

（7）形容詞 …… 106

（8）数詞 …… 126

（9）動詞 …… 139

（10）前置詞・後置詞 …… 234

（11）副詞 …… 258

（12）接続詞 …… 267

（13）間投詞 …… 273

（14）造語法（接頭辞・接尾辞）…… 278

（15）構文（語順），文の種類，従属節 …… 306

（1）文字（アルファベット），正書法，書体

まずA，P，U三言語のアルファベットを並記した後，それぞれを対照する。一概に三言語ともアラビア文字で書かれているとはいえ若干の相違がある。それは文字の数で，Aは28字，これを基に4字追加してPは32字，さらに3字追加したUでは35字である。ここでは単独字（独立形）のみを扱い，接続形は省く。

アルファベットをAでは الحروف الأبجدية（al-ḥurūful-’abjadīya）または単に（al-’abjadīya），または الألفباء（al-’alif-bā’），Pでは الفبا（alef-bā），Uでは ابجد（abjad）または حروف تهجی（hurūfe-tahajjī）といい，それぞれ名称が異なる。abjadとは元来文字の数値を表す表現で，1，2，3，4を表す。中世以来Aの28字を8群に分けている。P，Uの追加文字には数値はない。

ابجد （abjad） /1，2，3，4/	هوز （hawwaza） /5，6，7/	حطی （ḥuṭṭiya） /8，9，10/
كلمن （kalaman） /20，30，40，50/	سعفص （sa‘faṣ） /60，70，80，90/	قرشت （qurishat） /100，200，300，400/
ثخذ （thakhidh） /500，600，700/	ضظغ （ḍaẓigh） /800，900，1000/	

これらの数値は重要な史実や名士の没年などを詩などに詠みこんで，アラビア数字（インド数字）の代わりに用いられた。E. G. Browneの「ペルシア文学史」（第3巻）から借用して一例をあげよう。15世紀の偉大な学者・詩人ジ

ャーミーの没年について，دود از خراسان برآمد (dūd az khorāsān bar-āmad)（ホラサーン地方から煙（ため息）があがった)。khorāsān の数値合計は 912，dūd は 14，az は from を意味するので 912 − 14 = 898（西暦 1492）になり，ジャーミーの没年を表している。今日でもまれではあるが用いられることがあり，詩では末尾の句の単語に下線が引かれて数値があることを示す場合が多い。西欧語のクロノグラム（年代表示銘）と共通したものがある。

アラビア語アルファベット

	名　称	単独字	音　価	数　値
1	alif	ا	a, i, u, ā	1
2	bā	ب	b	2
3	tā	ت	t	400
4	thā	ث	th	500
5	jīm	ج	j	3
6	ḥā	ح	ḥ	8
7	khā	خ	kh	600
8	dāl	د	d	4
9	dhāl	ذ	dh	700
10	rā	ر	r	200
11	zāy	ز	z	7
12	sīn	س	s	60
13	shīn	ش	sh	300
14	ṣād	ص	ṣ	90
15	ḍād	ض	ḍ	800

16	ṭā	ط	ṭ	9
17	ẓā	ظ	ẓ	900
18	ayn	ع	‘	70
19	g͟hayn	غ	g͟h	1000
20	fā	ف	f	80
21	qāf	ق	q	100
22	kāf	ك	k	20
23	lām	ل	l	30
24	mīm	م	m	40
25	nūn	ن	n	50
26	hā	ه	h	5
27	wāw	و	w	6
28	yā	ى (ي)	y	10

ペルシア語アルファベット

	名　称	単独字	音　価
1	alef	ا	a, e, o, ā
2	be	ب	b
3	pe	پ	p
4	te	ت	t
5	se	ث	s
6	jīm	ج	j

7	che	چ	ch
8	he	ح	h
9	khe	خ	kh
10	dāl	د	d
11	zāl	ذ	z
12	re	ر	r
13	ze	ز	z
14	zhe	ژ	zh
15	sīn	س	s
16	shīn	ش	sh
17	sād	ص	s
18	zād	ض	z
19	tā	ط	t
20	zā	ظ	z
21	ein	ع	‘
22	ghein	غ	gh
23	fe	ف	f
24	qāf	ق	q (gh)
25	kāf	ک	k
26	gāf	گ	g
27	lām	ل	l
28	mīm	م	m

29	nūn	ن	n
30	vāv	و	v
31	he	ه	h
32	ye	ی	y

ウルドゥー語アルファベット

	名　称	単独字	音　価
1	alif	ا	a, i, u, e, ā
2	bē	ب	b
3	pē	پ	p
4	tē	ت	t
5	ṭē	ٹ	ṭ
6	sē	ث	s
7	jīm	ج	j
8	chē	چ	ch
9	hē	ح	h
10	khē	خ	kh
11	dāl	د	d
12	ḍāl	ڈ	ḍ
13	zāl	ذ	z
14	rē	ر	r
15	ṛē	ڑ	ṛ

16	zē	ز	z
17	zhē	ژ	zh
18	sīn	س	s
19	shīn	ش	sh
20	sād	ص	s
21	zād	ض	z
22	tōe	ط	t
23	zōe	ظ	z
24	aīn	ع	‘
25	ghain	غ	gh
26	fē	ف	f
27	qāf	ق	q
28	kāf	ک	k
29	gāf	گ	g
30	lām	ل	l
31	mīm	م	m
32	nūn	ن (ں)	n（ṇ）
33	wāo	و	w
34	hē	ه	h
35	yē	ی (ے)	y

発音については後述するので，ここでは文字と名称についてだけ三言語を比較対照する。文字表で明らかなようにAアルファベット28字に，Pでは پ,

چ, ژ, گ の4字が考案・追加されて32字になり，さらにUでは ٹ, ڈ, ڑ の3字が考案・追加されて35字になった。Aの yā には ى（ي）の二種がある。語の末尾にくる時のみ変わり，ى はアリフ・マクスーラ alif maqṣūra と呼ばれて（ā）と発音され，ي は語尾で（ī）と発音される。アラブ圏でエジプトなど一部の国ではこの区別はなく，ى のみで語によって（ā），（ī）と発音を使い分けている。Pでも ی のみで，A系のわずかな単語のみ，アリフ・マクスーラとして（ā）と発音される。Uでは ی の他に ىٰ の文字が語尾の（ā）を表すために用いられ，アリフ・ハンジャリー alif khanjarī（短剣のアリフ）と呼ばれている。A，P，Uとも単独字から接続形は容易に想像できる。すなわち単独字の点が一つか，二つか，三つかは接続形にそのまま移行しているからである。

ただ唯一の例外は ی である。点がないのに，接続形の頭字，中字は ﻳ, ﻴ になって点が二つつく。これはAの ي に拠るものであることを知らないと説明できない。

Aの単独字 ك，尾字 ﻚ となって短斜線はないが，P，Uにおいては ک, ﮏ になっている。Aの頭字，中字はP，Uと同じように ﮐ, ﮑ となり短斜線がついている。P，Uでも活字ではAのようになる場合がある。

三言語アルファベットの名称はほぼ同じあるとはいえ，Aは bā，tā，thā のように長母音（ā）で終わる文字が多い。これに対してPは be，te，se のように短母音（e）で終わる。これは現代音では長母音（ē）の音が用いられないからである。Uでは bē，tē，sē のように長母音（ē）で終わる。

中世ではPでも（ē）があったので bē，tē，sē と発音され，この名称がそのままUに移行されて現在に至ったとも考えられる。

Uには ن と ی が語尾にくると二種に分かれる。A，Pにはない文字である。すなわち ن と ں，ی と ے で，A，Pには ں と ے は存在しない。これはUの発音に由来し，鼻音化する場合に点がない ں（ṇ）が書かれる。中字には区別はない。ے は語尾が（ē）となる場合に用いられ，本来の ی は chhoṭī yē（小さい yē），ے は baṛī yē（大きい yē）と呼ばれて区別されている。Pの草書体

shekaste では ی の代わりに ے が書かれることがあるが，(ē) と発音されることは決してない。

アルファベットの語順にも注意されたい。A では ه (hā)，و (wāw) の順になっているのに，P，U では و (vāv/wāo)，ه (he/hē) の順になっている。辞書をひく時，うっかりすることがある。

アラビア文字は太陽文字 ت，ث，د，ذ，ر，ز，س，ش，ص，ض，ط，ظ，ل，ن の 14 文字と月文字 ا，ب，ج，ح，خ，ع，غ，ف，ق，ك，م，ه，و，ی の 14 文字とに分類され，定冠詞 ال (al) と結合すると，太陽文字で始まる語と月文字で始まる語とでは発音が大きく異なる。この法則は P，U でも適用されるが，A に比べればきわめて少ない。

例

الشمس	太陽	A (ash-shams) ل が次の文字に同化する。
القمر	月	A (al-qamar)
السلام	挨拶，平安	A，P，U (as-salām)

イラン人がアラビア文字を借用してペルシア語を書き始め，近世ペルシア語が成立したのはアラブ・イスラーム軍に征服され，ササーン朝が滅亡し，イランがアラブの直接支配下に置かれた七世紀半ばから二世紀以上も経ってからである。ササーン朝滅亡後，同朝に仕えていた文官，書記の多くはアラブ支配者に仕えたが，彼らの言語はパフラヴィー語（中世ペルシア語）で，西方アラブ地域で用いられたギリシア語と対照的であった。ウマイア朝第五代カリフ，アブドゥルマリク（在位 685 − 705）の治世に東西にわたって行政アラビア語使用の大方針が発布されたが，実現までには長い年月を要した。近世ペルシア語が成立するまで，いわゆる「沈黙の二世紀」の間に，ゾロアスター教聖職者はササーン朝時代と同じように中世ペルシア語を用いて執筆したが，一部の知識人たちは当時の行政語，宗教語，学術語であったアラビア語を積極的に学び精通し，この言語を駆使してさまざまな分野にわたって執筆し，イスラーム文化

に多大な貢献をした。

九世紀になってイラン東方地域，ホラサーン地方にイラン系民族地方王朝，ターヒル朝やサッファール朝が樹立されると次第に近世ペルシア語が芽生えた。しかしイラン人は最初から現在の32文字を用いたのではなく，Aの28文字だけを使ってPを表記した。そこで一字二音が生じ，ب（b）は پ（p），ج（j）は چ（ch），ز（z）は ژ（zh），ک（k）は گ（g）と単語に即して発音された。しかし中世ペルシア語に用いられた多くの一字多音のアラム文字に比べれば，アラビア文字ははるかに容易で便利だったので，急速に広く九世紀半ば頃からA文字が使用されるようになった。現存する十一，二世紀の古写本ではP考案の追加4文字は使用されておらず，十三世紀頃から次第に使用されるようになった。現在の正書法もほぼ同時代以降に確立された。インドにPが導入されたのは文字，正書法がイランで確立された後であるから，そのまま移行した。しかしU考案の文字 ٹ，ڈ，ڑ は十九世紀には点四つ，すなわち ٿ，ڐ，ڙ で表記されたこともある。プラッツの文法書によると，ٹ，ڑ はインドで印刷された書物に用いられ，ٿ，ڙ はイギリスで印刷された本に用いられると述べられ，彼の文法書では ٿ，ڙ が使われ，アルファベットの中でA，Pと名称が異なるのは ط（tōe）と ظ（zōe）で，A，Pでは決して用いられず，U独自の名称である。

正書法

Aの正書法（綴り）はP，Uにおいて全般的にはそのまま導入されているが，一部では変化している。ター・マルブータとハムザは後述することにして，ここではそれら以外の綴りの変化をA，P，Uで対照することにする。

アリフ・マクスーラ（語尾の ى で長母音 ā と発音される）は名詞，形容詞にあり，そのままP，Uで用いられる場合と ى が発音通り，アリフ・マクスーラから ا に変わる場合とがある。既述のようにUではアリフ・マクスーラは ىٰ になる。

アリフ・マクスーラの場合

عيسى	イエス	A (ʻīsā)	P (ʻīsā)	U (ʻīsā) عيسىٰ
موسى	モーセ	A (mūsā)	P (mūsā)	U (mūsā) موسىٰ
يحيى	ヨハネ	A (yaḥyā)	P (yahyā)	U (yahyā) يحيىٰ
مجتبى	モジュタバー	A (mujtabā)	P (mojtabā)	U (mujtabā) مجتبىٰ
كبرى	最大の	A (kubrā)	P (kobrā)	U (kubrā) كبرىٰ
صغرى	最少の	A (ṣug͟hrā)	P (sog͟hrā)	U (sug͟hrā) صغرىٰ
أعلى	最高の	A (’aʻlā)	P (aʻlā) اعلى	U (aʻlā) اعلىٰ
أقصى	より遠い	A (’aqṣā)	P (aqsā) اقصى	U (aqsā) اقصىٰ
تعالى	至高である	A (taʻālā)	P (taʻālā)	U (taʻālā) تعالىٰ

アリフ・マクスーラがاに変わる場合

تقوى	敬虔	A (taqwā)	P (taqvā) تقوا	U (taqwā) تقوىٰ
تقاضى	要請	A (taqāḍā)	P (taqāzā) تقاضا	U (taqāzā) تقاضا

تماشی	見物	A（tamāshā）	P（tamāshā） تماشا	U（tamāshā） تماشا
تمنی	願望	A（tamannā）	P（tamannā） تمنا	U（tamannā） تمنا
فتوی	教令	A（fatwā）	P（fatvā） فتوا	U（fatwā） فتویٰ
مبتلی	罹った	A（mubtalā）	P（mobtalā） مبتلا	U（mubtalā） مبتلا
مرضی	病人たち	A（marḍā）	P（marzā） مرضا	U（marzā） مرضا
مصفی	精製された	A（muṣaffā）	P（mosaffā） مصفا	U（musaffā） مصفا
مربی	ジャム	A（murabbā）	P（morabbā） مربا	U（murabbā） مربا
مقتضی	必要	A（muqtaḍā）	P（moqtazā） مقتضا	U（muqtazā） مقتضا

※ A の تقاضی，تماشی，تمنی は動詞で，それぞれ「訴訟を起こす，要求する」，「一緒に歩く」，「願う」を意味し，上述の名詞は P，U における意味である。

A の名詞，形容詞で語尾が -in で終わる場合，P，U においては -ī に変わる。なお，A においても，その語に定冠詞がつけば -in が -ī になる。

例　　قاض 裁判官　A（qāḍin）→ القاضی（al-qāḍī）

定冠詞のない P，U においては -in の形はなく，-ī のみの形で，この例はかなり多い。

A -in が P，U で -ī に変わる場合，فال（fālin）→ فالی（fālī）の型が主である。

آت 次の	A（ātin）	P（ātī） آتی	U ——
باق 残りの	A（bāqin）	P（bāqī） باقی	U（bāqī） باقی
تال 次の	A（tālin）	P（tālī） تالی	U ——
جار 現在の	A（jārin）	P（jārī） جاری	U（jārī） جاری
حام 保護者	A（ḥāmin）	P（hāmī） حامی	U（hāmī） حامی
خال からの	A（k̲h̲ālin）	P（k̲h̲ālī） خالی	U（k̲h̲ālī） خالی
داع 動機	A（dā‘in）	P（dā‘ī） داعی	U（dā‘ī） داعی
راض 満足した	A（rāḍin）	P（rāzī） راضی	U（rāzī） راضی
راع 牧者	A（rā‘in）	P（rā‘ī） راعی	U（rā‘ī） راعی
راو 語り手	A（rāwin）	P（rāvī） راوی	U（rāwī） راوی
زان 姦夫	A（zānin）	P（zānī） زانی	U（zānī） زانی

ساع	使い	A (sā‘in)	P (sā‘ī) * ساعی	U (sā‘ī) ساعی
شاك	原告	A (shākin)	P (shākī) * شاکی	U (shākī) شاکی
عاص	反逆者	A (‘āṣin)	P (‘āsī) عاصی	U (‘āsī) عاصی
عال	高等の	A (‘ālin)	P (‘ālī) عالی	U (‘ālī) عالی
قاض	裁判官	A (qāḍin)	P (qāzī) قاضی	U (qāzī) قاضی
كاف	十分な	A (kāfin)	P (kāfī) کافی	U (kāfī) کافی
ماض	過去	A (māḍin)	P (māzī) ماضی	U (māzī) ماضی
متعد	侵略者	A (muta‘addin)	P (mota‘addī) متعدی	U (muta‘addī) متعدی
متقاض	訴訟当事者	A (mutaqāḍin)	P (motaqāzī) * متقاضی	U (mutaqāzī) متقاضی
مساو	等しい	A (musāwin)	P (mosāvī) مساوی	U (musāwī) مساوی
مشتر	顧客	A (mushtarin)	P (moshtarī) مشتری	U (mushtarī) مشتری
مواز	平行の	A (muwāzin)	P (movāzī) موازی	U (muwāzī) موازی

مغن 歌手	A（mughannin）	P（moghannī） مغنی	U（mughannī） مغنی
واد 谷	A（wādin）	P（vādī） وادی	U（wādī） وادی
واف 充分な	A（wāfin）	P（vāfī） وافی	U（wāfī） وافی
وال 統治者	A（wālin）	P（vālī） والی	U（wālī） والی

＊ P ساعی（勤勉な），U（努力家）を意味する。
P شاکی（㊫㊔不平を言う（人）），U（原告，不平を言う）を意味する。
P متقاضی（志願者），U（㊫要求する）を意味する。

＊ A（-an）が P，U で（-ī）に変わることもある。
معنی（意味）A（ma'nan）　P معنی（ma'nī），U（ma'nī）

A の語尾が ـی（-an）で終わる語は P においてはアリフ・マクスーラに変わることがある。

例

A	قری 村（quran）قرية の複数	P	قری（qorā）
A	مستثنی 例外の（mustathnan）	P	مستثنی（mostasnā）
A	ملغی 廃止された（mulghan）	P	ملغی（molghā）
A	منتهی 終了（muntahan）	P	منتهی（montahā）

※ U においては مستثنیٰ, منتهیٰ になる。

書　体

アラビア文字の書体は歴史とともにさまざまな変容を遂げてきた。書体の中で最も古い形はクーフィー体 كوفی（kūfī）である。コーラン古写本やモスクの装飾文字などに用いられた。この書体を基にアッバース朝の宰相であったイブン・ムクラ Ibn Muqla（940 没）が弟と協力して考案した書体がナスフ体 نسخ（nasḵh）で，中世以来今日に至るまでアラビア書体の主流を占めている。

イランにおいてはクーフィー体やナスフ体がアラブ征服から数世紀間用いられたが，十一世紀ごろナスフ体を基にタアリーク体 تعلیق（ta'līq）が考案された。十五世紀になると書道家ミール・アリー・タブリーズィー（1446 没）がナスフ体とタアリーク体を基にナスタアリーク体 نستعلیق（nasta'līq）を考案した。この書体はその後ホラサーン派の巨匠たちを経てサファヴィー朝最大の書道家ミール・イマード・カズヴィーニー（1615 没）によって完成され，それ以降今日まで P の基本的書体になっている。アフガニスタンのダリー語，インド・ムガル朝時代の P においてもこの書体が用いられた。

U においてはナスフ体はコーラン写本や活字などに用いられるが，主流としてはムガル朝以来の伝統的なナスタアリーク体で，一般の出版物ではほとんどすべてがこの書体で石版印刷されてきた。手書きでもこの書体が用いられる。

十七世紀初めにナスタアリーク体の草書体ともいうべき P シェキャステ体（U シカスタ）شکسته（s̲h̲ekaste/s̲h̲ikasta）が考案され，今日でも書道の他に手紙などに用いられている。この書体は慣れない方には判読がかなり困難である。

次に歴史的書体も含めていろいろなアラビア文字の書体を例示しよう。

アラビア文字の書体

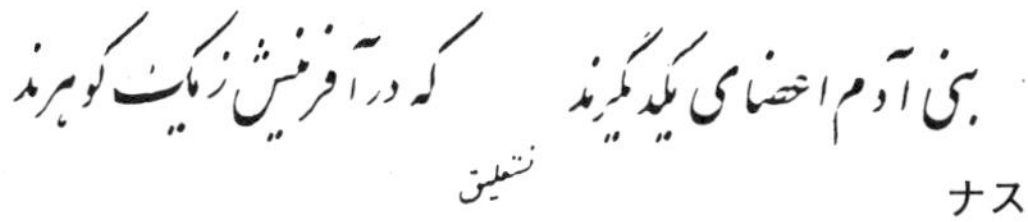

بنی آدم اعضای یکدیگرند
که در آفرینش ز یک گوهرند
نستعلیق

ナスタアリーク体

شکسته

シェキャステ体

ثلث

スルス体

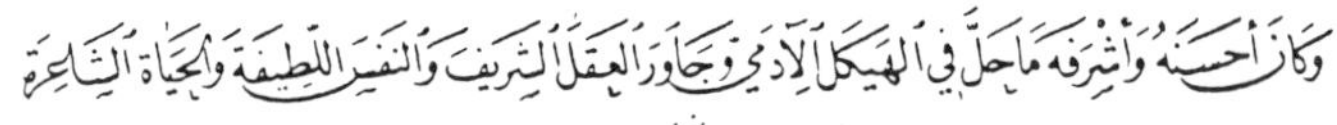

نسخ

ナスフ体

ریحانی

ライハーニー体

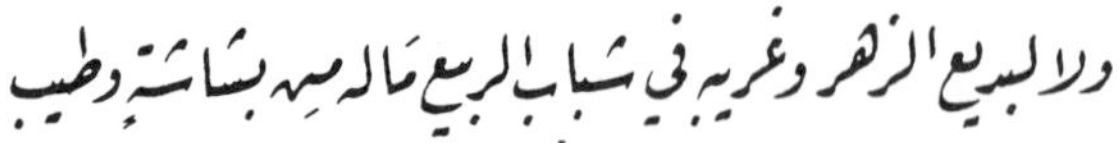

رقعی

ルクア体

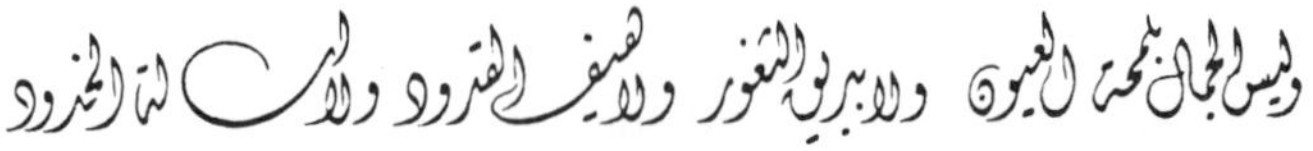

دیوانی

ディーワーニー体

دیوانی جلی

ディーワーニー・ジャリー体

کوفی

クーフィー体

(M. モイーン「ペルシア語辞典」引用)

（2）発音と発音符号

アラビア文字はすべてが子音文字であり，A アルファベット 28 字は一字一音であるから 28 の音から成り立っている。元来この文字には文字点も母音符号もなかったが，八世紀前半に古代シリア文字を参考にしてこれらが考案された。A，P，U とも文字において若干の相違はあるものの大差というほどではなく，学習者はほとんど困難を感じることはないが，発音の点では A と P，U では非常に大きい相違がある。P，U の学習者が A を学ぼうとする時，まず直面する最大の難関は A の子音の発音である。P，U ともに A の文字を基にしたアルファベットを用いているとはいえ，発音をそのまま受け入れたのではなく，P，U ともに A の音の多くを自国語の音に即して同化・採用したからである。その結果，異字同音がいくつか生じた。これについては後述する。

P，U の学習者が習得した A 系の単語を P，U の発音通りに発音したのでは相手（アラブ）に通じない場合が多くあり，反対に A 学習者が P，U の学習に際して，そこにある多くの A 系単語を A の音のままに発音したら非常に奇異に感じられる。筆者はテヘラン大学文学部に留学中にアラブ諸国から来た留学生や印・パから来た留学生の多くと接したが，上述の現象をしばしば耳にした。A の学習者が P，U を学ぶ場合は比較的容易であるが，P，U 学習者が A を学ぶ場合はかなりの困難をともなう。そこで筆者は P，U 学習者に対して，A を学ぼうとする時に「P または U の発音を忘れて，A の発音を最初から完全に学び始めなさい」と極言したものだった。

まず三言語であまり問題の少ない母音を表示し対照しよう。

1）母音

	A	P	U
短母音	a, i, u	a, e, o	a, i, u, e, o
長母音	ā, ī, ū	ā, ī, ū	ā, ī, ū, ē, ō
二重母音	ay, aw	ei, ou	ai, au

上の母音は母音符号に拠る母音の一覧対照で，あくまでも原則である。A，P，Uとも口語や地域差や語彙によって上記以外の母音が聞こえる。例えばAではe，o，Pではæ，i，ay，Uではae，ouなどさまざまな母音があるが，本書では上記の原則に限定して記述する。

Pにおいては中世の「旧発音」においては短母音はa，i，u，長母音はā，ē，ō，二重母音はai，auであった。これらの旧発音がUに受け継がれているとも考えられるが，Uの音はHの母音と密接に結びついている。

原則に従ってA，P，Uの若干の単語を例示しよう。

		A	P	U
إمكان	可能性	'imkān	emkān	imkān
استقبال	歓迎	istiqbāl	esteqbāl	isteqbāl
منزل	家	manzil	manzel	* manzil
كتاب	本	kitāb	ketāb	kitāb
مسافر	旅行者	musāfir	mosāfer	musāfir
ميدان	広場	maydān	meidān	maidān
موج	波	mawj	mouj	mauj
جيب	ポケット	jayb	jīb	jēb

موت 死	mawt	mout	maut
موسیقی 音楽	mūsīqā	mūsīq(gh)ī	mūsīqī
فردوس 天国	firdaws	ferdous	firdaus
دوست 友人	——	dūst	dōst
میز テーブル	——	mīz	mēz
روز 日	——	rūz	rōz
میوه 果物	——	mīve	mēwa

＊ U においては「家」ではなく,「段階, 旅程」を意味する。

上記の母音表をしっかり理解していれば, 大して問題はないが, セム系文字の大きな特色として短母音が表記されない。同系統のアラビア文字も同じで, どの母音をとるか単語によって一つ一つ覚えねばならない。A 系単語の母音が P, U においてそのまま用いられることも多くあるが, P, U において異なる場合がかなり多くあるので, 異同を辞書によって確認すべきである。

なお A の語頭にくる a, i, u は定冠詞や一部の派生形動詞（後述）を除き, 原則としてハムザがつくが, P, U ではつかない。

例

A	أحمق（'aḥmaq）愚かな	P, U	احمق（ahmaq）
A	أخلاق（'akhlāq）道徳	P, U	اخلاق（akhlāq）
A	إعلان（'i'lān）発表	P, U	اعلان（e'lān）
A	إنسان（'insān）人間	P, U	انسان（ensān/insān）
A	أخت（'ukht）姉妹	P, U	اخت（okht/ukht）
A	امتحان（imtiḥān）試験	P, U	امتحان（emtehān/imtehān）

2）子音

次にA，P，Uの子音を対照する前に，それぞれの子音を表示しよう。

Aの子音

	両唇	唇・歯	上歯	歯間	歯茎	強勢	歯茎・硬口蓋	硬口蓋	軟口蓋	口蓋垂	咽頭	声門
閉鎖音												
無声			t			ṭ			k	q		’
有声	b		d			ḍ						
摩擦音												
無声		f		t̲h̲	s	ṣ	s̲h̲			k̲h̲	ḥ	h
有声				d̲h̲	z	ẓ	j			g̲h̲	‘	
鼻　音	m				n							
側　音					l							
振動音					r							
半母音	w							y				

Pの子音

	両唇	唇・歯	歯	歯茎	口蓋	軟口蓋	口蓋垂	声門
閉鎖音								
無声	p		t			k		’
有声	b		d			g		
摩擦音								
無声		f	s	<u>sh</u>		<u>kh</u>		
有声		v	z	<u>zh</u>		<u>gh</u>	q	
破擦音								
無声					<u>ch</u>			
有声					j			
鼻　音	m		n					
側　音				l				
顫動音				r				‘
移行音					y			h

U の子音

	両唇	唇・歯	歯	歯茎	反転	歯茎・口蓋	硬口蓋	軟口蓋	口蓋垂	声門
閉鎖音										
無声	p		t		ṭ			k	q	
有声	b		d		ḍ			g		
帯気(音)										
無声	ph		th		ṭh			kh		
有声	bh		dh		ḍh			gh		
摩擦音										
無声		f	s	s̲h̲				k̲h̲		
有声		v	z	z̲h̲				g̲h̲		
破擦音										
無声						c̲h̲				
有声						j				
帯気(音)										
無声						c̲h̲h				
有声						jh				
鼻　音	m		n							
側　音			l							
顫動音			r							
弾　音										
無　気					ṛ					
帯　気					ṛh					

以上，A，P，Uの子音を表示したが，発音の点で最も難しいのはAであり，U，Pの順になる。換言すればPの発音はA，Uに比べると比較的やさしいと言えよう。後述する文法についてもこのことは当てはまる。

A，P，Uそれぞれの固有の音を説明する前に三言語及びP，Uに共通する音を述べることにする。A，P，Uに共通なのは ب（b），ت（t），ج（j），خ（kh），د（d），ر（r），ز（z），س（s），ش（sh），غ（gh），ف（f），ك（ک）（k），ل（l），م（m），ه（h），ى（y）で，P，Uに共通なのは پ（p），ث（s），چ（ch），ح（h），ذ（z），ژ（zh），ص（s），ض（z），ط（t），ظ（z），ع（‘），گ（g）である。

厳密にいえばAの ج は摩擦音，Pの ج は破擦音である。それぞれ音に多少の相違があるとはいえ上述の音価は大体共通している。そこで残余の文字の発音が問題となる。

Aの ث（th，（θ））に対してP，Uでは（s）になる。

Aの ذ（dh，（ð））に対してP，Uでは（z）になる。

A，Uの ق（q）に対してPでは（gh）になる。

例　قانون　法律　A（qānūn）　P（ghānūn）　U（qānūn）

A，Pの ن（n）に対してUには共通の（n）の他に鼻音化の（ṇ）がある。

A，Uの و（w）に対してPでは（v）になる。

Aの最も特色がある音は強勢子音と呼ばれる閉鎖音の ط（ṭ），ض（ḍ），摩擦音の ص（ṣ），ظ（ẓ）の他に，咽頭摩擦音 ح（ḥ）と ع（‘）の計6音で，P，Uにおいては A 音に同一化せず，他の文字と同音化した。その結果，P，UにおいてAの一字一音の原則は大きくくずれ，異字同音が生じ，これらの文字に音の相違はない。P，Uにおける異字同音は次の通りである。

（s）は　ث，س，ص

(h) は ح, ه

(t) は ت, ط

(z) は ذ, ز, ض, ظ

しかし同音とはいえ，どの文字を使ってもよいわけではなく，Aの正書法に則り歴史的正書法を厳密に守らねばならないことは申すまでもない。

A文字による単語は英語のknight，laughのように文字が読まれなかったり，文字と発音が異なるようなことはなく，A，P，Uでは文字は必ず綴り通りに発音されるが，Pにおいては例外が唯一つある。それは واو معدوله（vāve-ma'dūle）（発音されないvāv）である。P系のUにおける単語も同じである。このvāvには خوا と خو と二種がある。三字から成る خوا は خا（khā）と同じ音になり，خو も単語によって，و が発音されない場合がある。خوا を例示すると，

خواب（khāb）眠り，夢	خوار（khār）卑しい
خواستن（khāstan）欲する	خوان（khān）食盆
خواندن（khāndan）読む	خواهر（khāhar）姉（妹）
خواهش（khāhesh）願い	

中世では（khwāb），（khwāndan）のように綴り通りに発音されていたが，現在では同音異義を避けるためにこのような綴りになった。しかし歴史的正書法は変わらない。例えば，

خوار（khār）に対して خار（khār）は「とげ，いばら」

خواستن（khāstan）に対して خاستن（khāstan）は「起きる」

خوان（khān）に対して خان（khān）は「族長」

これらはあくまでもP系語彙に限定され，A系語彙では綴り通りに発音さ

れる。

例

خواتین（khavātīn）　婦人　خاتون の複数

خوارق（khavāreq）　奇跡　خارق の複数

خواطر（khavāter）　記憶　خاطر の複数

P の خو は発音される場合（khū）と，発音されない場合（kh）とがある。

発音される語の例

خوب（khūb）良い　　　　خود（khūd）ヘルメット

خوک（khūk）豚　　　　خون（khūn）血

خوشه（khūshe）穂

発音されない語の例

خود（khod）自身　　　　خوراک（khorāk）食物

خوردن（khordan）食べる　　　　خورشید（khorshīd）太陽

خوش（khosh）楽しい　　　　خویش（khīsh）自身

خویشاوند（khīshāvand）親類

A の ع（ayn）は P，U においては ا（alef/alif）と同一音になって区別はない。ただ表記では ا と区別するために P，U の辞書などでは ‘ を用いるが A の発音とは全く異なる。

例

علم 知識　　　　A（‘ilm）　　　　P（‘elm）　　　　U（‘ilm）

عالم	学者	A（ʻālim）	P（ʻālem）	U（ʻālim）
تعاون	協力	A（taʻāwun）	P（taʻāvon）	U（taʻāwun）
عجیب	不思議な	A（ʻajīb）	P（ʻajīb）	U（ʻajīb）
عیب	欠点	A（ʻayb）	P（ʻeib）	U（ʻaib）
عشق	愛	A（ʻis̲h̲q）	P（ʻes̲h̲q）	U（ʻis̲h̲q）
عموم	一般	A（ʻumūm）	P（ʻomūm）	U（ʻumūm）
عمر	年齢	A（ʻumr）	P（ʻomr）	U（ʻumr）
تعلیم	教育	A（taʻlīm）	P（taʻlīm）	U（taʻlīm）

発音表記だけ見ればA，P，Uともさほど変わらないように見えるが，実際の発音ではAとP，Uでは非常な相違があることをP，Uの学習者は心に銘記しておくべきである。これはعに限らず，既述の異字同音（s），（h），（t），（z）についても同じである。

P系の語でUに導入された語彙はきわめて多く，発音も変わる場合が多いが，語尾のサイレントه（he/hē）の発音はPでは（e）となり，Uでは（a）となって対照的である。このことはAのター・マルブータ（後述）で終わるP，Uの単語についても適用される。

P系の例

پیشه	職業	P（pīs̲h̲e）	U（pēs̲h̲a）
خانه	家	P（k̲h̲āne）	U（k̲h̲āna）
هفته	週	P（hafte）	U（hafta）
روزه	断食	P（rūze）	U（rōza）
بچه	子供	P（bac̲h̲c̲h̲e）	U（bac̲h̲c̲h̲a）
بنده	奴隷	P（bande）	U（banda）

سایه	影	P（sāye）	U（sāya）	
سرمایه	資本	P（sarmāye）	U（sarmāya）	
شانه	肩	P（shāne）	U（shāna）	
ساده	単純な	P（sāde）	U（sāda）	
شیشه	ガラス	P（shīshe）	U（shīsha）	
رفته	行った	P（rafte）	U（rafta）	

ター・マルブータの例

ملكة	王妃	A（malika）	P（maleke） ملکه	U（malika）
إشارة	指示	A（ishāra）	P（eshāre） اشاره	U（ishāra）
قاعدة	規則	A（qā'ida）	P（qā'ede） قاعده	U（qā'ida）
خطبة	説教	A（khuṭba）	P（khotbe） خطبه	U（khutba）
سنة	年	A（sana）	P（sane） سنه	U（sanah）
شيعة	シーア派	A（shī'a）	P（shī'e） شیعه	U（shī'a）

UにはA，Pには全くなく，Hと共通するインド固有の音がある。それはٹ（ṭē），ڈ（ḍāl），ڑ（ṛē）の三つの反転音（そり舌音）と十一の帯気音，すなわちبھ（bh），پھ（ph），تھ（th），ٹھ（ṭh），جھ（jh），چھ（chh），دھ（dh），ڈھ（ḍh），ڑھ（ṛh），کھ（kh），گھ（gh）で，Hでは一字であるが，アラビア文字では二字で表される。帯気音では当然のことながら短母音は一切入らず発

音される。語尾の鼻音化の ں (ṇ) も U の特色で，語中の鼻音は ن (n) で表されるが，鼻音化して発音される。

以上，A，P，U の母音と子音とを表示，対照し，それぞれ固有の音を指摘し，特に A 音が P，U 音ではどのように変化したかを述べてきた。A，P，U の個々の子音の発音方法などについてはそれぞれの文法書を参照されたい。

3）発音符号

A，P，U における発音符号は用語に若干の差違があるとはいえ，基本的には同一である。換言すれば P，U は A の符号を借用している。個々について略述する前に，A，P，U の入門文法書や初等読本を一見すると，A と P，U では非常に大きな相違があることに気付くであろう。それは A の単語・文章すべてに発音符号が付いているのに対して，P と U のそれには全く付いていないことである。符号は例えば漢字の振り仮名のようなもので，それに従って読めばほぼ正確に読めるようになっている。A では発音符号をシャクル شكل (<u>sh</u>akl) といい，符号が付いていることを形容詞でマシュクール مشكول (ma<u>sh</u>kūl) という。母音符号は A でハラカ حركة (ḥaraka)，P，U でハラカト حركت (harakat) という。A においては小学校 3，4 年ぐらいまでの教科書，入門書，児童の読物などには必ずシャクルが付いているが，高学年の教科書，新聞，雑誌，大人の読物などではシャクルは一切省かれている。ただコーランは例外で必ずシャクルが付いている。

A 学習者でシャクルなしで正確に読めるようになれば，文法を十分に理解し，基礎学力がかなりついたといえよう。既述のように子音文字だけで短母音が一切表記されないアラビア文字では一語一語，短母音をはじめとして発音符号を正確に覚えなければならない。P，U においては，A 系語彙が文脈によって発音が変化することはないが，A においては同じ綴りの単語が文脈により変化する。そこでシャクルが初学者には必要になる。例えば，قتل (q-t-l) と三文字から成る語は同じ綴りで短母音の変化により (qatala)（彼は殺した），(qutila)

（彼は殺された），（qatl）（殺害）と読み方によって意味が異なる。もう一例をあげると，**ملك**（m-l-k）は（malaka）（彼は所有した），（malik）（王），（malak）（天使），（mulk）（支配），（milk）（財産）になる。P においても母音符号は付かないが，同字で発音により意味が異なる語がいくつかある。

例

مرد	（mard）男	（mord）彼(女)は死んだ
دم	（dam）息	（dom）尾
مهر	（mehr）愛情	（mohr）印章
گل	（gel）泥	（gol）花

短母音符号

a を表す符号：ـَ

A فتحة（fatḥa）　P فتحه（fathe），زبر（zabar/zebar）　U（zabar）

i（e）を表す符号：ـِ

A كسرة（kasra）　P كسره（kasre），زير（zīr）　U（zēr）

u（o）を表す符号：ـُ

A ضمة（ḍamma）　P ضمه（zamme），پيش（pī<u>sh</u>）　U（pē<u>sh</u>）

語頭長母音 ā を表す符号：آ

A مدة（madda）　P，U مد（mad〔d〕）

子音のみを表す符号：ـْ

A سكون（sukūn），جزمة（jazma）

P سكون（sokūn），جزم（jazm）　U（jazm）

二重子音を表す符号：ـّ

A شدة（shadda）　P，U تشدید（tashdīd）

تنوين（tanwīn）P，U（tanvīn）

Aにおいては名詞，形容詞の語尾にそれぞれ，主格，属格，対格を示す ـٌ（un），ـٍ（in），ـً（an）と三種の tanwīn がある。例えば

كتابٌ（kitābun）本は	مدينةٌ（madīnatun）都市は
كتابٍ（kitābin）本の	مدينةٍ（madīnatin）都市の
كتاباً（kitāban）本を	مدينةً（madīnatan）都市を

Aにおいては三種の tanwīn は格変化を示すために不可欠であるが，P，Uにおいては対格形だけが用いられ，副詞としてのみ使われる。

例

اتفاقاً	偶然	P（ettefāqan）	U（ittefāqan）
اصلاً	元来	P（aslan）	U（aslan）
تقريباً	約	P（taqrīban）	U（taqrīban）
فوراً	ただちに	P（fouran）	U（fauran）
مثلاً	例えば	P（masalan）	U（masalan）
واقعاً	実際に	P（vāqe‘an）	U（wāqe‘an）
حقيقةً	実際は	P（haqīqatan）	U（haqīqatan）
نسبةً	比較的	P（nesbatan）	U（nisbatan）

※ ةً で終わる副詞はP，Uにおいては تاً（tan）に変わる傾向が強い。

例　حقيقةً → حقيقتاً

※ اً の tanvīn 符号を付けないこともある。

例　اصلاً → اصلا, عملاً → عملا

※ P の tanvīn 系副詞で A では用いられないものもある。

例　اقلاً 少なくとも　P（aqallan）

A على الأقل（‘alal-’aqall）

مخصوصاً 特に　P（makhsūsan）

A على الخصوص（‘alal-khuṣūṣ）

لطفاً どうぞ　P（lotfan）A من فضلك（min faḍlika）

کاملاً 完全に　P（kāmelan）A بكامله（bi-kāmili-hi）

4）ハムザ

ء　A همزة（hamza），P همزه（hamze）U（hamza）

ハムザは A においては一字と見なされ，アルファベットの第 29 文字，すなわちアルファベットの最後の文字になっている文法書もあるが，P，U ではそうではない。しかし A のみならず，P，U においてもハムザは重要な役割を果たし，A 系語彙に限らず，P，U 独自の語においてもきわめて大切で，アラビア文字の正書法と発音に不可欠である。

ハムザは単独で ء と書かれる。他に ا，و，ى の支えとして أ，إ，أُ，ؤ，ئ，と書かれる。

ハムザには همزة القطع（hamzatul-qaṭ‘）と همزة الوصل（hamzatul-waṣl）の二種があり，前者は声門閉鎖で，後者は「結合のハムザ」「一時性のハムザ」とも呼ばれ，ٱ 符号を A وصلة（waṣla），P وصل（vasl）U وصل（wasl）という。

例　قصر ٱلملك（qaṣrul-maliki）その王の城

定冠詞の ا は前の語に吸収される。

A においてはワスラは非常に多く用いられ不可欠であるが，P，U においては A 系複合名詞，形容詞，副詞の発音にたまに用いられるのみであり，ワスル符号はつけられないが，発音に注意すべきである。

P の例

سوق الجيش (souqol-jeish) 戦術

حق الامتياز (haqqol-emtiyāz) 利権料

سهل الوصول (sahlol-vosūl) 到達容易な

بين المللى (beinol-melalī) 国際的な

بالاخره (bel-akhare) ついに

حتى الامكان (hattal-emkān) できる限り

U の例

دار الحكومت (dārul-hukūmat) 首都

حب الوطنى (hubbul-watanī) 愛国心

رسم الخط (rasmul-khatt) 書体

بين الاقوامى (bainul-aqwāmī) 国際的な

بالكل (bil-kul) 全く

فى الحال (fil-hāl) 現在

ワスラ（ワスル）が P，U においてあまり使われないのに反して，声門閉鎖のハムザは A と同様に P，U においても A 系語彙だけでなく，自国語の表記にも実にひんぱんに用いられる。そこで最初に A，P，U におけるハムザ使用を対照し，それから P，U における使用を述べることにする。

i) Aにおいては語頭の短母音にハムザが用いられるが，P，Uにおいては省かれる。

例

A		P		U
أجنبی	(’ajnabī) 外国の	اجنبی	(ajnabī)	(ajnabī)
إنسان	(’insān) 人間	انسان	(ensān)	(insān)
أمة	(’umma) イスラーム共同体	امت	(ommat)	(ummat)

※ Aにおいて動詞派生形（後述）VII形からX形までの完了形，命令形，動名詞の語頭にハムザを付けない。

例	VII形	انفجار	(infijār)	爆発
	VIII形	اختراع	(ikhtirā‘)	発明
	X形	استقلال	(istiqlāl)	独立

ii) Aにおける語尾のāに続くハムザはP，Uにおいては一般に省かれる。もし付いていても発音されない。

例

A		P		U
ابتداء	(ibtidā’) 始め	ابتدا	(ebtedā)	(ibtedā)
أمراء	(’umarā’) 首長たち	امرا	(omarā)	(umarā)

صحراء (ṣaḥrā') 砂漠	صحرا (sahrā)	(sahrā)
علماء ('ulamā') 学者たち	علما ('olamā)	('ulamā)
إمضاء ('imḍā') 署名	امضا (emzā)	——
انتهاء (intihā') 終わり	انتها (entehā)	(intehā)
إنشاء ('inshā') 作文	انشا (enshā)	(inshā)
وضوء (wuḍū') 礼拝前の清め	وضو (vozū)	(wuzū)

iii）語中におけるハムザはA，P，Uともに用いられる。

例

A	P	U
تأثر (ta'aththor) 影響	تأثر (ta'assor) 感銘	(ta'assur) 印象
جرأة (jur'a) 大胆	جرأت (jor'at)	(jur'at)
رئيس (ra'īs) 長	رئيس (ra'īs)	(ra'īs)
سؤال (su'āl) 質問	سؤال (so'āl)	* سوال (sawāl)

＊Uではハムザが省かれる。

مؤلف (mu’allif) 著者	مؤلف (mo’allef)	(mu’allif)
مسألة (mas’ala) 問題	مسئلة (mas’ale)	مسئله (mas’ala)
مؤنث (mu’annat̲h̲) （文法）女性	مؤنث (mo’annas)	(mu’annas)
مسئول (mas’ūl) 責任ある	مسئول (mas’ūl)	——

iv）語中の長母音 ā に続くハムザは P においては ی（y）に変わる傾向が強い。

例

A	P	U
جائز (jā’iz) 正当な	جایز (jāyez)	(jā’iz)
جزائر (jazā’ir) 島々	جزایر (jazāyer)	(jazā’ir)
رائج (rā’ij) 流通する	رایج (rāyej)	(rā’ij)
فائدة (fā’ida) 利益	فایده (fāyede)	(fā’ida)
لائق (lā’iq) ふさわしい	لایق (lāyeq)	(lā’iq)
وسائل (wasā’il) 手段	وسایل (vasāyel)	(wasā’il)

v）P，Uにおいては A 系語彙の他に，それぞれ固有の語においてもハムザはひんぱんに用いられ，正書法において不可欠である。P においてはかつてハムザで書かれた語が A 系語彙と同じように長母音 ā の後では ی（y）に変わる傾向が強い。

P の例

پائیز（pā'īz）秋 → پاییز（pāyiz）

می‌گوئید（mī-gū'īd）あなたは言う →می‌گویید（mī-gūyīd）

دانائی（dānā'ī）賢明 → دانایی（dānāyī）

U の例

کئی（ka'ī）いくつかの

گائے（gā'e）牛

کھاؤ（khā'ō）食べなさい

※ P，U ともにサイレントの ه のエザーフェ（イザーファ）（後述）にハムザが用いられる。

P の例

خانۀ شما（<u>kh</u>āneye-<u>sh</u>omā）あなたの家

مغازۀ بزرگ（ma<u>gh</u>āzeye-bozorg）大きい店

U の例

بندۂ خدا（bandae-<u>kh</u>udā）神の下僕

جذبۂ دل（jazbae-dil）感情

※ H 系の語彙には用いられない。

vi）Aの語尾単独ハムザがPにおいては و（vāv）に変わることもある。

例

A　بدء（bad'）初め　P　بدو（badv）

A　جزء（juz'）部分　P　جزو（jozv）

A　نشوء（nus̲h̲ū'）成長　P　نشو（nas̲h̲v）

vii）Aの語尾が أ の場合はPもそのままである。

例

A　مبدأ（mabda'）原理　P（mabda'）

A　منشأ（mans̲h̲a'）起源　P（mans̲h̲a'）

viii）Aの語尾が ـئ の場合にはPでは ـی に変わる。

例

A　قارئ（qāri'）コーラン朗誦者　P　قاری（qārī）

A　مبتدئ（mubtadi'）初心者　P　مبتدی（mobtadī）

A　ناشئ（nāshi'）帰因する　P　ناشی（nās̲h̲ī）

ix）Aの و または ی に続く語尾のハムザはPにおいてもそのまま用いられる。

例

A　سوء（sū'）悪い　P　سوء（sū'）

A　شیء（s̲h̲ay'）物　P　شیء（s̲h̲ei'）　U　شے（shae）

A　ضوء（ḍaw'）光　P　ضوء（zou'）

5）P，U における A 系名詞の短母音変化

子音については既述のように A と P，U では ث, ح, ذ, ص, ض, ط, ظ, ع の 8 文字に大きな発音の違いがある。短母音についても A の a が P の a，A の i が P の e，A の u が P の o に移行するのであればなんら問題はない。上述のように移行する語もかなり多くあるが，A の a が P の e，o，A の i が P の o，a，A の u が P の a と変化したり，A の短母音が P では省かれたり，追加されたりすることもある。U の短母音は A のままであったり，P に倣う場合もかなり多い。上述のような短母音の変化は非常に多く，一部の語形を除いては一定の法則はないので，ここでは一定の語形を述べた後，P，U でよく用いられる語について述べる。結局は一語一語 A，P，U の辞書で正確な短母音を覚えるしか道はない。

i） A 派生形動詞 III 形（後述）の動名詞 مفاعلة（mufā‘ala）は P では مفاعله（mofā‘ele）になるが，U では（mufā‘ala/mufā‘ila）になる。また（mofā‘elat/mufā‘alat/mufā‘ilat）になることもある。

例

مقابلة	比較	A（muqābala）	P（moqābele）	U（muqābila）
مشاورة	相談	A（mu<u>sh</u>āwara）	P（mo<u>sh</u>āvere）	U（mu<u>sh</u>āwarat）
ملاحظة	観察	A（mulāḥaẓa）	P（moḷāheze）	U（mulāhaza）
مشاهدة	目撃	A（mu<u>sh</u>āhada）	P（mo<u>sh</u>āhede）	U（mu<u>sh</u>āhada）
مكالمة	会話	A（mukālama）	P（mokāleme）	U（mukālama）
مخالفة	対比	A（mu<u>kh</u>ālafa）	P（mo<u>kh</u>ālefat）	U（mu<u>kh</u>ālifat）
معاملة	取引	A（mu‘āmala）	P（mo‘āmele）	U（mu‘āmala）
محافظة	保持	A（muḥāfaẓa）	P（mohāfeze）	U（muhāfizat）
مناظرة	論争	A（munāẓara）	P（monāzere）	U（munāzara）
مساعدة	援助	A（musā‘ada）	P（mosā‘ede）	U（musa‘adat）

معاهدة	条約	A（mu‘āhada）	P（mo‘āhede）	U（mu‘āhada）
معالجة	治療	A（mu‘ālaja）	P（mo‘āleje）	U（mu‘ālaja）
معارضة	反対	A（mu‘āraḍa）	P（mo‘āreze）	U（mu‘āraza）
معاشرة	交際	A（mu‘ā<u>sh</u>ara）	P（mo‘ā<u>sh</u>erat）	U（mu‘ā<u>sh</u>arat）
مبارزة	競争；闘争	A（mubāraza）	P（mobāreze）	U（mubārazat）

※語尾 ة の P，U における変化については後に詳しく述べる。

ii） A 四語根動詞の動名詞の母音変化

例

زلزلة	地震	A（zalzala）	P（zelzele）	U（zalzala）
هندسة	幾何	A（handasa）	P（hendese）	U（hindsa）
ترجمة	翻訳	A（tarjama）	P（tarjome）	U（tarjuma）
زمزمة	雷鳴	A（zamzama）	P *（zemzeme）	U（zamzama）

＊ P では「鼻歌，つぶやき」

iii） A فعال（fi‘āl）形の語の多くが P では（fa‘āl）に変わる傾向（特に口語）が強い。U では A の短母音と原則的に同じである。

例

خلاف	対立	A（<u>kh</u>ilāf）	P（<u>kh</u>alāf）
خلال	*つまようじ	A（<u>kh</u>ilāl）	P（<u>kh</u>alāl）
دماغ	脳	A（dimā<u>gh</u>）	P（damā<u>gh</u>）
شفاء	治癒	A（<u>sh</u>ifā’）	P（<u>sh</u>afā）
علاج	治療	A（‘ilāj）	P（‘alāj）

عيار	基準	A（‘iyār）	P（‘ayār）
عيال	家族	A（‘iyāl）	P（‘ayāl）
عيان	明白な	A（‘iyān）	P（‘ayān）
غذاء	食物	A（g͟hid͟hā’）	P（g͟hazā）
فرار	逃亡	A（firār）	P（farār）
قطار	列車	A（qiṭār）	P（qatār）
لحاف	掛けぶとん	A（liḥāf）	P（lahāf）
لواء	旗	A（liwā’）	P（lavā）

＊つまようじはPの意味，Aでは（…を通して）の意味。

iv） A短母音のPにおける省略

例

كتف	肩	A（katif）	P（ketf）
سبلة	口ひげ	A（sabala）	P（seblat）
زهرة	金星	A（zuhara）	P（zohre）

v） Aの一部の不規則複数の語頭iがPではoに変わる。

例

بقعة	地点	A（buq‘a）	複数	بقاع（biqā‘）	P（boqā‘）
نقطة	点	A（nuqṭa）	複数	نقاط（niqāṭ）	P（noqāt）
نكتة	警句	A（nukta）	複数	نكات（nikāt）	P（nokāt）

vi) A فعلان (fa‘alān) が P では (fa‘lān) に変わる。

例

حيوان	動物	A (ḥayawān)	P (heivān)
دوران	回転	A (dawarān)	P (dourān)
هذيان	うわごと	A (ha<u>dh</u>ayān)	P (hazyān)

vii) 上記に属さない多くの語が母音変化をするので，よく用いられる語を例としてAとP，Uを対照する。

例

أسلحة	武器	A (’asliḥa)	P (aslahe)	U (aslaha)
بناء	建物	A (binā’)	P (banā) 基礎	U (binā) 基礎
تجربة	経験	A (tajriba)	P (tajrobe)	U (tajruba)
تعداد	計算	A (ta‘dād)	P (te‘dād)	U (ta‘dād)
تكرار	繰返し	A (takrār)	P (tekrār)	U (takrār)
جسارة	大胆	A (jasāra)	P (jesārat)	U (jasārat)
حراسة	監視	A (ḥirāsa)	P (harāsat)	U (hirāsat)
حقارة	卑しさ	A (ḥaqāra)	P (heqārat) 軽蔑	U (hiqārat) 軽蔑
حماقة	愚か	A (ḥamāqa)	P (hemāqat)	U (himāqat)
خيال	想像	A (<u>kh</u>ayāl)	P (<u>kh</u>iyāl) 考え	U (<u>kh</u>ayāl) 考え
رباب	ラバーブ(楽器)	A (rabāb)	P (robāb)	U (rubāb)
رفاه	福祉	A (rafāh)	P (refāh)	U (rifāh)
زنبور	蜂	A (zunbūr)	P (zanbūr)	U (zanbūr)

سعاية	中傷	A (si‘āya)	P (sa‘āyat)	U ——
شمال	北	A (shamāl)	P (shomāl)	U (shimāl)
صبح	朝	A (ṣubḥ)	P (sobh)	U (subah)
صندوق	箱	A (ṣundūq)	P (sandūq)	U (sandūq)
طنبور	タンブール(楽器)	A (ṭunbūr)	P (tanbūr)	U (tanbūr)
عدالة	正義	A (‘adāla)	P (‘edālat)	U (‘adālat)
عطر	香水	A (‘iṭr)	P (‘atr)	U (‘itr)
عقب	末端;かかと	A (‘aqib)	P (‘aqab) 後ろ	U (‘aqab) 後ろ
عيادة	見舞	A (‘iyāda)	P (‘ayādat)	U (‘iyādat)
فساد	腐敗	A (fasād)	P (fesād)	U (fasād) 暴動
قمار	ばくち	A (qimār)	P (qomār)	U (qimār)
قيادة	指導	A (qiyāda)	P (qiyādat)	U (qayādat)
كافر	異教徒	A (kāfir)	P (kāfar)	U (kāfir)
محبة	愛	A (maḥabba)	P (mohabbat)	U (muhabbat)
مساحة	測量	A (misāḥa)	P (masāhat)	U (misāhat)
معدن	鉱山	A (ma‘din)	P (ma‘dan)	U (ma‘dan)
مقصد	目的	A (maqṣid)	P (maqsad)	U (maqsad)
منصب	地位	A (manṣib)	P (mansab)	U (mansab)
منطقة	地域	A (minṭaqa)	P (mantaqe)	U (mintaqa)
نشاط	活力	A (nashāṭ)	P (neshāt) 喜び	U (nashāt) 喜び
نجاة	解放	A (najāh)	P (nejāt)	U (nijāt)
ندامة	後悔	A (nadāma)	P (nedāmat)	U (nadāmat)
نصب العين	目標	A (nuṣbul-‘ayn)	P (nasbol-‘ain)	U (nasbul-‘ain)

（3）P，Uにおけるةの変化

1）ةの変化

Aのة（tā' marbūṭa）はこれまでの既述単語にもたびたび表れてきたが，この章でまとめて説明する積りであったので，敢えて説明しなかった。A学習者には当り前のことであるが，P，U学習者のためにةの用法を略述し，その後P，Uにおけるةの変化について述べる。

ةはAにおいては不可欠な文字で，その用法は次の通りである。

i）　名詞，形容詞の女性形語尾を表す。

ةの用法の圧倒的多数はこの用法である。音価は（t）であるが，通常（a）で表示され，属格に結びつくと（t）と発音される。

例

طالبة（ṭāliba）女子学生	حديقة（ḥadīqa）庭
والدة（wālida）母	ملكة（malika）女王
مدينة（madīna）都市	لغة（lugha）言語
ساعة（sā'a）時計	جامعة（jāmi'a）大学
سيارة（sayyāra）自動車	مدرسة（madrasa）学校

كاتبة مشهورة（kātiba mashhūra）有名な女流作家

بنت جميلة（bint jamīla）美しい娘

ii） 集合名詞の個体を表す。

例

شجر（shajar）樹木 → شجرة（shajara）一本の木

حجر（ḥajar）岩石 → حجرة（ḥajara）一個の石

iii） ごく一部の不規則複数語尾

例

قاض（qāḍin）裁判官 → قضاة（quḍāh）

زنديق（zindīq）無神論者 → زنادقة（zanādiqa）

جناح（janāḥ）翼 → أجنحة（'ajniḥa）

iv） ة で終わっても男性名詞

例

خليفة（khalīfa）カリフ　　علامة（'allāma）大学者

ة のままで P，U に表れるのは，P の دايرة المعارف（dāyeratol-ma'āref）百科事典，حقيقةً（haqīqatan）事実は，صلوة（salāt）礼拝，のようにきわめて稀であるが，ة が ـت（-at），サイレントの ـه（-e/-a）に変化した語は P，U において無数にあると言えよう。P において A 系借用語彙は語全体の数十パーセントに達するが，その中で ة 系借用語は 7 ～ 8 パーセントを占めると言われる。U では P ほどではないが，かなりのパーセントを占めている。換言すれば，P，U における A 系借用語で語尾が ـت（-at），ـه（-e/-a）で終わっていれば A の ة である。

さらに A の ة が一字でも，P において ـت（-at），ـه（-e）の双方で終わって二字の語尾となり意味が異なる語（二重語）もいくつかある。これは A では絶対に表れない現象である。P，U において A の ة で終わる形容詞はすべてサイレントの ـه（-e/-a）で終わるので問題はない。例えば

شریف（sharīf）気高い　　A　女性形 شریفة（sharīfa）

P　شریفه（sharīfe）　U（sharīfa）

A の ة 名詞が P では ـه（-e）で終わり，U では ـت（-at）で終わる語も少なくない。またともに ه，ت と同じ語尾になることも多い。

ラムトンの文法書では A 動詞原形の動名詞（後述）が فعولة（fu'ūla），فعالة（fa'āla），فعالة（fi'āla），فعالية（fa'āliya）の形の場合および性質を表す抽象名詞の場合，ة は P においては ـت（-at）に変わり，派生形 II 形，III 形の動名詞 تفعلة（taf'ila）と مفاعلة（mufā'ala）の場合，ة は P においては ـه（-e）に変わると述べている。例をあげると，

	A		P	U
سهولة	(suhūla) 容易	سهولت	(sohūlat)	(suhūlat)
سعادة	(sa'āda) 幸福	سعادت	(sa'ādat)	(sa'ādat)
خلافة	(khilāfa) カリフ制	خلافت	(khelāfat)	(khilāfat)
صلاحية	(ṣalāḥiya) 権限	صلاحیت	(salāhiyat)	(salāhiyat)
إنسانية	('insānīya) 人間性	انسانیت	(ensānīyat)	(insānīyat)
تصفية	(taṣfiya) 浄化	تصفیه	(tasfiye)	(tasfiya)
تذكرة	(tadhkira) 切符	تذکره	(tazkere) 伝記	(tazkira) 伝記

محاصرة	(muḥāṣara) 包囲	محاصره	(mohāsere)		(muhāsara)
مباحثة	(mubāḥatha) 討議	مباحثه	(mobāhese)		(mubāhisa)

以上はラムトン文法書を参照にした分類であるが，P における ة の変化を徹底的に分類，分析した名著がある。J. R. Perry: Form and Meaning in Persian Vocabulary, The Arabic Feminine Ending（Mazda Publishers, 1991）は P における ة に関する最高の研究書である。U についても若干ふれている。

ここでは詳しい分析は Perry の書を参考して頂くことにして，i）ة が P，U の語尾で異なる語，ii）ة が P と U で同じ語，iii）ة が ـت（-at）と ـه（-e）のペアで終わる語と意味の変化について例をあげながら対照する。

i）ة が P と U で異なる語

	A		P		U
آلة	(āla) 器具	آلت	(ālat)	آله	(āla)
آية	(āya) コーランの節	آيه	(āye)	آيت	(āyat)
إجازة	(’ijāza) 休暇	اجازه	(ejāze) 許可	اجازت	(ijāzat) 許可
إعانة	(’i‘āna) 援助	اعانه	(e‘āne)	اعانت	(i‘ānat)
استجازة	(istijāza) 許可を求めること	استجازه	(estejāze)	استجازت	(istijāzat)

خسارة (khasāra) 損失	خسارت (khasārat)	خساره (khasāra)
رشوة (rishwa) 賄賂	رشوه (reshve)	رشوت (rishwat)
عاطفة (‘āṭifa) 感情	عاطفه (‘ātefe)	عاطفت (‘ātifat)
عقيدة (‘aqīda) 信条	عقیده (‘aqīde)	عقیدت (‘aqīdat)
محافظة (muḥāfaẓa) 保持	محافظه (mohāfeze)	محافظت (muhāfizat)
مشاورة (mushāwara) 相談	مشاوره (moshāvere)	مشاورت (mushāwarat)
مشورة (mashwara) 助言	مشورت (mashvarat)	مشوره (mashwara)
مسابقة (musābaqa) 競争	مسابقه (mosābeqe)	مسابقت (musābaqat)
مداخلة (mudākhala) 干渉	مداخله (modākhele)	مداخلت (mudākhalat)
مدافعة (mudāfa‘a) 防衛	مدافعه (modāfe‘e)	مدافعت (mudāfa‘at)
موعظة (maw‘iẓa) 説教	موعظه (mou‘eze)	موعظت (mau‘izat)

語尾がＰとＵで異なる語はＰ，Ｕの語尾が同じになる語に比べると圧倒的に少ない。それはＵがＡ系語彙をＡから直接借用したのではなく，Ｐを経由して借用したのでＰの強い影響を受けたためである。ةがＰとＵの語尾で同

じになる語は非常に多い。長くなるが例にあげておく。

ii） ةがPとUで同じ語

	A		P		U
来世	آخرة	(ākhira)	آخرت	(ākherat)	(ākhirat)
行政	إدارة	(’idāra)	اداره	(edāre)	(idāra)
意志	إرادة	(’irāda)	اراده	(erāde)	(irāda)
利用	استفادة	(istifāda)	استفاده	(estefāde)	(istefāda)
委託	أمانة	(’amāna)	امانت	(amānat)	(amānat)
砂漠	بادية	(bādiya)	باديه	(bādiye)	(bādiya)
革新	بدعة	(bid‘a)	بدعت	(bed‘at)	(bid‘at)
祝福	بركة	(baraka)	بركت	(barakat)	(barakat)
修辞学	بلاغة	(balāgha)	بلاغت	(balāghat)	(balāghat)
貿易	تجارة	(tijāra)	تجارت	(tejārat)	(tijārat)
経験	تجربة	(tajriba)	تجربه	(tajrobe)	(tajruba)
育成	تربية	(tarbiya)	تربيت	(tarbiyat)	(tarbiyat)
遺産	تركة	(tarika)	تركه	(tarake)	(tarka)
強化	تقوية	(taqwiya)	تقويت	(taqviyat)	(taqwiyat)
成果	ثمرة	(thamara)	ثمره	(samare)	(samra)
新聞	جريدة	(jarīda)	جريده	(jarīde)	(jarīda)
島	جزيرة	(jazīra)	جزيره	(jazīre)	(jazīra)
会議	جلسة	(jalsa)	جلسه	(jalase)	(jalsa)
集団	جماعة	(jamā‘a)	جماعت	(jamā‘at)	(jamā‘at)

文	جملة (jumla)	جمله (jomle)	(jumla)
天国	جنة (janna)	جنت (jannat)	(jannat)
必要	حاجة (ḥāja)	حاجت (hājat)	(hājat)
事件	حادثة (ḥāditha)	حادثه (hādese)	(hādisa)
状態	حالة (ḥāla)	حالت (hālat)	(hālat)
動き	حركة (ḥaraka)	حركت (harakat)	(harkat)
分け前	حصة (ḥiṣṣa)	حصه (hesse)	(hissa)
真実	حقيقة (ḥaqīqa)	حقيقت (haqīqat)	(haqīqat)
政府	حكومة (ḥukūma)	حكومت (hokūmat)	(hukūmat)
攻撃	حملة (ḥamla)	حمله (hamle)	(hamla)
生命	حياة (ḥayāh)	حيات (hayāt)	(hayāt)
結末	خاتمة (khātima)	خاتمه (khāteme)	(khātima)
奉仕	خدمة (khidma)	خدمت (khedmat)	(khidmat)
国庫	خزانة (khizāna)	خزانه (khazāne)	(khazāna)
要約	خلاصة (khulāṣa)	خلاصه (kholāse)	(khulāsa)
等級	درجة (daraja)	درجه (daraje)	(darja)
招待	دعوة (da'wa)	دعوت (da'vat)	(da'wat)
コース	دورة (dawra)	دوره (doure)	(daura)
粒子	ذرة (dharra)	ذره (zarre)	(zarra)
責任	ذمة (dhimma)	ذمه (zemme)	(zimma)
安楽	راحة (rāḥa)	راحت (rāhat)	(rāhat)
慈悲	رحمة (raḥma)	رحمت (rahmat)	(rahmat)
論文	رسالة (risāla)	رساله (resāle)	(risāla)

話	رواية	(riwāya)	روايت	(ravāyat)	(riwāyat)
農業	زراعة	(zirā‘a)	زراعت	(zerā‘at)	(zarā‘at)
飾り	زينة	(zīna)	زينت	(zīnat)	(zīnat)
礼拝用敷物	سجادة	(sajjāda)	سجاده	(sajjāde)	(sajjāda)
速度	سرعة	(sur‘a)	سرعت	(sor‘at)	(sur‘at)
大使館	سفارة	(sifāra)	سفارت	(sefārat)	(sifārat)
年	سنة	(sana)	سنه	(sane)	(sana)
コーランの章	سورة	(sūra)	سوره	(sūre)	(sūra)
政治	سياسة	(siyāsa)	سياست	(siyāsat)	(siyāsat)
勇気	شجاعة	(s̲h̲ajā‘a)	شجاعت	(s̲h̲ojā‘at)	(s̲h̲ujā‘at)
激しさ	شدة	(s̲h̲idda)	شدت	(s̲h̲eddat)	(s̲h̲iddat)
不平	شكاية	(s̲h̲ikāya)	شكايت	(s̲h̲ekāyat)	(s̲h̲ikāyat)
証言	شهادة	(s̲h̲ahāda)	شهادت	(s̲h̲ahādat)	(s̲h̲ahādat)
健康	صحة	(ṣiḥḥa)	صحت	(sehhat)	(sehat)
頁	صفحة	(ṣafḥa)	صفحه	(safhe)	(sahfa)
形容詞	صفة	(ṣifa)	صفت	(sefat)	(sifat)
形	صورة	(ṣūra)	صورت	(sūrat)	(sūrat)
必要	ضرورة	(ḍarūra)	ضرورت	(zarūrat)	(zarūrat)
招宴	ضيافة	(ḍiyāfa)	ضيافت	(ziyāfat)	(ziyāfat)
力	طاقة	(ṭāqa)	طاقت	(tāqat)	(tāqat)
階級	طبقة	(ṭabaqa)	طبقه	(tabaqe)	(tabaqa)
自然	طبيعة	(ṭabī‘a)	طبيعت	(tabī‘at)	(tabī‘at)
方法	طريقة	(ṭarīqa)	طريقه	(tarīqe)	(tarīqa)

習慣	عادة (‘āda)	عادت (‘ādat)	(‘ādat)
崇拝	عبادة (‘ibāda)	عبادت (‘ebādat)	(‘ibādat)
正義	عدالة (‘adāla)	عدالت (‘adālat)	(‘adālat)
偉大	عظمة (‘aẓama)	عظمت (‘azamat)	(‘azmat)
世話	عناية (‘ināya)	عنایت (‘enāyat)	(‘ināyat)
戦利品	غنيمة (ghanīma)	غنیمت (ghanīmat)	(ghanīmat)
機会	فرصة (furṣa)	فرصت (forsat)	(fursat)
宗派	فرقة (firqa)	فرقه (ferqe)	(firqa)
哲学	فلسفة (falsafa)	فلسفه (falsafe)	(falsafa)
規則	قاعدة (qā‘ida)	قاعده (qā‘ede)	(qā‘ida)
隊商	قافلة (qāfila)	قافله (qāfele)	(qāfila)
部族	قبيلة (qabīla)	قبیله (qabīle)	(qabīla)
力	قدرة (qudra)	قدرت (qodrat)	(qudrat)
コーヒー	قهوة (qahwa)	قهوه (qahve)	(qahwa)
多数	كثرة (kathra)	کثرت (kasrat)	(kasrat)
カアバ	كعبة (ka‘ba)	کعبه (ka‘be)	(ka‘ba)
楽しみ	لذة (ladhdha)	لذت (lazzat)	(lazzat)
言語	لغة (lugha)	لغت (loghat)	(lughat)
		辞書	辞書
瞬間	لمحة (lamḥa)	لمحه (lamhe)	(lamha)
愛	محبة (maḥabba)	محبت (mohabbat)	(muhabbat)
期間	مدة (mudda)	مدت (moddat)	(muddat)
学校	مدرسة (madrasa)	مدرسه (madrese)	(madrasa)

平等	مساواة（musāwāh）	مساوات（mosāvāt）	（musāwāt）
便宜	مصلحة（maṣlaḥa）	مصلحت（maslahat）	（maslahat）
研究	مطالعة（muṭāla‘a）	مطالعه（motāle‘e）	（mutāla‘a）
視察	معاينة（mu‘āyana）	معاينه（mo‘āyene）	（mu‘āina）
会話	مكالمة（mukālama）	مکالمه（mokāleme）	（mukālama）
結果	نتيجة（natīja）	نتيجه（natīje）	（natīja）
意図	نية（nīya）	نيت（nīyat）	（nīyat）
省	وزارة（wizāra）	وزارت（vezārat）	（wizārat）
手段	وسيلة（wasīla）	وسيله（vasīle）	（wasīla）
遺言	وصية（waṣīya）	وصيت（vasīyat）	（wasīyat）
死	وفاة（wafāh）	وفات（vafāt）	（wafāt）
聖遷	هجرة（hijra）	هجرت（hejrat）	（hijrat）
指導	هداية（hidāya）	هدايت（hedāyat）	（hidāyat）
熱意	همة（himma）	همت（hemmat）	（himmat）

iii）ة が ت と ه の双方で終わる語（二重語）

これまでに A の ة で終わる語が P，U では ـت（-at），ـه（-e/-a）のいずれかで終わる語の例をあげてきたが，ここでは P における二重語の例をあげ，A と対照することにする。U においても二重語は P に倣い，きわめて稀ではあるが，皆無ではない。

A　إرادة（’irāda）意志

P　ارادت（erādat）献身

P　اراده（erāde）意志

A إعانة ('i'āna) 援助

P اعانت (e'ānat) 援助

P اعانه (e'āne) 寄付

A إقامة ('iqāma) 滞在

P اقامت (eqāmat) 滞在

P اقامه (eqāme) 提出

A أمنية ('amnīya) 治安

P امنيت (amnīyat) 治安

P امنيه (amnīye) 治安部隊

A تعزية (ta'ziya) 悔み

P تعزيت (ta'ziyat) 悔み

P تعزيه (ta'ziye) 受難劇

A جبهة (jabha) 額（ひたい）; 戦線

P جبهت (jabhat) 額

P جبهه (jabhe) 戦線

A حوالة (ḥawāla) 為替手形

P حوالت (havālat) 委託

P حواله (havāle) 為替手形

A خبرة (k͟hibra) 経験

P خبرت (k͟hebrat) 経験

P خبره (k͟hebre) 専門家

A خطابة (k͟hiṭāba) 演説

P خطابت (k͟hetābat) 雄弁

P خطابه (k͟hetābe) 演説

A رسالة (risāla) 論文

P رسالت (resālat) 預言者の使命

P　رساله（resāle）論文

A　زيادة（ziyāda）増加

P　زیادت（ziyādat）増加

P　زیاده（ziyāde）過度の

A　شرارة（sharāra）火花

P　شرارت（sharārat）邪悪

P　شراره（sharāre）火花

A　شهرة（shuhra）名声

P　شهرت（shohrat）名声

P　شهره（shohre）有名な

A　صحة（ṣiḥḥa）健康

P　صحت（sehhat）健康

P　صحه（sehhe）署名

A　ضربة（ḍarba）打撃

P　ضربت（zarbat）打撃

P　ضربه（zarbe）ノックアウト

A　طريقة（ṭarīqa）方法

P　طریقت（tarīqat）神秘主義道

P　طریقه（tarīqe）方法

A　عدة（‘idda）数

P　عدت（‘eddat）数

P　عده（‘edde）離婚女性（未亡人）が再婚を禁じられている期間

A　قوة（quwwa）力

P　قوت（qovvat）力

P　قوه（qovve）権力

A　كتابة（kitāba）書くこと

P　كتابت（ketābat）書くこと

P　كتابه（ketābe）碑文

A　محافظة（muḥāfaẓa）保持

P　محافظت（mohāfezat）保持

P　محافظه（mohāfeze）保守性

A　مراجعة（murāja'at）参照

P　مراجعت（morāje'at）帰還

P　مراجعه（morāje'e）参照

A　مراقبة（murāqaba）監視

P　مراقبت（morāqebat）監視

P　مراقبه（morāqebe）瞑想

A　مسئلة（mas'ala）問題

P　مسئلت（mas'alat）祈願

P　مسئله（mas'ale）問題

A　مساعدة（musā'ada）援助

P　مساعدت（mosā'edat）援助

P　مساعده（mosā'ede）前払い

A　مصاحبة（muṣāḥaba）同伴

P　مصاحبت（mosāhebat）交際

P　مصاحبه（mosāhebe）インタビュー

A　منزلة（manzila）地位

P　منزلت（manzelat）地位

P　منزله（manzele）…として

A　ميمنة（maymana）（軍）右翼

P　ميمنت（meimanat）吉兆

		P	میمنه（meimane）右翼
A	نوبة（nawba）順番		
		P	نوبت（noubat）順番
		P	نوبه（noube）間欠熱
A	وصلة（waṣla）ワスラ符号		
		P	وصلت（vaslat）結婚
		P	وصله（vasle）つぎ当て

2）ة の脱落

A の مفالاة（mufālāh）形の語は P，U においては مفالات（mofālāt/mufālāt）になるのが原則であるが，語によってはة が脱落することがある。

例

A	مباراة（mubārāh）試合	P	مبارا（mobārā）相互の嫌悪
A	محاباة（muḥābāh）偏愛	P	محابا（mohābā）思慮
A	محاكاة（muḥākāh）類似	P	محاکا（mohākā）対談
A	مداراة（mudārāh）社交性	P	مدارا（modārā）親切
A	مداواة（mudāwāh）治療	P	مداوا（modāvā）治療
A	معاداة（mu'ādāh）敵対	P	معادا（mo'ādā）敵対
A	مفاجأة（mufāja'a）奇襲	P	مفاجا（mofājā）奇襲
A	مكافاة（mukāfāh）報酬	P	مکافا（mokāfā）報復
A	مماشاة（mumāshāh）同行	P	مماشا（momāshā）同行
A	مواساة（muwāsāh）援助	P	مواسا（movāsā）援助

※ A ملاقاة（mulāqāh）面会は P，U においては ملاقات（molāqāt/mulāqāt）で，ة は省略されず ت になる。

3）擬似アラビア語の語彙

擬似アラビア語の語彙とは一見アラビア語の語彙に見えるが，実際にはそうでない語彙を意味し，換言すればアラビア語風のペルシア語彙とも言えよう。例えばPで **ملیت**（mellīyat）国籍，**موفقیت**（movafaqqīyat）成功，**خجالت**（k͟hejālat）恥，**کرایه**（kerāye）料金，のように日常的に広く使用されていて，アラビア語のように見えるが，Aには存在しない語で，Aの単語を利用してイランで作られた語である。この種の語彙はかなり多いのでAと思ってアラブ諸国で使っても通用しない。さきに，P，UにおけるA系借用語で語尾が **ـت**（-at），**ـه**（-e/-a）で終わっていればAの **ة** であると述べたが，擬似A系語彙の場合はAに存在しないのであるから，この原則は通用されない。この種の語彙はAの抽象名詞を作る語尾 **ـية**（-īya），P **ـیت**（-īyat）で終わる語が多いが，**ة** の場合と同じように **ـت**（-at），**ـه**（-e）で終わる語もかなり多くある。ここではi）**ـیت**（-īyat）で終わる語，ii）**ـت**（-at）で終わる語，iii）**ـه**（-e/-a）で終わる語，iv）P系の擬似アラビア語に分類してそれぞれ例を示す。

i）　ـیت（-īyat）で終わる語の例

ارشدیت（arshadīyat）年長	اکالیت（akkālīyat）腐食性
تمامیت（tamāmīyat）保全	خالقیت（k͟hāleqīyat）創造性
عاملیت（‘āmelīyat）熟練	قدوسیت（qodūsīyat）神聖
مالکیت（mālekīyat）所有	مجذوبیت（majzūbīyat）魅惑
مجرمیت（mojremīyat）有罪	محرمیت（mahramīyat）親密
مسمومیت（masmūmīyat）中毒	مشروطیت（mas͟hrūtīyat）立憲政治
مشمولیت（mas͟hmūlīyat）適用	مظفریت（mozaffarīyat）勝利
مفیدیت（mofīdīyat）有用	ملیت（mellīyat）国籍
موثقیت（movassaqīyat）確実性；信頼性	
موجودیت（moujūdīyat）存在	موفقیت（movafaqqīyat）成功

ii) ـت (-at) で終わる語の例

حفاظت (hefāzat) 保護	خجالت (k͟hejālat) 恥
خجلت (k͟hejlat) 恥	دخالت (dak͟hālat) 干渉
رشادت (ras͟hādat) 勇気	رضایت (rezāyat) 満足
رفاقت (refāqat) 友情	سکونت (sokūnat) 居住
شباهت (s͟habāhat) 類似	فلاکت (falākat) 災難
قضاوت (qazāvat) 判決	مسافرت (mosāferat) 旅行
ملعنت (mal'anat) 呪い	هلاکت (halākat) 滅亡，死

iii) ـه (-e) で終わる語の例

ابلاغیه (eblāg͟hīye) 告示	اجلاسیه (ejlāsīye) 会議
احضاریه (ehzārīye) 召喚状	اخطاریه (ek͟htārīye) 警告書
استجاره (estejāre) 賃貸	اعلامیه (e'lāmīye) 声明書
باکره (bākere) 処女	بیعانه (bei'āne) 手付金
ساقه (saqe) 茎	صرفه (sarfe) 節約
فیصله (feisale) 決定	کرایه (kerāye) 料金
کیسه (kīse) 袋	نشریه (nas͟hrīye) 出版物
نصفه (nesfe) 半分	وعده (va'de) 約束

iv) P 系の擬似アラビア語の例

ایرانیت (īrānīyat) イラン主義	جاودانیت (jāvedānīyat) 永久性
خریت (k͟harīyat) 愚鈍	دوئیت (do'īyat) 二元性
رهبریت (rahbarīyat) 指導性	منیت (manīyat) 利己主義
نزاکت (nezākat) 優雅	

（4）意味と外来語

1）意味

これまでにしばしば述べてきたように，PにはAの語彙，UにはA，Pの語彙が圧倒的に多く含まれている。それ故，A，P，Uの一つの既習者は西欧語等の学習者に比べてはるかに容易にA→P，P→A，P→U，U→P，U→A等に移行することができる。なぜなら文法構造は異なっていても三言語，または二言語間には共通する単語が実に多く，発音，綴りに差があるとはいえ，意味が大多数は共通しているので，単語の面では新しい言語を学ぶ前に，既に数百，数千の語彙を知っているからである。

しかしこのことに甘んじてはならない。同じ漢字，漢語でも中国語と日本語では意味の全く異なる語があるように，A，P，Uにおいても同じ語でもそれぞれ意味が異なる場合が決して少なくない。語彙借用の歴史的な流れとしてA→P→Uであることは既に述べたが，大半の借用語は近・現代ではなく中世においてであった。歴史の流れとともに借用語の意味が本来の意味と変化するのは当然のことである。そこでA，P，Uの一つの学習者が新しい言語に取り組むに際しては，既習の知識だけに満足することなく，既知の単語であっても意味がおかしいと思ったら，さっそく丹念に新しい語の辞書をひいて意味の違いを確認せねばならない。

文字，発音，öの変化については述べてきたので，ここではA，P，UとP，Uにおける同字異義語を列挙する。例は実に多いので，主な例をあげるにとどめる。

i） A, P, Uの例

A	إجازة	(’ijāza)	休暇	P	(ejāze)	許可	U	(ijāzat)	許可
A	أخبار	(’akhbār)	ニュース	P	(akhbār)	ニュース	U	(akhbār)	新聞
A	إدارة	(’idāra)	行政	P	(edāre)	役所	U	(idāra)	協会
A	اشتراكى	(ishtirākī)	社会主義者	P	(eshterākī)	共産主義者	U	(ishterākī)	社会主義者
A	انقلاب	(inqilāb)	クーデター	P	(enqelāb)	革命	U	(inqilāb)	革命
A	باكرة	(bākira)	初物	P	(bākere)	処女	U	(bākira)	処女
A	بضاعة	(biḍā‘a)	商品	P	(bezā‘at)	資力	U	(bizā‘at)	資産
A	تبصرة	(tabṣira)	啓発	P	(tabsere)	注	U	(tabsira)	批評
A	تحفة	(tuḥfa)	骨董品	P	(tohfe)	贈物	U	(tohfa)	贈物
A	تذكرة	(tadhkira)	切符	P	(tazkere)	伝記	U	(tazkira)	伝記
A	تصوير	(taṣwīr)	撮影	P	(tasvīr)	映像	U	(tasvīr)	絵
A	تعارف	(ta‘āruf)	知り合うこと	P	(ta‘ārof)	お世辞	U	(ta‘āruf)	紹介

A	تعطيل	(ta'ṭīl) 中止	P	(ta'tīl) 休暇	U	(ta'tīl) 休暇
A	تعمير	(ta'mīr) 建設	P	(ta'mīr) 修理	U	(ta'mīr) 建設
A	تقريب	(taqrīb) 近似	P	(taqrīb) 近似	U	(taqrīb) 儀式
A	تقرير	(taqrīr) レポート	P	(taqrīr) 発言	U	(taqrīr) 講演
A	تيار	(tayyār) 流れ	P	(tayyār) 準備された	U	(taiyār) 準備された
A	جائزة	(jā'iza) 賞	P	(jāyeze) 賞	U	(jā'iza) 調査
A	جامعة	(jāmi'a) 大学	P	(jāme'e) 社会	U	(jāmi'a) 協会
A	جريدة	(jarīda) 新聞	P	(jarīde) 新聞	U	(jarīda) 紀要
A	جنازة	(jināza) 葬式	P	(janāze) 死体	U	(janāza) 葬式
A	جهاز	(jahāz) 装置	P	(jahāz) 嫁入り道具	U	(jahāz) 船
A	حافظة	(ḥāfiẓa) 財布	P	(hāfeze) 記憶	U	(hāfiza) 記憶
A	حقة	(ḥuqqa) 小箱	P	(hoqqe) ぺてん	U	(hoqqa) 水タバコ

A	حقنة (ḥuqna) 注射	P (hoqne) 灌腸	U (huqna) 灌腸
A	حوصلة (ḥauṣala) （鳥の）餌袋	P (housele) 忍耐	U (hausila) 意気
A	خط (k͟haṭṭ) 線	P (k͟hatt) 文字	U (k͟hatt) 手紙
A	خلاء (k͟halā') 空（から）	P (k͟halā) 真空	U (k͟halā) 宇宙
A	دستور (dustūr) （P語源）憲法	P (dastūr) 文法	U (dastūr) 慣習
A	دقة (diqqa) 正確	P (deqqat) 注意	U (diqqat) 難儀
A	دولة (dawla) 国家	P (doulat) 政府	U (daulat) 富
A	رحلة (riḥla) 旅行	P (rehlat) 死去	U (rehlat) 死去
A	رخصة (ruk͟hṣa) 免許	P (rok͟hsat) 休暇	U (ruk͟hsat) 辞去
A	رعناء (ra'nā') 軽薄な	P (ra'nā) 優雅な	U (ra'nā) 優雅な
A	زحمة (zaḥma) 混雑	P (zahmat) 迷惑	U (zahmat) 迷惑
A	زيارة (ziyāra) 訪問	P (ziyārat) 巡礼	U (ziyārat) 巡礼

A	سابقة	(sābiqa) 優先	P	(sābeqe) 前例	U	(sābiqa) 親密
A	سكة	(sikka) 道路	P	(sekke) 貨幣	U	(sikka) 貨幣
A	شراب	(sharāb) 飲物	P	(sharāb) 酒	U	(sharāb) 酒
A	شيشة (P語源)	(shīsha) 水タバコ	P	(shīshe) ガラス	U	(shīsha) ガラス
A	صدر	(ṣadr) 胸	P	(sadr) 主席	U	(sadr) 大統領
A	صورة	(ṣūra) 姿	P	(sūrat) 顔	U	(sūrat) 形
A	طبيعة	(ṭabī‘a) 自然	P	(tabī‘at) 自然	U	(tabī‘at) 気分
A	عدالة	(‘adāla) 正義	P	(‘adālat) 正義	U	(‘adālat) 法廷
A	عليل	(‘alīl) さわやかな	P	(‘alīl) 病弱の	U	(‘alīl) 病弱の
A	عورة	(‘awra) 恥部	P	(‘ourat) 恥部	U	(‘aurat) 女
A	غذاء	(ghidhā’) 食物	P	(ghazā) 食事	U	(ghizā) 栄養
A	غريب	(gharīb) 不思議な	P	(gharīb) 不思議な	U	(gharīb) 貧しい

A	غصة (g̲h̲uṣṣa) 死の苦しみ	P	(g̲h̲osse) 悲しみ	U	(g̲h̲ussa) 怒り
A	فاصلة (fāṣila) コンマ	P	(fāsele) 距離	U	(fāsila) 距離
A	فصل (faṣl) 季節	P	(fasl) 季節	U	(fasl) 作物
A	فكر (fikr) 思考	P	(fekr) 思考	U	(fikr) 心配
A	قسم (qism) 部分	P	(qesm) 種類	U	(qism) 種類
A	قول (qawl) 言葉	P	(qoul) 約束	U	(qaul) 格言
A	قيام (qiyām) 起立	P	(qiyām) 反乱	U	(qayām) 滞在
A	كرسي (kursī) 椅子	P	(korsī) こたつ	U	(kursī) 椅子
A	كفاية (kifāya) 充分	P	(kefāyat) 充分	U	(kifāyat) 倹約
A	كمان (kamān) (P 語源) バイオリン	P	(kamān) 弓	U	(kamān) 弓
A	لغة (lug̲h̲a) 言語	P	(log̲h̲at) 単語	U	(lug̲h̲at) 辞書
A	محصول (maḥṣūl) 収穫物	P	(mahsūl) 収穫物	U	(mahsūl) 税金

A	مصدر	(maṣdar) 動名詞	P (masdar) 不定法	U (masdar) 不定法
A	مضبوط	(maḍbūṭ) 正確な	P (mazbūt) 記憶された	U (mazbūt) 丈夫な
A	محكمة	(maḥkama) 裁判所	P (mahkame) 裁判所	U (mahkama) 局
A	مداد	(midād) インク	P (medād) 鉛筆	U (midād) インク
A	مصور	(muṣawwir) カメラマン	P (mosavver) 画家	U (musavvir) 画家
A	معاش	(ma'āsh) 年金	P (ma'āsh) 生計	U (ma'āsh) 生計
A	مقعد	(maq'ad) ベンチ	P (maq'ad) 肛門	U (maq'ad) 肛門
A	مهم	(muhimm) 重要な	P (mohemm) 重要な	U (muhimm) 遠征
A	نشر	(nashr) 発行	P (nashr) 出版	U (nashr) 放送
A	نظارة	(naẓẓāra) メガネ	P (nazzāre) 見物人	U (nazzāra) 景色
A	وجه	(wajh) 顔	P (vajh) 金額	U (wajah) 原因
A	وظيفة	(waẓīfa) 職業	P (vazīfe) 義務	U (wazīfa) 奨学金

※A，P，Uの一語について代表的な訳語を一つを述べるに留めたが，

これらの訳語以外にも他と共通する訳も単語によってはあるので，それぞれの辞書で確認されたい。

ii） P，Uの例

PとUの間でも同字異義語は少なくない。

P	آبادی	(ābādī) 開発	U (ābādī) 人口
P	آرمان	(ārmān) 理想	U ارمان (armān) 願望
P	آئین	(ā'īn) 法令	U (ā'īn) 憲法
P	آتش‌زنی	(ātesh-zānī) 放火	U (ātish-zanī) 火事
P	استاد	(ostād) 教授	U (ustād) 先生
P	امیدوار	(omīd-vār) 希望する	U (ummīd-vār) 志願者
P	بازی‌گر	(bāzī-gar) 役者	U (bāzī-gar) 手品師
P	برادری	(barādarī) 兄弟愛	U (birādarī) 血縁集団
P	برآمد	(bar-āmad) 結果	U (bar-āmad) 輸出
P	برداشت	(bar-dāsht) 払戻し	U (bar-dāsht) 忍耐
P	بسته	(baste) 小包	U (basta) 風呂敷
P	بندوبست	(band-o-bast) 共謀	U (band-o-bast) 支度
P	پیدا	(peidā) 明白な	U (paidā) 生まれた
P	تنخواه	(tankhāh) 資本	U (tankhāh) 給料
P	توشه	(tūshe) 旅の食糧	U (tōsha) 弁当
P	چشمه	(chashme) 泉	U (chashma) メガネ
P	خفگی	(khafegī) 窒息	U (khafagī) 不快
P	درآمد	(dar-āmad) 収入	U (dar-āmad) 輸入
P	دریا	(daryā) 海	U (daryā) 川

P	دریافت（dar-yāft）受領	U	（dar-yāft）調査
P	دستخط（dast-khatt）写本	U	（dast-khatt）署名
P	رایگان（rāyegān）無料の	U	رائگان（rā'egān）無駄な
P	رشته（reshte）部門	U	（rishta）親族関係
P	روشنائی（roushanā'ī）明るさ	U	（raushnā'ī）インク
P	روزگار（rūzgār）時代	U	（rōzgār）雇用
P	سازش（sāzesh）適応	U	（sāzish）陰謀
P	سرانجام（sar-anjām）結末	U	（sar-anjām）遂行
P	سرشار（sar-shār）あふれる	U	（sar-shār）酩酊した
P	سرکار（sar-kār）貴方	U	（sar-kār）政府
P	سود（sūd）利益	U	（sūd）利子
P	سیاهی（siyāhī）黒	U	（siyāhī）インク
P	شادی（shādī）喜び	U	（shādī）結婚
P	شام（shām）夕食	U	（shām）夕方
P	شوخی（shūkhī）冗談	U	（shōkhī）活発
P	صدی（sadī）パーセント	U	（sadī）世紀
P	فانوس（fānūs）カンテラ	U	（fānūs）シャンデリア
P	کارکن（kār-kon）職員	U	（kār-kun）活動家
P	کمک（komak）援助	U	（kumak）補強
P	گزارش（gozāresh）報告	U	（guzārish）頼み
P	گنده（gande）腐敗した	U	（ganda）汚い
P	گوشواره（gūshvāre）イヤリング	U	（gōshwāra）概算書
P	موزه（mūze）ブーツ	U	（mōza）靴下

P　مهتر（mehtar）馬丁　　U（mehtar）掃除夫

P　ناشتا（nāshtā）空腹な　　U（nāshtā）朝食

P　نگرانی（negarānī）心配　　U（nigrānī）監視

以上，PとUとの同字異義語の主な例であるが，さらにUにおいて一見Pのように見えるが，Pでは使われない単語も少なくない。同義異語の例を若干あげて対照してみよう。

U　اداکار（adā-kār）俳優	P　هنرپیشه（honar-pīshe）
U　باورچی（bāwarchī）料理人	P　آشپز（āsh-paz）
U　بےروزگاری（bē-rōzgārī）失業	P　بیکاری（bī-kārī）
U　بےوقوف（bē-waqūf）愚かな	P　احمق（ahmaq）
U　پاخانه（pā-khāna）便所	P　مستراح（mostarāh）
U　تپ‌دق（tape-diq）結核	P　سل（sel）
U　تجربه‌گاه（tajruba-gāh）実験室	P　آزمایشگاه（āzmāyesh-gāh）
U　جنگ‌پرستی（jang-parastī）軍国主義	P　نظامیگری（nezāmī-garī）
U　چشمه（chashma）メガネ	P　عینک（‘einak）
U　دستانه（dastāna）手袋	P　دستکش（dast-kesh）
U　دلچسپ（dil-chasp）面白い	P　جالب（jāleb）
U　روزگار（rōzgār）雇用	P　استخدام（estekhdām）
U　رومال（rūmāl）ハンカチ	P　دستمال（dastmāl）
U　سیاستدان（siyāsat-dān）政治家	P　سیاستمدار（siyāsat-madār）
U　فنکار（fann-kār）芸術家	P　هنرمند（honar-mand）
U　قیدخانه（qaid-khāna）監獄	P　زندان（zendān）

U كتب خانه (kutub-k͟hāna) 図書館	P كتابخانه (ketāb-k͟hāne)
U كتب فروش (kutub-farōs͟h) 本屋	P كتاب فروش (ketāb-forūs͟h)
U مردم شماری (mardum-s͟humārī) 国勢調査	P سرشماری (sar-s͟homārī)
U مزدور (mazdūr) 労働者	P کارگر (kār-gar)
U مضمون نگار (mazmūn-nigār) 随筆家	P مقاله نویس (maqāle-nevīs)
U هدایت کار (hidāyat-kār) (映画の)監督	P کارگردان (kār-gardān)

またP, Uには語源がAになっていても，Aでは用いられない語もかなりある。その例を若干あげてみよう。

国連

A الأمم المتحدة (al-'umamul-muttaḥida)

P ملل متحد (melale-mottahed)

U اقوام متحده (aqwāme-muttahida)

国際の

A دولی (duwalī)

P بين المللی (beinol-melalī)

U بين الاقوامی (bainul-aqwāmī)

税金

A ضريبة (ḍarība)

P ماليات (māliyāt)

U محصول (mahsūl)

弁護士

A محام (muḥāmin)

P وكيل (vakīl)

U وكيل (wakīl)

国籍

A جنسية (jinsīya)

P مليت (mellīyat)

U قوميت (qaumīyat)

環境

A　بيئة (bī'a)

P　محيط (mohīt)

U　ماحول (mā-haul)

大陸

A　قارة (qārra)

P　قاره (qarre)

U　براعظم (barre-a'zam)

メガネ

A　نظارة (naẓẓāra)

P　عینک ('einak)

U　چشمه (chashma)

社会

A　مجتمع (mujtama')

P　جامعه (jāme'e)

U　معاشره (mu'āshara)

インフレ

A　تضخم مالی (taḍakhkhum mālī)

P　تورم (tavarrom)

U　افراط زر (ifrāte-zar)

このような例は実に多い。そこで既習言語の辞書に語源がP，Aと記されていても，そのままうのみにすることなく，P学習者が新たにAを学習したり，U学習者がPを学習するに際して既習のA語源，P語源の単語が果たして実際にA，Pで使われているか，一語一語辞書による確認を怠ってはならない。

2）外来語

イラン人は一般にA，Tを，インド・パーキスタン人（イスラーム教徒）はA，P，Tを必ずしも外来語とは感じていない。学者などを除いて庶民はこれらの語源の単語を固有なものと思い，語源については気にもかけないし，知らないことが多い。日本人の漢字，漢語に対する感覚と同じようである。それ故，庶民にとっては外来語とは西欧語を意味する。異系統の外来語は長い歴史の流れとともに完全に消化吸収されてしまっている。もしPからAを，UからP，Aの要素を除けばP，Uは存続できないと言うも決して過言ではない。

インド亜大陸は約一世紀にわたってイギリスの植民地だったので，外来語は圧倒的に英語であり，現在でも英語を母語と思っている知識人も少なくない。イランは19世紀半ばに西欧文化を摂取するに際してフランス語系文化を採り入れたので，Pには外来語としてフランス語系語彙が他の西欧語を圧している。第二次大戦末までイランの中等・高等教育における第一外国語はフランス語であった。戦後アメリカの強い勢力が及んだ結果，第一外国語はフランス語に代わって英語になったが，Pにおいてはフランス語系語彙が定着し，依然として現在でも全般的に多い。うっかりイランでエレベーターやネクタイ，ガソリンスタンド，バスなどといっても通用しない。フランス語系のアサーンソル，ケラーヴァート，ポンペ・ベンジーン，オトブースと言わねばならない。Aは中世イスラーム文化形成に多くのギリシア語彙を借用したが，近・現代においてはP，Uに比べると比較的少ないとはいえ，英語，フランス語の借用語はかなりある。

A，P，Uにおいて西欧外来語をどのように表記しているか若干例示して対照してみよう。

	A	P	U
バス	أوتوبيس ('otobīs)	اتوبوس (otobūs)	بس (bas)
サラダ	سلطة (salaṭa)	سالاد (sālād)	سلاد (salād)
電話	تليفون (tilīfūn)	تلفن (telefon)	ٹیلی‌فون (ṭelifon)
ラジオ	راديو (rādiyū)	راديو (rādiyo)	ریڈیو (rēḍio)
テレビ	تلفزيون (tilifizyūn)	تلويزيون (televīzyon)	ٹیلی‌ویژن (ṭelīvizhan)
漫画	كاريكاتورية (kārīkātūrīya)	كاريكاتور (kārīkātūr)	کارٹون (kārṭūn)
カロリー	كالوری (kālorī)	كالری (kālorī)	کلوری (kalorī)

フィルム	فيلم	(fīlm)	فیلم	(fīlm)	فلم	(film)
映画	سينما	(sīnemā)	سینما	(sīnemā)	سنیما	(sinēmā)
カルシウム	كلسيوم	(kalsiyom)	کلسیم	(kalsiyom)	کیلسیم	(kailsiyom)
カード	كارت	(kārt)	کارت	(kārt)	کارڈ	(kārḍ)
ガス	غاز	(g͟hāz)	گاز	(gāz)	گیس	(gēs)
ケーブル	كابل	(kābil)	کابل	(kābl)	کیبل	(keibl)
トラック	كميون	(kamiyon)	کامیون	(kāmiyon)	لاری	(lārī)
ソース	صلصة	(ṣalṣa)	سس	(sos)	ساس	(sās)
領事	كنصول	(kunṣōl)	کنسول	(konsūl)	قونصل	(qaunsal)
プラスチック	بلاستيك	(blāstīk)	پلاستیک	(pelāstīk)	پلاسٹک	(plāsṭik)
ドル	دولار	(dolār)	دلار	(dolār)	ڈالر	(ḍālar)
カンガルー	كنغر	(kang͟har)	کانگورو	(kāngūrū)	کنگرو	(kangarū)

※Uでは英語のt，dは一般にٹ，ڈで表記される。

PにAの語彙が圧倒的に多いことは既述の通りだが，AにPの語彙はどうであろうか。H. Wehrの名著A Dictionary of Modern Written Arabicには西欧語の借用語についてはEngl.，Fr.，It.，G.，Span.のように述べられているが，略字表にPers.，Turk.はあるが本文中では殆ど用いられていない。そこで筆者は試みにアルファベットの最初の3文字，ا，ب，تの見出し語を調べてみると思ったより多い。これらのP借用語は必ずしも一般的ではないが，この辞書に収められている以上，一応権威があると見做すべきである。いくつかを例示し，AとPを対照してみよう。Aの発音表記は同辞書に拠る。

A	ابريسم	(ibrīsam) 絹	P	ابریشم	(abris͟ham)
A	ابزن	(abzan) 洗面器	P	آبزن	(āb-zan) 〈古〉

A	آتشجی（ātešjī）消防士	P	آتشچی（ātesh-chī）〈古〉
A	آجر（ājurr）煉瓦	P	آجر（ājor）
A	ادبخانة（adabk̲āna）便所	P	ادبخانه（adab-khāne）〈古〉
A	ارجوان（urjuwān）紫色	P	ارغوان（arghavān）
A	آس（ās）ぎんばいか	P	آس（ās）
A	اسبانخ（esbānak̲）ほうれんそう	P	اسبانج（esbānaj）〈古〉
A	استاذ（ustād̲）教授	P	استاد（ostād）
A	اسرب（usrub）鉛	P	سرب（sorb）
A	اسطی（usṭā）親方	P	استا（ostā）
A	اسمانجونی（asmānjūnī）空色の	P	آسمانگونی（āsmān-gūnī）
A	آفرین（āfirīn）でかした	P	آفرین（āfarīn）
A	انبار（anbār）倉庫	P	انبار（anbār）
A	انموذج（unmūd̲aj）見本	P	نمونه（namūne）
A	ایوان（īwān）大きい居間	P	ایوان（eivān）
A	باذنجان（bād̲injān）なす	P	بادنجان（bādenjān）
A	باز（bāz）鷹	P	باز（bāz）
A	بازار（bāzār）市場	P	بازار（bāzār）
A	بازوبند（bāzūband）腕輪	P	بازوبند（bāzū-band）
A	بامیة（bāmiya）オクラ	P	بامیه（bāmiye）
A	ببر（babr）虎	P	ببر（babr）
A	بخت（bak̲t）運	P	بخت（bakht）
A	بخشیش（bak̲šīš）チップ	P	بخشش（bakhshesh）
A	بردایة（burdāya）カーテン	P	پرده（parde）

A	برنامج (barnāmaj) プログラム	P	برنامه (barnāme)
A	بستان (bustān) 庭	P	بوستان (būstān)
A	بقجة (buqja) 包み	P	بغچه (bog͟hc͟he)
A	بلبل (bulbul) 小夜鳴鳥	P	بلبل (bolbol)
A	بلوط (ballūṭ) 樫	P	بلوط (balūt)
A	بند (band) 節	P	بند (band)
A	بندر (bandar) 港	P	بندر (bandar)
A	بنفسج (banafsaj) すみれ	P	بنفشه (banafs͟he)
A	بهلوان (bahlawān) アクロバット	P	پهلوان (pahlavān) 勇者
A	بوسة (būsa) キス	P	بوسه (būse)
A	بيادة (biyāda) 歩兵	P	پیاده (piyāde)
A	بيجامة (bījāma) パジャマ	P	پیجامه (pījāme)
A	بيدق (baidaq) (チェス)歩	P	بیدق (beidaq)
A	بيرقدار (bairaqdār) 旗手	P	بیرقدار (beiraqdār)
A	بيمارستان (bīmāristān) 病院	P	بیمارستان (bīmārestān)
A	تازة (tāza) 新鮮な	P	تازه (tāze)
A	تخت (tak͟t) ベッド	P	تخت (takht)
A	تنبل (tanbal) 怠惰な	P	تنبل (tanbal)
A	توت (tūt) 桑	P	توت (tūt)

※ A における P の借用語に関心のある方に良書があるので紹介しておこう。

Al-Sayyid Addi Shir（アラビア語）:

A Dictionary of Persian Loan-Words in the Arabic Language, 1980

Asya Asbaghi:

Persische Lehnwörter im Arabischen, 1988

※ P 初期における A 語彙研究については次の書物が有名である。

M. D. Moinfar:

Le vocabulaire arabe dans le Livre des Rois de Firdausī, 1970

※ A，P における U の借用語はきわめて少なく，P においては ساری（sārī）サーリー，کرور（korūr）50 万などがある。

（5）名　詞

1）冠詞

Aには定冠詞はあるが，不定冠詞はなく，P，Uにはいずれの冠詞もない。Aの定冠詞 ال（al-）は限定を表し，ال がついていなければ非限定（不定）を表す。

كتاب（kitāb）ある本	الكتاب（al-kitāb）その本
رجل（rajul）ある男	الرجل（ar-rajul）その男
مدينة（madīna）ある都市	المدينة（al-madīna）その都市

冠詞のないP，Uにおいては非限定を表すのにPでは名詞の語尾にアクセントをとらない接尾辞 ـی（-ī）をつけるか，1を表す یک（yek）を名詞の前につけ，Uでは同じように ایک（ēk）をつける。また原則的にP，Uとも名詞は不定を表す。さらに限定を表すにはP，Uともに指示形容詞を名詞の前につける。

Pの例

مرد（mard）男	مردی（mardī）ある男
پسر（pesar）少年	پسری（pesarī）ある少年
زن（zan）女	زنی（zanī）ある女
دختر（do<u>kh</u>tar）少女	دختری（do<u>kh</u>tarī）ある少女
شهر（<u>sh</u>ahr）都市	یک شهر（yek <u>sh</u>ahr）ある都市
بچه（ba<u>ch</u><u>ch</u>e）子供	آن بچه（ān ba<u>ch</u><u>ch</u>e）あの子供

Uの例

آدمی (ādmī) 人		ایک آدمی (ēk ādmī) ある人	
لڑکا (laṛkā) 少年		وہ لڑکا (voh laṛkā) あの少年	
کتا (kuttā) 犬		وہ کتا (voh kuttā) あの犬	

P，UにおいてはAの定冠詞は副詞や複合名詞（形容詞）に表れるのみで，定冠詞の機能はない。

Pの例

الان (al-ān) ただ今　　الحال (al-hāl) 現在

الغرض (al-gharaz) 要するに　　بالاخره (bel-akhare) ついに

حتی‌الامکان (hattal-emkān) できる限り

بالنتیجه (ben-natīje) 結果として

ضرب‌المثل (zarbol-masal) 諺

عکس‌العمل (‘aksol-‘amal) 反動

سریع‌السیر (sarī‘os-seir) 急行列車

حق‌الزحمه (haqqoz-zahme) 手数料

تحت‌اللفظی (tahtol-lafzī) 逐語の

عدیم‌النظیر (‘adīmon-nazīr) 類いまれな

صعب‌العلاج (sa‘bol-‘alāj) 治療困難な

Uの例

البتہ (al-batta) 確かに　　الغرض (al-gharaz) 要するに

بالکل (bil-kul) 全く　　فی‌الحال (fil-hāl) 現在

على الصباح (‘alas–sabāh) 早朝に

بحرالكاهل (bahrul-kāhil) 太平洋

دارالحکومت (dārul-hukūmat) 首都

رسم الخط (rasmul-k͟hatt) 書体

حب الوطنی (hubbul-watanī) 愛国心

نصب العین (nasbul-‘ain) 目的

بین الاقوامی (bainul-aqwāmī) 国際の

عظیم الشان (‘azīmus͟h-s͟hān) 壮大な

※ A 定冠詞を含む上述の単語が A で現在用いられていない語がかなり多いので注意されたい。

2）性

文法性 جنس (jins/jens) は A, U にあって，P にはない。性は名詞，代名詞，形容詞，動詞のすべてに関わるきわめて重要な文法機能である。自然性（人間，動物）はさほど問題はないが，名詞であれば生物，無生物を問わず抽象概念に至るまで A, U においてはあらゆる名詞が男性と女性に分けられ，性に応じて形容詞，動詞が一致した変化をする。日本語と同じように文法性がない P では全く簡単ではあるが，代名詞，動詞まで性変化がないので，او می‌آید. (ū mī-āyad) は「彼が来る」と「彼女が来る」との区別がつかず，これ以外の文脈から判断する以外に道はない。A, U においてはこのようなことは決してない。

A の女性形は一部の例外的な名詞，例えば أرض (‘arḍ) 土地，حرب (ḥarb) 戦争，ريح (rīḥ) 風，نار (nār) 火，عين (‘ayn) 目，صحراء (ṣaḥrā’u) 砂漠，などを除いては簡単に見分けられる。それは女性形語尾 ة（ター・マルブータ）がついているからである。

既述の ة を今一度参照されたい。さらに人間以外の全ての名詞複数は文法上，女性単数になるという大原則をしっかり記憶されたい。Aに比べるとUの性はかなり難しい。ـا (-ā)，ـہ (-a) のいずれかで終わる名詞，例えば بیٹا (bēṭā) 息子，راستہ (rāstā) 道，は男性，ـی (-ī) で終わる名詞，例えば روٹی (rōṭī) パン，گاڑی (gāṛī) 車，は女性と一応の規則はあるが，例外もかなりあり，さらにこれらの語尾で終わらない名詞が圧倒的に多いからである。そこで辞書や語彙集には必ず (m) (男)，(f) (女) が明示されている。性のないP系単語もUでは (m) か (f) に分類され，A系単語もAの性がUにおいては必ずしも一致しない。例えば同じ کتاب (kitāb) 本はAでは (m)，Uでは (f)，خبر (khabar) ニュースはAでは (m)，Uでは (f)，مدرسة (madrasa) 学校はAでは (f)，مدرسہ (madrasa) Uでは (m) である。Uの آنکھ (aṇkh) 目は (f)，منہ (muṇh) 口は (m) であるが，なぜと理屈では解決できない多年にわたる慣習の結果で，単語一つ一つの性を丹念に覚える以外に道はない。筆者はかつて学生諸君に冗談で「まさしく性の悩みだ」と言って笑わせたことが思い出される。

元来，性がないPの辞書を見ると，「…の女性形」という説明がよく目につく。これはP系語彙には全くなく，A系語彙の名詞と形容詞に限る。例えば معلمه (mo'alleme) 女教師は معلم の女性形であり，اقداماتلازمه (eqdāmāte-lāzeme) 必要な措置，の لازمه は لازم の女性形である。

3）数

Aには単数，双数，複数の3種があり，P，Uには単数と複数の2種がある。まず，Aの双数，複数について述べ，それがP，Uにどのように借用されたかを対照し，その後P，U固有の複数について述べることにする。

Aの双数

双数とは「二人，二本，二軒，二冊…」の表現に2という数詞を名詞の前につけずに，名詞の語尾変化によって二を表す数である。

主格　　　　　　　ـان（-āni）
斜格（属格，対格）ـين（-ayni）

例

主格	رجل（rajul）男	斜格	رجلان（rajulāni）二人の男（は）
			رجلين（rajulayni）二人の男の（を）
	أميرة（'amīra）王女		أميرتان（'amīratāni）二人の王女（は）
			أميرتين（'amīratayni）二人の王女の（を）

※ ة は ت に変わる。名詞が双数なら形容詞も格に一致して双数になる。

例

主格　بيتان كبيران（baytāni kabīrāni）二軒の大きい家（は）

斜格　بيتين كبيرين（baytayni kabīrayni）二軒の大きい家の（を）

主格　ملكتان جميلتان（malikatāni jamīlatāni）二人の美しい女王（は）

斜格　ملكتين جميلتين（malikatayni jamīlatayni）二人の美しい女王の（を）

P，U においては A の主格双数形は用いられず，斜格（-ayni）の語尾 i が省かれて（-ein/-ain）の形になって用いられている。

P の例

جانبين（jānebein）双方

حرمين（haramein）両聖都
（メッカとメディナ，ナジャフとカルバラー）

دولتين（doulatein）両政府　　طرفين（tarafein）両者

مجلسين（majlesein）両院　　والدين（vāledein）両親

Uの例

جانبین（jānibain）双方　　　　والدین（wālidain）両親

※P，Uともに双数語尾の名詞は少なく，一般に2を表す数詞 دو（do/dō）を名詞の前に置いて表す。

P　　دو مرد（do mard）二人の男

U　　دو گهر（dō ghar）二軒の家

Aの複数

Aには男性（女性）規則複数と不規則複数がある。

A男性規則複数

主格　ـون（-ūna）
斜格　ـین（-īna）

例

خادم（khādim）召使い　主格　خادمون（khādimūna）召使いたち(は)
　　　　　　　　　　　　斜格　خادمین（khādimīna）召使いたちの(を)

P，Uにおいては語尾のaが省かれ，格に関係なく（-ūn），（-īn）の形で用いられる。Pにおいては名詞（形容詞）の語尾が ـی（-ī）の場合には（-ūn），それ以外は（-īn）になる。

Pの例

افراطیون（efrātiyūn）過激主義者たち　　　　انقلابیون（enqelābiyūn）革命家たち

روحانیون (rūhāniyūn) 聖職者たち

ریاضیون (riyāziyūn) 数学者たち

نحویون (nahviyūn) 文法学者たち

ساکنین (sākenīn) 住民たち

عابرین (‘āberīn) 通行人たち

غایبین (ghāyebīn) 欠席者たち

مأمورین (ma’mūrīn) 役人たち

مجروحین (majrūhīn) 負傷者たち

محصلین (mohasselīn) 学生たち

مهاجرین (mohājerīn) 移住者たち

مؤمنین (mo’menīn) 信徒たち

Uの例

حاضرین (hāzirīn) 出席者たち

ماهرین (māhirīn) 専門家たち

مصنفین (musannifīn) 著者たち

مظاہرین (muzāhirīn) デモ参加者たち

ملازمین (mulāzimīn) 従業員たち

مهاجرین (muhājirīn) 避難民たち

※Uでは（-ūn）は殆ど使われない。

A 女性規則複数

主格	ـات	(-ātun)
斜格	ـات	(-ātin)

例

طالبة（ṭāliba）女子学生　主格　طالبات（ṭālibātun）女子学生たち(は)

斜格　طالبات（ṭālibātin）女子学生たちの(を)

P，U においては語尾の（-un），（-in）が省かれ，格に関係なく ـات（-āt）の形で用いられる。女性規則複数形は男性規則複数形に比べてはるかに多く用いられ，P では P 系単語の複数形にも用いられる。U でも多く用いられるが，A が（f）でも U で（f）とはかぎらず，（m）になることも多いので性を確認することが必要である。

※ A で ة が省かれて ـات（-āt）がつくように P，U においても ـت（-at），ـه（-e/-a）が省かれて ـات がつく。

例

ساعت（sā'at）時間	ساعات（sā'āt）
اشاره（es<u>h</u>āre）合図	اشارات（es<u>h</u>ārāt）
طبقه（tabaqe）階層	طبقات（tabaqāt）
واقعه（vāqe'e）事件	واقعات（vāqe'āt）
جذبہ（jazba）感情	جذبات（jazbāt）

P の例

ادبيات（adabiyāt）文学	اطلاعات（ettelā'āt）情報
انتخابات（entek<u>h</u>ābāt）選挙	تبليغات（tablī<u>g</u><u>h</u>āt）宣伝
تشريفات（tas<u>h</u>rīfāt）手続き	تصادفات（tasādofāt）衝突
تظاهرات（tazāhorāt）デモ	مطبوعات（matbū'āt）印刷物

P 系単語＋ āt の例

باغات	(bāghāt) 庭園	جنگلات	(jangalāt) 森
دهات	(dehāt) 村	گزارشات	(gozāreshāt) 報告
سبزیجات	(sabzījāt) 野菜	کارخانجات	(kār-khānejāt) 工場
میوجات	(mīvejāt) 果物		

※語尾が ه, ی の場合には جات- (-jāt) になる。

U の例

اختیارات	(ikhteyārāt) 権力	اخراجات	(ikhrājāt) 支出
اصطلاحات	(istelāhāt) 術語	اصلاحات	(islāhāt) 改正
امتحانات	(imtehānāt) 試験	تعطیلات	(ta'tīlāt) 休暇
تعلیمات	(ta'līmāt) 教育	موضوعات	(mauzū'āt) テーマ

※短母音を変化すればPと共通になる。しかしU（H）系単語に āt をつけて複数にすることはない。

A 不規則複数

A 初学者が発音を終え，動詞活用に入る前に直面する難関は名詞（形容詞）の不規則複数である。複数に規則と不規則があれば，一般的には前者が主で，後者が従と思うが，A においてはその反対である。日常よく用いる名詞の大半は不規則複数であると言うも過言ではない。P，U においても A 不規則複数は実に多く用いられている。P，U の辞書では一般的に A 不規則複数は見出し語に含まれ，「～の複数」と説明してあるので，単数の意味を調べればよい。しかし A の辞書には普通，不規則複数は見出し語には含まれず，単数を知らなければなんの複数か分からない。単数の見出し語には，複数～と記されている。

次に不規則複数の主要な型（ハムザ，語尾変化を省く）とその例を示そう。

i）افعال（af'āl）の型

	単数	複数		
A	ولد（walad）子供	اولاد（awlād）	P（oulād）	U（aulād）
A	خبر（k͟habar）ニュース	اخبار（ak͟hbār）	P（ak͟hbār）	U（ak͟hbār）
A	يوم（yawm）日	ايام（ayyām）	P（ayyām）	U（aiyām）

ii）فعول（fu'ūl）の型

A	علم（'ilm）知識	علوم（'ulūm）	P（'olūm）	U（'ulūm）
A	قلب（qalb）心	قلوب（qulūb）	P（qolūb）	U（qulūb）

iii）فعل（fu'ul）の型

A	كتاب（kitāb）本	كتب（kutub）	P（kotob）	U（kutub）
A	طريق（ṭarīq）道	طرق（ṭuruq）	P（toroq）	U（turuq）

iv）فعال（fi'āl）の型

A	جبل（jabal）山	جبال（jibāl）	P（jebāl）	U（jibāl）
A	بحر（baḥr）海	بحار（biḥār）	P（behār）	U（bihār）

v）فعلاء（fu'alā'）の型　فعيل（fa'īl）の場合

A	وزير（wazīr）大臣	وزراء（wuzarā'）	P（vozarā）	U（wuzarā）
A	امير（amīr）首長	امراء（umarā'）	P（omarā）	U（umarā）

فاعل (fā'īl) の場合

A شاعر (s̲h̲ā'ir) 詩人 شعراء (s̲h̲u'arā') P (s̲h̲o'arā) U (s̲h̲o'arā)

A عالم ('ālim) 学者 علماء ('ulamā') P ('olamā) U ('ulamā)

vi) فعالل (fa'ālil) の型

A مسجد (masjid) モスク مساجد (masājid) P (masājed) U (masājid)

A جوهر (jawhar) 宝石 جواهر (jawāhir) P (javāher) U (jawāhir)

vii) افعلة (af'ila) の型

A سلاح (silāḥ) 武器 اسلحة (asliḥa) P (aslahe) U (aslaha)

A لسان (lisān) 舌 السنة (alsina) P (alsene) U (alsina)

viii) فواعل (fawā'il) の型 فاعل (fā'il) の場合

A ساحل (sāḥil) 海岸 سواحل (sawāḥil) P (savāhel) U (sawāhil)

A فارس (fāris) 騎士 فوارس (fawāris) P (favāres) U (fawāris)

فاعلة (fā'ila) の場合

A حادثة (ḥādit̲h̲a) 事故 حوادث (ḥawādit̲h̲) P (havādes) U (hawādis)

A فائدة (fā'ida) 利益 فوائد (fawā'id) P (favāyed) U (fawā'id)

ix) فعاليل (fa'ālīl) の型

A صندوق (ṣundūq) 箱 صناديق (ṣanādīq) P (sanādīq) U (sanādīq)

A سلطان (sulṭān) スルタン سلاطين (salāṭīn) P (salātīn) U (salātīn)

x) فعائل (fa‘ā'il) の型

A جزيرة (jazīra) 島　　جزائر (jazā'ir)　　P (jazāyer)　　U (jazā'ir)

A وسيلة (wasīla) 手段　　وسائل (wasā'il)　　P (vasāyel)　　U (wasā'il)

xi) فواعيل (fawā'il) の型

A قانون (qānūn) 法律　　قوانين (qawānīn)　　P (qavānīn)　　U (qawānīn)

A تاريخ (tārī<u>kh</u>) 歴史　　تواريخ (tawārī<u>kh</u>)　　P (tavārī<u>kh</u>)　　U (tawārī<u>kh</u>)

以上，P, U でも用いられる A 不規則複数の型と例をあげたが，これら以外にもさまざまな型がある。型として覚えるよりは一つ一つ単数・複数をじっくり記憶する方が近道のような気がする。A では人間関係の複数にはそれに対応する形容詞の複数がある。例えば

　　شاعر كبير (<u>sh</u>ā'ir kabīr)　　شعراء كبار (<u>sh</u>u'arā' kibār)
　　偉大な詩人

　　رجل شريف (rajul <u>sh</u>arīf)　　رجال شرفاء (rijāl <u>sh</u>urafā')
　　高貴な人

P, U では殆ど用いられないのでここでは省く。

二重複数

二重複数は A で جمع الجمع (jam‘ul-jam‘) といわれ，複数の複数である。

例

　　بيت (bayt) 家　　　　بيوت (buyūt)　　　　بيوتات (buyūtāt)
　　رجل (rajul) 男　　　　رجال (rijāl)　　　　رجالات (rijālāt)
　　شراب (<u>sh</u>arāb) 飲物　　أشربة ('a<u>sh</u>riba)　　أشربات ('a<u>sh</u>ribāt)

كلب (kalb) 犬	كلاب (kilāb)	كلابات (kilābāt)

P, U においても次のような二重複数が用いられる。P の発音表記による。

例

امر (amr) 事柄	امور (omūr)	امورات (omūrāt)
جوهر (jouhar) 宝石	جواهر (javāher)	جواهرات (javāherāt)
حال (hāl) 状態	احوال (ahvāl)	احوالات (ahvālāt)
حب (habb) 穀粒	حبوب (hobūb)	حبوبات (hobūbāt)
خبر (khabar) ニュース	اخبار (akhbār)	اخبارات (akhbārāt)
رسم (rasm) 慣習	رسوم (rosūm)	رسومات (rosūmāt)
فتح (fath) 征服	فتوح (fotūh)	فتوحات (fotūhāt)
وجه (vajh) 資金	وجوه (vojūh)	وجوهات (vojūhāt)

A には同じ名詞で異なる意味がある場合には，意味によって複数が異なる語があり，P でも用いられるので例示する。発音表記は A である。

أمر ('amr)	命令	أوامر ('awāmir)
	事柄	أمور ('umūr)
بحر (baḥr)	海	بحار (biḥār)
	韻律	بحور (buḥūr)
بيت (bayt)	家	بيوت (buyūt)
	対句（詩）	ابيات (abyāt)
عين ('ayn)	目，泉	عيون ('uyūn)
	名士	اعيان (a'yān)

P の複数

A，U に比べると，P 本来の複数はきわめて簡単である。名詞が P，A 系を問わず，名詞に複数形語尾 ـها（-hā）または ـان（-ān）をつければよい。かつては無生物には -hā，生物には -ān と一応区別されていたが，今日ではすべてに -hā をつければよい。人間には -hā，-ān のいずれをつけてもよい。

例

ایرانی（īrānī）イラン人　ایرانی‌ها（īrānīhā）　ایرانیان（īrāniyān）

بازو（bāzū）腕　بازوها（bāzūhā）　بازوان（bāzovān）

پدر（pedar）父　پدرها（pedarhā）　پدران（pedarān）

ساعت（sā‘at）時計　ساعتها（sā‘athā）

کتاب（ketāb）本　کتابها（ketābhā）

کارگر（kārgar）労働者　کارگرها（kārgarhā）　کارگران（kārgarān）

لباس（lebās）服　لباسها（lebāshā）

※サイレントの ه で終わる単語に ان をつける時は ه が گ に変わる。

ستاره（setāre）星　ستارگان（setāregān）

فرشته（fereshte）天使　فرشتگان（fereshtegān）

※語尾が ـا（-ā），ـو（-ū）で終わる名詞に ان をつける時は ـیان（-yān）に変わる。

گدا（gedā）乞食　گدایان（gedāyān）

دانشجو（dāneshjū）学生　دانشجویان（dāneshjūyān）

P 本来の複数は簡単とはいえ，実際にはきわめて多くの A 規則（不規則）複数が用いられているので，P 学習者には A の複数の知識が非常に大切である。

Uの複数

Pに比べるとUの複数はかなり複雑だが，Aほどではない。Uは原則的に語尾がā，ē，īの言語とも言われる。āは男性単数，ēは男性複数，īは女性のそれぞれの語尾を表す。これは名詞，形容詞，動詞の語尾に原則的に適用されるので大変便利である。

Uの複数は性によって異なる。それ故，名詞が（m）か（f）かを確認することが必要である。例外がかなりあるので注意すべきである。複数の作り方は原則として次のようである。

		単　数	複　数
男性名詞（m）	1	ا（ā），ه（a）で終わる語	ا，ه を ے（ē）にする
	2	それ以外の語	変化しない
女性名詞（f）	1	ی（ī）で終わる語	اں（āṇ）をつける
	2	指小形 یا（yā）で終わる語	ں（ṇ）をつける
	3	それ以外の語	یں（ēṇ）をつける

例

（m） 1 　بیٹا（bēṭā）息子　　بیٹے（bēṭē）

（m） 1 　دروازه（darwāza）戸　　دروازے（darwāzē）

（m） 2 　بازار（bāzār）市場　　بازار

（m） 2 　نوکر（naukar）使用人　　نوکر

（f） 1 　بیوی（bīvī）妻　　بیویاں（bīviyāṇ）

（f） 2 　چڑیا（c̲h̲iṛiyā）小鳥　　چڑیاں（c̲h̲iṛiyāṇ）

（f） 3 　رات（rāt）夜　　راتیں（rātēṇ）

(f)　3　　خبر（khabar）ニュース　　خبریں（khabarēṇ）

※ ں は鼻音化の nūn で A，P にはない文字である。U では P の複数語尾はきわめてまれであるが，A の規則（不規則）は P と同じように非常に多く用いられる。

4）格

さきに発音符号の tanwīn のところで少し触れたように，A には三つの格（主格，属格〔所有格〕，対格）があり，大部分の名詞が三段変化し，少ないながら二段変化する名詞もある。P には格変化はなく，名詞本来は主格で，斜格はエザーフェ（後述）をつけたり，前置詞または唯一の後置詞 را（rā）をつけて表す。U も後置詞をつけて表すが，この時に性，数により語尾が変化する語もある。A，P，U それぞれの格を対照してみよう。

A の格

i)　三段変化

主格　ـٌ（-un）　　属格　ـٍ（-in）　　対格　ـً（-an）

※定冠詞がつくと語尾の n が落ちて，-u，-i，-a になる。

例（m）

主格	بيت（baytun）家は	البيت（al-baytu）
属格	بيت（baytin）家の	البيت（al-bayti）
対格	بيتاً（baytan）家を	البيت（al-bayta）

※（m）不定名詞対格には ا を加えて اً（-an）になる。

例（f）

主格　　مدينة（madīnatun）都市は　المدينة（al-madīnatu）

属格　　مدينة（madīnatin）都市の　المدينة（al-madīnati）

対格　　مدينة（madīnatan）都市を　المدينة（al-madīnata）

ii）二段変化

定冠詞がつかなくても語尾は（-u），（-a）になり，属格と対格はともに同じ（-a）になる。三段変化に比べると非常に少ない。

例

主格　　مصر（miṣru）エジプトは

属・対格　مصر（miṣra）エジプトの（を）

Pの格

i）主格

名詞がそのまま主格になる。

پسر（pesar）少年（は）

ii）所有格

エザーフェによって表す。

مادر پسر（mādar-e pesar）少年の母　＊eはエザーフェ

iii）与格

前置詞 به（be）をつけて表す。

به پسر（be pesar）少年に

iv）目的格

後置詞 را（rā）をつけて表す。

پسر را（pesar rā）少年を

v）奪格

前置詞 از（az）をつけて表す。

از پسر（az pesar）少年から

vi）方位格

前置詞 در（dar）～の中に，بر（bar）～の上に，تا（tā）～まで，به（be）～へ，をつけて表す。

در خانه（dar <u>kh</u>āne）家の中に

بر میز（bar mīz）テーブルの上に

تا ایران（tā īrān）イランまで

به ژاپن（be <u>zh</u>āpon）日本へ

Uの格

i）主格

名詞がそのまま主格になる。

لڑکا（laṛkā）少年（は）

ii）所有格

次にくる名詞の性，数，格によって異なるが，後置詞 کا（ka），کے（ke），کی（ki）をつけて表す。語によって所有者の語尾が斜格になる。

لڑکے کا، کے، کی（laṛkē ka，ke，ki）少年の

گھر کا، کے، کی（ghar ka，ke，kī）家の

※ ا，ہ で終わる（m）名詞は後置詞の前では斜格になる。斜格の詳しい説明は U 文法書を参照されたい。

iii）与格，目的格

後置詞 کو（ko）をつけて表す。

لڑکے کو（laṛkē ko）少年に（を）

iv）奪格

後置詞 سے（se）をつけて表す。

لڑکے سے（laṛkē se）少年から

v）方位格

後置詞 میں（meṇ）～の中に，پر（par）～の上に，تک（tak）～まで，をつけて表す。

مدرسے میں（madrase meṇ）学校の中に

میز پر（mēz par）テーブルの上に

پاکستان تک（pākīstān tak）パーキスタンまで

セム系 A の格変化が P，U と全く異なるのは当然であるが，P と U を対照すると，P の所有格を表すエザーフェ，U の一部の名詞の斜格を除けば，前置詞と後置詞の違いはあるが，P と U の格の表現はほぼ同じであると言える。

(6) 代 名 詞

1) 人称代名詞

A，P，U 人称代名詞で最も大きな相違はA，Pには分離人称代名詞（独立形）と非分離人称代名詞（接尾形）の二種があるのに対して，Uには分離人称代名詞があるのみである。Aの分離人称代名詞は主格のみに用いられ，非分離人称代名詞は斜格の他に前置詞，接続詞と結合しても用いられる。Pの分離人称代名詞は主格の他に，エザーフェを用いて所有格，さらに前置詞（後置詞）とともに斜格にも用いられ，非分離人称代名詞は所有格，目的格に用いられる。Uの人称代名詞は主格はそのままであるが，斜格になると性，数，格によって主格とはかなり異なる形になる。これはA，Pに比べてUの人称代名詞の大きな特色といえよう。次にA，P，U人称代名詞をそれぞれ表示し，例をあげて対照してみよう。

A 人称代名詞

i) 分離人称代名詞（独立形）

<table>
<tr><th colspan="2"></th><th>単　数</th><th>双　数</th><th>複　数</th></tr>
<tr><td colspan="2">一人称</td><td>أنا ('ana)
私</td><td></td><td>نحن (naḥunu)
我々</td></tr>
<tr><td rowspan="2">二人称</td><td>男</td><td>أنت ('anta)
あなた</td><td rowspan="2">أنتما ('antumā)
あなたたち二人</td><td>أنتم ('antum)
あなたたち</td></tr>
<tr><td>女</td><td>أنت ('anti)
貴女</td><td>أنتن ('antunna)
貴女たち</td></tr>
</table>

三人称	男	هو（huwa） 彼	هما（humā） 彼(女)ら二人	هم（hum） 彼ら
	女	هى（hiya） 彼女		هن（hunna） 彼女ら

※一人称には男女の区別はなく，双数もない。

※一人称単数は（'anā）ではなく通常（'ana）と短くなる。

※二・三人称双数には男女の区別はない。

ii）非分離人称代名詞（接尾形）

		単　数	双　数	複　数
一人称		ـى（-ī） ـنى（-nī）		ـنا（-nā）
二人称	男	ـك（-ka）	ـكما（-kūmā）	ـكم（-kum）
	女	ـك（-ki）		ـكن（-kunna）
三人称	男	ـه（-hu）	ـهما（-humā）	ـهم（-hum）
	女	ـها（-hā）		ـهن（-hunna）

※一人称単数は二つあり，（-ī）は名詞，前置詞に，（-nī）は動詞につけられる。

用例

أنا يابانى.（'ana yābānī）私は日本人です

هو مصرى. (huwa miṣrī) 彼はエジプト人です

كتابى (kitābī) 私の本　　بيتنا (baytu-nā) 我々の家

أمها ('ummu-hā) 彼女の母

غرفتكم (ghurfatu-kum) あなたたちの部屋

ضربنى (ḍaraba-nī) 彼は私を打った

※ ة は非分離代名詞がつくと ت に変わる。

مدينة (madīna) 都市　　مدينتهم (madīnatu-hum) 彼らの都市

前置詞と結合する場合

معى (ma'ī) 私と一緒に　　منه (min-hu) 彼から

※アリフ・マクスーラ ـى (-ā) の前置詞につくと (-ā) は (-ay) に変わる。

على ('alā)　　عليكم ('alay-kum) あなた(たち)の上に

إلى ('ilā)　　إلينا ('ilay-nā) 我々に

※上記の他に語末母音変化があるので A 文法書を参照されたい。

P 人称代名詞

i) 分離人称代名詞（独立形）

	単　数	複　数
一人称	من (man) 私	ما (mā) 我々

二人称	تو（to）君	شما（<u>sh</u>omā）あなた(たち)
三人称	او（ū）彼(女)	ایشان（ī<u>sh</u>ān）彼(女)ら

※三人称単数（ū）の代わりに文語では وی（vei）が用いられることもある。

※三人称複数（ī<u>sh</u>ān）は現在一般には三人称単数の敬称（あの方）の意に用いられ，その代わりに آنان（ānān），آنها（ānhā）が使われている。

※二人称複数（<u>sh</u>omā）の「あなた」と「あなたたち」を区別するために，主として口語では شماها（<u>sh</u>omā-hā）と複数形語尾をつけることもある。

ii）非分離人称代名詞（接尾形）

	単　数	複　数
一人称	ـم（-am）	ـمان（-emān）
二人称	ـت（-at）	ـتان（-etān）
三人称	ـش（-a<u>sh</u>）	ـشان（-e<u>sh</u>ān）

※語尾がサイレントの ـه（-e）で終わると単数は ـام，ـات，ـاش になる。

خانه‌ام（<u>kh</u>āne-am）私の家　گربه‌اش（gorbe-a<u>sh</u>）彼(女)の猫

※語尾が ا（ā）または و（ū）で終わると接尾形の前に ی（y）を挿入する。

پایم（pā-yam）私の足　　　مویش（mūyash）彼の髪

用例

پدرم（pedar-am）私の父　　مادرش（mādar-ash）彼の母

دوستتان（dūst-etān）あなたの友人

دفترمان（daftar-emān）我々の事務所

دیدمش（dīdam-ash）私は彼を見た

※上記の用法の他に，独立形とエザーフェを用いても同じ意味を表すことができる。この用法はAの接尾形にはない。

پدرم ＝ پدرمن（pedare-man）

مادرش ＝ مادراو（mādare-ū）

دوستتان ＝ دوست شما（dūste-shomā）

دفترمان ＝ دفترما（daftare-mā）

دیدمش ＝ اورا دیدم（ū-rā dīdam）

U 人称代名詞

	単　数	複　数
一人称	میں（maiṇ）私	ہم（ham）我々
二人称	تو（tū）お前	تم（tum）君
	آپ（āp）あなた	آپ لوگ（āp lōg）あなたたち
三人称	وہ（voh）彼（女）	وہ（voh）彼（女）ら

※二人称では（āp）が一般に用いられる。

※三人称には（m）と（f），単複数の区別はないが動詞とともに用いられると，動詞の性・数によって代名詞の性・数も明らかになる。

※既述のように，U の人称代名詞は A，P に比べると複雑である。なぜなら（āp）を除いて他の代名詞は斜格になるとかなり変形するからである。詳しい説明は U 文法書にゆずるとして，二例だけをあげておこう。

主格　میں
所有格　میرا（mērā），میرے（mērē），میری（mērī）私の
　　　＊次に来る名詞の性，数，格によって決まる。
与格・目的格　مجھ کو（mujh ko），مجھے（mujhē）私に（を）
　　　＊両者とも意味は同じ。

主格　وہ
所有格　اس کا（us ka），اس کے（us ke），اس کی（us ki）彼(女)の
与格・目的格　اس کو（us ko），اسے（usē）彼(女)に(を)

2）指示代名詞

A，P，U それぞれに近称（これ）と遠称（あれ）を表す指示代名詞があり，P のそれが最も簡単である。A は次にくる名詞の性，数，格によって表現が異なり，P，U に比べると複雑である。U は主格は簡単だが，斜格になると変化する。まず，A，P，U の指示代名詞（近称，遠称）を表示し，用例をあげることにする。

A 指示代名詞

i）近称

<table>
<tr><th></th><th>単　数</th><th colspan="2">双　数</th><th>複　数</th></tr>
<tr><td rowspan="2">男　性</td><td rowspan="2">هٰذا（hādhā）</td><td>主</td><td>هٰذان（hādhānī）</td><td rowspan="4">هٰؤلاء（hā'ulā'i）</td></tr>
<tr><td>斜</td><td>هٰذين（hādhayni）</td></tr>
<tr><td rowspan="2">女　性</td><td rowspan="2">هٰذه（hādhihi）</td><td>主</td><td>هٰتان（hātāni）</td></tr>
<tr><td>斜</td><td>هٰتين（hātayni）</td></tr>
</table>

※語頭の（hā-）は共通。

※双数のみ格変化する。複数に性別はない。

用例

.هٰذا كتاب（hādhā kitāb）これは本です

.هٰذه بنت（hādhihi bint）これは少女です

.هٰؤلاء طلاب（hā'ulā'i ṭullāb）これらは学生たちです

ii）遠称

<table>
<tr><th></th><th>単　数</th><th colspan="2">双　数</th><th>複　数</th></tr>
<tr><td rowspan="2">男　性</td><td rowspan="2">ذلك（dhālika）</td><td>主</td><td>ذانك（dhānika）</td><td rowspan="4">اولائك（ūlā'ika）</td></tr>
<tr><td>斜</td><td>ذينك（dhaynika）</td></tr>
<tr><td rowspan="2">女　性</td><td rowspan="2">تلك（tilka）</td><td>主</td><td>تانك（tānika）</td></tr>
<tr><td>斜</td><td>تينك（taynika）</td></tr>
</table>

※語尾の（-ka）は共通。

※双数の格変化，複数に性別がないのは近称・遠称ともに共通。

用例

ذلك رجل.（dhālika rajul）あれは男です

تلك سيارة.（tilka sayyāra）あれは車です

اولائك رجال.（ūlā'ika rijāl）あれらは男たちです

※ A の人称（指示）代名詞が P，U においてそのまま用いられることはないが，P では人称代名詞を変形して作られた A 抽象名詞が用いられたり，A 前置詞と結合して複合（合成）副詞（形容詞）が A と同じように用いられ，U でも語によって用いられることがある。

例

أنا（'ana）私

〈A〉أنانية（'anānīya）P انانيت（anānīyat）利己主義

هو（huwa）彼

〈A〉هوية（huwīya）P هويت（hovīyat）アイデンティティー

لذا（lezā/lizā）それ故

لهذا（le-hāzā/li-hāzā）ゆえに

معهذا（ma'a-hāzā）これにもかかわらず

معذالک（ma'a-zālek）それにもかかわらず

کذا（ka-zā）かくの如し

کذالک（ka-zālek）そのように

P 指示代名詞

P の指示代名詞はきわめて簡単で，近称は این（īn），遠称は آن（ān）だけで，複数には複数語尾をつけて اینها（īn-hā）これら，آنها（ān-hā）あれら，が作られる。

用例

این سگ است.（īn sag ast）これは犬です

آن گربه است.（ān gorbe ast）あれは猫です

اینها مال من است.（īn-hā māle man ast）これらは私のものです

U 指示代名詞

U の指示代名詞は近称（主格）یہ（yeh），遠称 وہ（voh）で主格に単複，性の区別はないが，斜格になると単・複が変化する。

主格単(複)数	斜格単数	斜格複数
یہ（yeh）これ（ら）	اس（is）	ان（in）
وہ（voh）あれ（ら）	اس（us）	ان（un）

※斜格の綴りは同じであるが，発音によって近称と遠称とが区別される。

用例

یہ گھڑی ہے -（yeh ghaṛī hai）これは時計です

وہ عمارت ہے -（voh ‘imārat hai）あれは建物です

اس میں（is meṇ）この中に　　اس پر（us par）その上に

ان کو（in ko）これらを　　ان سے（un se）それらから

3）A，P，U 再帰代名詞

A の再帰代名詞 نفس（nafs）自身，ذات（dhāt）は نفسه（nafsu-hu）彼自身，نفسك（nafsu-ka）あなた自身，بالذات（bi-dh-dhāti），بذاته（bi-dhāti-hi）自ら，のように用いられる。

P においても بنفسه（be-nafseh）自身で，بالذات（be-z-zāt）本質的に，のように副詞として用いられる。P の再帰代名詞には خود（khod），خويش（khīsh），خويشتن（khīshtan）の三つがあるが，خود が最もよく用いられる。U の再帰代名詞 آپ（āp）は所有格では اپنا（apnā）自分の，اپنے（apnē），اپنی（apnī）と変化する。P でも خود に非分離人称代名詞をつけて خودم（khod-am）私自身，خودتان（khod-etān）あなた自身，のように用いられる。U では（āp）の他に P の（khod）が（khud）と発音されてよく用いられる他に，複合名詞などにも用いられる。

例

خودداری（khud-dārī）自立　　خودغرضی（khud-gharazī）利己主義

خودکشی（khud-kushī）自殺　　خودبخود（khud-ba-khud）独りでに

P では（khod）の複合名詞（形容詞，副詞）は数十語に達する。

例

خودآموزی（khod-āmūzī）独学　　خودبینی（khod-bīnī）利己主義

خودسر（khod-sar）強情な　　خودکار（khod-kār）ボールペン；自動の

خودکشی（khod-koshī）自殺　　خودمانی（khodemānī）親しい

خودنویس（khod-nevīs）万年筆　　خودیاری（khod-yārī）自立

4）A，P，U 疑問詞

	A	P	U
だ　れ	من (man)	که (ke)	کون (kaun)
な　に	ما (mā)	چه (che)	کیا (kyā)
ど　れ	أى ('ayyu)	کدام (kodām)	کونسا (kaunsā)
いくつ	كم (kam)	چند (chand)	کتنا (kitnā)
ど　こ	أين ('ayna)	کجا (kojā)	کہاں (kahān)
い　つ	متى (matā)	کی (kei)	کب (kab)
な　ぜ	لماذا (limādhā)	چرا (cherā)	کیوں (kyōṇ)
どのように	كيف (kayfa)	چون (chūn)	کیسا (kaisā)

※ A の（man），（mā），（limādhā）は منذا（man-dhā），ماذا（mā-dhā），لم（lima）になることもある。

※ P の（ke），（che）は口語では کی（kī），چی（chī）になり，（chūn）は一般に چطور（che-tour）が用いられる。

※ U の疑問詞はすべて ک（kāf）で始まり，（kaunsā），（kitnā），（kaisā）は性，数，格に応じて変化する。（kaun）も斜格では変化する。詳しくは U 文法書を参照されたい。

※ U には「どの方向に」を意味する کدھر（kidhar）があるが A，P には一語ではない。

※疑問詞の用法，用例は省略するので，それぞれの文法書を参照されたい。

（7）形 容 詞

A，P，U の形容詞を全般的に見ると，A ではほとんどが固有の形容詞であるのに対し，P では固有の形容詞の他に多くの A 系形容詞が借用されており，U では固有（即ち H 系）形容詞の他に，A，P 系形容詞が多く用いられている。三言語の形容詞の用法で最も大きい相違は，形容詞が補語として用いられる場合はいずれも問題ないが，形容詞が名詞を修飾する場合の用法である。

すなわち，A，P においては名詞＋形容詞の語順で，形容詞は修飾する名詞の後にくるのに対して，U では日本語や英語と同じように形容詞＋名詞の語順になる。さらに P においては名詞と形容詞を結びつける印として **اضافه** (ezāfe) が用いられる他には形容詞は何ら変化しないが，A，U においては性，数，格に応じた変化をする。

まず A，P，U 固有の主要な形容詞をいくつか例示し，用法を対照してみよう。比較（最上）級は後述する。

1）A 形容詞

كبير (kabīr) 大きい	**صغير** (ṣaghīr) 小さい
جديد (jadīd) 新しい	**قديم** (qadīm) 古い
طويل (ṭawīl) 長い	**قصير** (qaṣīr) 短い
كثير (kathīr) 多い	**قليل** (qalīl) 少ない
قريب (qarīb) 近い	**بعيد** (ba‘īd) 遠い
سهل (sahl) 容易な	**صعب** (ṣa‘b) 難しい
طيب (ṭayyib) よい	**سيء** (sayyi’) 悪い

جميل（jamīl）美しい	قبيح（qabīḥ）醜い
قوى（qawīy）強い	ضعيف（ḍa‘īf）弱い
سريع（sarī‘）速い	بطیء（baṭī’）遅い
ثقيل（thaqīl）重い	خفيف（khafīf）軽い
غال（ghālin）（値）高い	رخيص（rakhīṣ）安い
عال（‘ālin）高い	منخفض（munkhafiḍ）低い
شريف（sharīf）高貴な	حقير（ḥaqīr）卑しい
غنى（ghanī）金持ちの	فقير（faqīr）貧しい
شاب（shābb）若い	عجوز（‘ajūz）年老いた

※ A 形容詞には فعيل（fa‘īl）型が多く，上記の形容詞の多くは P，U にも借用されている。

※女性形は語尾に ة をつければよい。

※形容詞は修飾する名詞の性，数，格に一致する。

用例

بيت قديم（bayt qadīm）古い家

ساعة جديدة（sā‘a jadīda）新しい時計

※名詞が人間複数の場合には形容詞は独自の規則（不規則）複数で修飾する。

用例

شعراء كبار（shu‘arā’u kibār）偉大な詩人たち

أصدقاء أغنياء（’aṣdiqā’u ’aghniyā’u）金持ちの友人たち

رجال أشراف（rijāl ’ashrāf）高貴な人たち

طلاب حاضرون（ṭullāb ḥāḍirūna）出席している学生たち

※動詞原形の能動分詞（後述）فاعل（fā‘il）と受動分詞（後述）مفعول（maf‘ūl）型の形容詞も多く，P，Uでもよく用いられる。

例

جاهل（jāhil）無知な	حاضر（ḥāḍir）出席の
عادل（‘ādil）公正な	غائب（ghā’ib）欠席の
قادر（qādir）能力のある	ماهر（māhir）熟練した
مسرور（masrūr）うれしい	مسئول（mas’ūl）責任のある
مشغول（mashghūl）忙しい	مشهور（mashhūr）有名な
معلوم（ma‘lūm）知られた	ممنوع（mamnū‘）禁じられた

※動詞派生形の能動分詞，受動分詞も形容詞として多く用いられるが後述する。

※名詞（性）で述べたようにAにおいては人間以外の複数はすべて文法上女性単数になるという大原則を思い出してもらいたい。これは勿論形容詞にも適用され，修飾する名詞が人間以外であれば形容詞は女性になる。これはP，Uに借用された語句でも適用される場合がある。Aの用例を二，三あげた後，P，Uについて例示しよう。

用例

كتاب كبير（kitāb kabīr）大きな本（男）

→複　كتب كبيرة（kutub-kabīra）（女）

بيت صغير（bayt ṣaghīr）小さな家（男）

→複　بيوت صغيرة（buyūt ṣaghīra）（女）

※例えばPにおいて اموال مسروقه（amvāle-masrūqe）盗品，قوه مقننه（qovveye-moqannene）立法権，Uにおいて آثار قديمه（āsāre-qadīma）遺跡，اقوام متحده（aqwāme-muttahida）国連の，語尾になぜ ه がつ

くのか，P，Uの文法だけでは説明できないが，Aの大原則を知れば ةがهに変わったことが容易に理解できる。この用法はUでは非常に少ないが，Pではかなり用いられる。PではA系非人間複数だけでなくP系名詞にも女性語尾がつくこともある。

例

درآمد حاصله（dar-āmade-hāsele）得た収入

روزنامه منتشره（rūznāmeye-montashere）発行された新聞

2）P形容詞

بزرگ（bozorg）大きい	کوچک（kūchek）小さい
نو（nou）新しい	کهنه（kohne）古い
دراز（derāz）長い	کوتاه（kūtāh）短い
بسیار（besyār）多い	کم（kam）少ない
نزدیک（nazdīk）近い	دور（dūr）遠い
آسان（āsān）容易な	دشوار（doshvār）難しい
خوب（khūb）よい	بد（bad）悪い
زیبا（zībā）美しい	زشت（zesht）醜い
نیرومند（nīrū-mand）強い	ضعیف（za'īf）弱い
زود（zūd）早い	دیر（dīr）遅い
سنگین（sangīn）重い	سبک（sabok）軽い
گران（gerān）（値）高い	ارزان（arzān）安い
بلند（boland）高い	کوتاه（kūtāh）低い
شریف（sharīf）高貴な	پست（past）卑しい
توانگر（tavāngar）金持ちの	فقیر（faqīr）貧しい

جوان（javān）若い　　　　　پیر（pīr）年老いた

※対照のためにAと同じ意味の配列にした。

※形容詞の複数は名詞複数として用いられる場合もある。

بزرگ　→　بزرگان（bozorgān）偉い人たち

خوب　→　خوبان（k̲h̲ūbān）善人（美女）たち

دانا　→　دانایان（dānāyān）賢者たち

3）エザーフェ

اضافه（ezāfe/izāfa）とは元来Aの إضافة（'idāfa）で普通名詞では「追加」を意味し，文法用語では「属格による限定」を意味する。Pにおいてエザーフェは「連結小辞」を意味し，中世ペルシア語（ī）からの伝統的な用法である。一般にエザーフェは文字として表記されないが，必ずつけて読まねばならない。表記される場合についてはP文法書を参照されたい。UにおいてもH系の表現には用いられないが，A，Pの複合語にはひんぱんに用いられる。ここでエザーフェ／イザーファの用法についてまとめておこう。エザーフェには三つの重要な用法がある。

i）　形容詞が名詞を修飾する場合，修飾語と被修飾語との関係を明確にするために被修飾語（名詞）の語尾にエザーフェ（-e）をつける。

用例

کتاب بزرگ（ketābe̱ bozorg）大きい本

دختر کوچک（dok̲h̲tare̱ kūc̲h̲ek）小さい娘

کوه بلند（kūhe̱ boland）高い山

لباس نو（lebāse̱ nou）新しい服

جمهوری اسلامی ایران（jomhūrīye̱ eslāmīye̱ īrān）
イラン・イスラーム共和国

ii）名詞と名詞とを結びつける場合，前の名詞の語尾にエザーフェをつけて，両名詞の所有，所属等の関係を表す。三語以上から成る語句ではその都度エザーフェをつける。

用例

سفارت ژاپن（sefārate̱ zhāpon）日本大使館

دستور زبان فارسی（dastūre̱ zabāne̱ fārsī）ペルシア語文法

انگشتر مادر دوست（angoshtare̱ mādare̱ dūst）友人の母の指輪

دانشجویان دانشگاه تهران（dāneshjūyāne̱ dānesh-gāhe̱ tehrān）
テヘラン大学の学生たち

iii）名詞と代名詞（分離人称代名詞）を結びつけて所有格を表す。

用例

اسم من（esme̱ man）私の名前

پدر شما（pedare̱ shomā）あなたの父

شوهر او（shouhare̱ ū）彼女の夫

既述のようにUがā，ē，īの言語とすれば，Pはエザーフェの言語といえよう。例外を除いてエザーフェは文字表記されないが，語句の意味を正確に理解していれば必ずエザーフェをつけることができる。換言すればAのシャクル（発音符号）の場合と同じように，P学習者が正確にエザーフェをつければ，その語句を正しく理解していることを示している。

Uにおいては元来اضافه（izāfa）は存在せず，Pからの借用でその使用もかなり限定されていてPのように広い用法はないが無視できない。Uのイザーファ使用の複合（合成）名詞は日本語における漢語のような感がする。

例

آثار قدیمہ（āsāre̱ qadīma）遺跡

اقوام متحدہ（aqwāme̱ muttahida）国連

انجمن ترقی اردو（anjumane̱ taraqqīe̱ urdū）ウルドゥー促進協会

بحر اوقیانوس（bahre̱ auqyānūs）大西洋

بر اعظم（barre̱ a'zām）大陸

تپ دق（tape̱ diq）結核

حکمت عملی（hikmate̱ 'amalī）施策

درجہ حرارت（darajae̱ harārat）温度

صورت حال（sūrate̱ hāl）現状

طالب علم（tālibe̱ 'ilm）学生

قطب جنوبی（qutbe̱ junūbī）南極

قواعد اردو（qawā'ide̱ urdū）ウルドゥー語文法

وزارت تعلیم（vizārate̱ ta'līm）文部省

وزارت خزانہ（vizārate̱ k̲h̲azāna）財務省

وزارت خارجہ（vizārate̱ k̲h̲ārija）外務省

وزیر اعظم（wazīre̱ a'zam）首相

4）U 形容詞

بڑا（baṛā）大きい	چھوٹا（c̲h̲hōṭā）小さい
نیا（nayā）新しい	پرانا（purānā）古い
لمبا（lambā）長い	چھوٹا（c̲h̲hōṭā）短い

بہت（bahut）多い	تھوڑا（thōṛā）少ない
نزدیک（nazdīk）近い	دور（dūr）遠い
آسان（āsān）容易な	مشکل（mushkil）難しい
اچھا（achchhā）よい	برا（burā）悪い
خوبصورت（khūb-sūrat）美しい	بدصورت（bad-sūrat）醜い
مضبوط（mazbūt）強い	کمزور（kam-zōr）弱い
تیز（tēz）速い	دیر（dēr）遅い
بھاری（bhārī）重い	ہلکا（halkā）軽い
مہنگا（mahiṇgā）（値）高い	سستا（sastā）安い
اونچا（ūṇchā）高い	نیچا（nīchā）低い
شریف（sharīf）高貴な	نیچا（nīchā）卑しい
امیر（amīr）金持ちの	غریب（gharīb）貧しい
جوان（jawān）若い	بوڑھا（būṛhā）年老いた

※ ā で終わる形容詞は H と共通で，次にくる名詞の性，数，格によって語尾変化する。それ以外の形容詞は変化しない。

※ U の形容詞には A 系，P 系がいくつか含まれている。

用例

بڑا کمرا（baṛā kamrā）大きい部屋

بڑے کمرے میں（baṛē kamrē meṇ）大きい部屋で

اونچی عمارت（ūṇchī ‘imārat）高い建物

مہنگی گھڑی کو（mahingī ghaṛī ko）高い時計を

خوبصورت لڑکی（khūb-sūrat laṛkī）美しい少女

جوان آدمی（jawān ādmī）若い人

5）擬似アラビア語系形容詞

P，Uでよく用いられ，辞書にも語源が〈A〉になっているが，厳密にはAでない，すなわちAでは使われない形容詞がいくつかある。もちろんA起源の語ではあるが，語尾がAとは異なっている。これらの語は主としてةで終わる名詞の形容詞や女性規則複数の形容詞に多いが，これら以外の形容詞にもある。これらの形容詞を例示して対照してみよう。

	A	P	U
貿易の	تجارى (tijārī)	تجارتى (tejāratī)	(tijāratī)
妊娠した	حامل (ḥāmil)	حامله (hāmele)	(hāmila)
政府の	حكومى (ḥukūmī)	حكومتى (hokūmatī)	(hukūmatī)
国家の	دولى (dawlī)	دولتى (doulatī)	(daulatī)
農業の	زراعى (zirā'ī)	زراعتى (zerā'atī)	(zarā'atī)
工業の	صناعى (ṣinā'ī)	صنعتى (san'atī)	(san'atī)
古い	قديم (qadīm)	قديمى* (qadīmī)	(qadīmī)

＊P，Uでも قديم は使われる

	A	P	U
価値	قيمة (qīma)	قيمتى (qeimatī) 高価な	(qīmatī)
人造の	مصنوع (maṣnū')	مصنوعى (masnū'ī)	(masnū'ī)
普通の	معمول* (ma'mūl)	معمولى (ma'mūlī)	(ma'mūlī)

＊Aでは عادى（'ādī）が使われる

選挙の　انتخابى（intikhābī）انتخاباتى*（entekhābātī）

＊Pの انتشاراتى（enteshārātī）出版の，صادراتى（sāderātī）輸出の，تبليغاتى（tablīghātī）宣伝の，مخابراتى（mokhāberātī）通信の，

مطالعاتی（motāle‘ātī）研究の，وارداتی（vāredātī）輸入の，等も擬似A系形容詞である。

※Pではは名詞にも語尾にـی（-ī），ـو（-ū），ـه（-e）をA系単語につける場合がある。

例

A	سلامة	（salāma）安全	P	سلامتی	（salāmatī）健康
A	عروس	（‘arūs）花嫁	P	عروسی	（‘arūsī）結婚
A	عم	（‘amm）父方のおじ	P	عمو	（‘amū）
A	نصف	（niṣf）半分	P	نصفه	（nesfe）

6）比較級・最上級

形容詞の比較表現にはA，P，U独自の方法があり，Aの表現方法はPに，A，Pの表現方法はUにそれぞれ文章形式ではなく，副詞や複合語として用いられている。まず，A，P，U固有の比較表現を原則的に略述し，それが他の言語にどのように採り入れられているかを対照してみよう。

A比較級・最上級

比較級は主語の性，数に関係なく主として次の二つの用法で表される。

i）最もよく用いられるのはأفعل（’af‘al）（語尾uを省く）の型である。

例

كبير（kabīr）大きい	أكبر（’akbar）より大きい
صغير（ṣag͟hīr）小さい	أصغر（’aṣg͟har）より小さい
كثير（kat͟hīr）多い	أكثر（’akt͟har）より多い
شريف（s͟harīf）高貴な	أشرف（’as͟hraf）より高貴な

جميل（jamīl）美しい	أجمل（'ajmal）より美しい
عظيم（'azīm）偉大な	أعظم（'a'zam）より偉大な
سريع（sarī'）速い	أسرع（'asra'）より速い
قصير（qaṣīr）短い	أقصر（'aqṣar）より短い
فاضل（fāḍil）優れた	أفضل（'afḍal）より優れた
كامل（kāmil）完全な	أكمل（'akmal）より完全な
غنى（g͟hanī）金持ちの	أغنى（'ag͟hnā）より金持ちの

「…より」は前置詞 من（min）で表す。

用例

بيتى أصغر من بيتك.（baytī aṣg͟har min baytika）
私の家は君の家より小さい

أمه أجمل من أمها.（'ummuhu 'ajmal min 'ummihā）
彼の母は彼女の母より美しい

ii）第二，第三語根が同じ形容詞の比較級は أفل（'afall）の型になる

例

جديد（jadīd）新しい	أجد（'ajadd）より新しい
شديد（s͟hadīd）激しい	أشد（'as͟hadd）より激しい
قليل（qalīl）少ない	أقل（'aqall）より少ない
صحيح（ṣaḥīḥ）正しい	أصح（'aṣaḥḥ）より正しい

※ خير（k͟hayr）良い，شر（s͟harr）悪い，は変化しない。

※上記以外にも例外的な表現があるがここでは省略する。

最上級

Aの最上級は次の三つの用法で表される。最上級には性別があり，男性単数は **أفعل**（'af'al），女性単数は **فعلى**（fu'lā）の型になる。

i）　一般に **أفعل** に不定名詞・単数・属格で表す。

用例

أصغر سيارة（'aṣghar sayyāratin）最も小さい車

أكبر رجل（'akbar rajulin）最も偉い人

أجمل بنت（'ajmal bintin）最も美しい少女

ii）**أفعل** の後に定冠詞をつけたり，名詞複数や非分離人称代名詞複数をつけて表す。

用例

أكبر الطلاب（'akbaruṭ-ṭullāb）最も大きい学生

أصغرهم（'aṣgharu-hum）彼らの中で最も小さい

أعلم الناس（'a'lamun-nāsi）人々の中で最も学識がある

iii）女性形最上級 **فعلى** は名詞の後に置かれる。

用例

مدينة كبرى（madīna kubrā）大都市

حرب كبرى（ḥarb kubrā）大戦

P 比較級・最上級

i）　比較級

形容詞に比較級語尾 **ـتر**（-tar）をつければよい。形容詞がA系であっても同じである。

بزرگ (bozorg) 大きい　**بزرگتر** (bozorg-tar) より大きい

کوچک (kūchek) 小さい　**کوچکتر** (kūchek-tar) より小さい

زیبا (zībā) 美しい　**زیباتر** (zībā-tar) より美しい

جدید (jadīd) 新しい　**جدیدتر** (jadīd-tar) より新しい

کامل (kāmel) 完全な　**کاملتر** (kāmel-tar) より完全な

「…より」は前置詞 از (az) で表す。

用例

.خانه من بزرگتر از خانه شما است

(khāneye man bozorg-tar az khāneye shomā ast)

私の家はあなたの家より大きい

.این گرانتر از آن است

(īn gerān-tar az ān ast) これはあれより高い

ii) 最上級

形容詞に最上級語尾 **ـترین** (-tarīn) をつけて表す。

بزرگترین (bozorg-tarīn) 最も大きい

کوچکترین (kūchek-tarīn) 最も小さい

کمترین (kam-tarīn) 最も少ない

بهترین (beh-tarīn) 最も良い

مهمترین (mohemm-tarīn) 最も重要な

用例

.این بهترین لباس مادر من است

(īn beh-tarīn lebāse mādare man ast)
これは私の母の最も良い服です

※最上級語尾 ـترین を使う代わりに，از همه（az hame）どれよりも，に比較級をつけて最上級の意味を表すこともある。

用例

.این از همه ارزانتر است

(īn az hame arzān-tar ast）これはどれよりも安い

※比較級が名詞を修飾する場合には原級形容詞と同じように名詞にエザーフェをつけて名詞の後に置く。最上級は名詞の前においてエザーフェをつけない。

用例

غذای خوشمزه‌تر（ghazāye khoshmaze-tar）よりおいしい料理

معروفترین شاعر（ma‘rūf-tarīn shā‘er）最も有名な詩人

以上がP固有の比較級・最上級の用法である。Aの比較級・最上級は文章表現には用いられないが，複合名詞や副詞（句）などに用いられる。

例

اشد مجازات（ashadde mojāzāt）極刑

سفارت کبری（sefārate kobrā）大使館

اشرف مخلوقات（ashrafe makhlūqāt）万物の霊長

اقلاً（aqallan）少なくとも

اکثراً（aksaran）たいてい

اکثر اوقات (aksare ouqāt) しばしば

اغلب اوقات (aghlabe ouqāt) しばしば

در اسرع وقت (dar asra‘e vaqt) できるだけ早く

به نحو اکمل (be nahve akmal) 最も完全な方法で

به نحو احسن (be nahve ahsan) 最も良い方法で

لا اقل (lā aqall) 少なくとも

U比較級・最上級

Uは A のように形容詞を変形したり，P のように比較・最上級の接尾辞をつけることもなく，日本語と同じように，比較級は後置詞 سے (se)「…よりも」を用いて表し，最上級は سب سے (sab se)「すべてより，最も」をつけて表す。なお سب سے は P の از همه の表現を U に置き換えたのではないかと思われる。سے を用いる場合，名詞，代名詞，形容詞の性と数に留意せねばならない。

用例

یہ اس سے اچھا ہے -

(yeh us se achchhā hai) これはあれより良い

یہ سب سے اچھا ہے -

(yeh sab se achchhā hai) これが最も良い

میرا بیٹا تمھارے بیٹے سے ہوشیار ہے -

(mērā bēṭā tumhārē bēṭē se hōshyār hai)

私の息子は君の息子より利口だ

میری کتاب آپ کی کتاب سے چھوٹی ہے -

(mērī kitāb āp ki kitāb se chhōṭī hai)

私の本はあなたの本より小さい

یہ آدمی سب سے امیر ہے -

(yeh ādmī sab se amīr hai)

この人は最も金持ちです

以上がU固有の比較級・最上級の表現方法である。A，Pの比較級・最上級は文章表現には用いられないが，形容詞，副詞や複合語などに用いられることがある。比較級が原級の意味に使われることもある。

例

ادنیٰ (adnā) 低級な　　اشد (as͟hadd) 極度の

اعلیٰ (a'lā) 高級な　　افضل (afzal) 最も優れた

اکثر (aksar) たいていは（の）

قائد اعظم (qā'ide a'zam) 最も偉大な指導者（ジンナーの敬称）

بر اعظم (barre a'zam) 大陸

بہتر (beh-tar) より良い　　بہترین (beh-tarīn) 最も良い

بدتر (bad-tar) より悪い　　بدترین (bad-tarīn) 最も悪い

7）A，P，U指示形容詞

指示形容詞は既述の指示代名詞と形においては同じであるが，用法に若干の相違がある。両者を対照して相違を述べよう。

A指示形容詞

i）　指示形容詞で限定される次の名詞には定冠詞をつける。

用法

.هٰذا بيت (hād͟hā bayt) これは家です

هٰذا البيت（hādhal-bayt）この家

تلك سيارة.（tilka sayyāra）あれは車です

تلك السيارة（tilkas-sayyāra）あの車

هٰذه غرفة.（hādhihi ghurfa）これは部屋です

هٰذه الغرفة（hādhihil-ghurfa）この部屋

※上段は文章，下段は指示形容詞。

ii）名詞が固有名詞であったり，人称代名詞非分離形や名詞属格で限定される場合には指示形容詞はこれらの後に置く。

用法

محمد هٰذا（muḥammad hādhā）このムハンマド

كتبك هٰذه（kutubu-ka hādhihi）あなたのこれらの本

زوجة الضابط تلك（zawjatuḍ-ḍābiṭ tilka）将校のあの妻

P 指示形容詞

指示代名詞の اينها（īn-hā），آنها（ān-hā）は指示形容詞では用いられず，名詞を複数にして指示形容詞は（īn），（ān）になる。

用法

اين كتاب	（īn ketāb）この本	اين كتابها	（īn ketāb-hā）これらの本
آن ايرانى	（ān īrānī） あのイラン人	آن ايرانيان	（ān īrāniyān） あれらのイラン人たち

U 指示形容詞

یہ（yeh）この，وہ（voh）あの，は指示代名詞と同じで，斜格になると次にくる名詞の性，数，格によって変化する。

用例

یہ لڑکا (yeh laṛkā) この少年

اس لڑکے کا باپ (is laṛkē ka bāp) この少年の父

وہ لڑکی (voh laṛkī) あの少女

اس لڑکی کی ماں (us laṛkī ki māṇ) あの少女の母

ان بچوں کا گھر (in ba<u>ch</u><u>ch</u>ōṇ ka ghar) これらの子供たちの家

ان لڑکوں کا مدرسہ (un laṛkōn ka madrasa)
あれらの少年たちの学校

اس کمرے میں (is kamrē meṇ) この部屋で

8）A，P，U 複合形容詞

ここで述べる複合形容詞とは接頭辞，接尾辞を用いずに A 形容詞に定形名詞を結合した形容詞を指す。接頭辞，接尾辞のついた形容詞については後述する。この種の複合形容詞は A，P ではかなり用いられ，A では名詞は属格になるがここでは省略する。U でもまれではあるが用いられる。P，U のこの種の形容詞が A で必ずしも用いられるとは限らない。

A の例（語尾を省く）

حسن الوجه (ḥasanul-wajh) 美貌の

خارق الطبيعة (<u>kh</u>āriquṭ-ṭabī'a) 超自然の

دقيق الصنع (daqīquṣ-ṣan') 精巧な

رقيق الحال (raqīqul-ḥāl) 貧しい

سهل الاستعمال (sahlul-isti'māl) 使い易い

ضعيف القلب（ḍa‘īful-qalb）気の弱い

عديم النظير（‘adīmun-naẓīr）無比の

قليل العقل（qalīlul-‘aql）愚かな

قليل القيمة（qalīlul-qīma）価値の少ない

كثير المال（kathīrul-māl）金持ちの

نادر المثال（nādirul-mithāl）無比の

Pの例

جليل‌القدر（jalīlol-qadr）壮麗な

خارق‌العاده（khāreqol-‘āde）異常な

زائدالوصف（zā’edol-vasf）表現できない

سهل‌الحصول（sahlol-hosūl）入手しやすい

سهل‌الهضم（sahlol-hazm）消化しやすい

صعب‌العلاج（sa‘bol-‘e!āj）治療困難な

صعب‌الورود（sa‘bol-vorūd）到達しがたい

عجيب‌الخلقه（‘ajībol-khelqe）奇形の

عظيم‌الجثه（‘azīmol-josse）巨大な

قليل‌المدت（qalīlol-moddat）短期の

كثيرالتأليف（kasīrot-ta’līf）多作の

كثيرالوقوع（kasīrol-voqū‘）頻発の

ناقص‌العقل（nāqesol-‘aql）愚かな

Uの例

جليل‌القدر（jalīlul-qadr）壮麗な

عديم‌المثال（‘adīmul-misāl）無比の

عظيم‌الشان（‘azīmush-shān）壮大な

كثيرالمعنی（kasīrul-ma‘nī）多義の

9）色

形容詞の終わりにA，P，Uの色を対照する。

	A	P	U
黒　い	أسود（’aswad）	سياه（siyāh）	کالا（kālā）
白　い	أبيض（’abyaḍ）	سفيد（sefīd）	سفید（safēd）
赤　い	أحمر（’aḥmar）	سرخ（sorkh）	لال（lāl）
青　い	أزرق（’azraq）	آبی（ābī）	نیلا（nīlā）
緑　の	أخضر（’akhḍar）	سبز（sabz）	ہرا（harā）
黄色の	أصفر（’aṣfar）	زرد（zard）	پیلا（pīlā）

※Aには男性，女性，複数形があるが，ここでは男性形のみにする。

※Pの「赤い」は قرمز（qermez）も使われる。

※Uの（-ā）で終わる色は次の名詞の性，数，格で語尾変化する。

※Pの（ābī）以外の色すべてはUでも用いられる。

※Aの（’abyaḍ）はP كاخ ابيض（kākhe abyaz）ホワイトハウス，U قرطاس ابیض（qirtāse abyaz）白書，Aの（’aḥmar）はP دریای احمر（daryāye ahmar）紅海，هلال احمر（helāle ahmar）赤い三日月（赤十字）などに用いられる。

（8）数　詞

A，P，Uとも数詞は固有で，三言語の相違は基数においてAには男性，女性の区別があるが，P，Uにはなく，序数においてはA，Uに性別があり，分数においてはAに単数，複数，Uの一部に性別があることである。そこで基数，序数，分数の順にA，P，Uを表示し，その用法を対照してみよう。

1）基数

	A		P	U
	男　性	女　性		
1	واحد (wāḥid)	واحدة (wāḥida)	یک (yek)	ایک (ēk)
2	اثنان (ith̲nān)	اثنتان (ith̲natān)	دو (do)	دو (dō)
3	ثلاثة (th̲alāth̲a)	ثلاث (th̲alāth̲)	سه (se)	تین (tīn)
4	أربعة ('arba'a)	أربع ('arba')	چهار (ch̲ahār)	چار (ch̲ār)
5	خمسة (k̲h̲amsa)	خمس (k̲h̲ams)	پنج (panj)	پانچ (pāṇch̲)
6	ستة (sitta)	ست (sitt)	شش (sh̲esh̲)	چھہ (ch̲he)

7	سبعة (sab‘a)	سبع (sab‘)	هفت (haft)	سات (sāt)
8	ثمانية (thamāniya)	ثمان (thamān)	هشت (hasht)	آٹھ (āṭh)
9	تسعة (tis‘a)	تسع (tis‘)	نه (noh)	نو (nau)
10	عشرة (‘ashara)	عشر (‘ashr)	ده (dah)	دس (das)
11	أحد عشر (’aḥada ‘ashara)	إحدى عشرة (’iḥdā ‘ashra)	يازده (yāzdah)	گیارہ (gyāra)
12	اثنا عشر (ithnā ‘ashara)	اثنتا عشرة (ithnatā ‘ashra)	دوازده (davāzdah)	بارہ (bāra)
13	ثلاثة عشر (thalātha ‘ashara)	ثلاث عشرة (thalātha ‘ashra)	سيزده (sīzdah)	تیرہ (tēra)
14	أربعة عشر (’arba‘a ‘ashara)	أربع عشرة (’arba‘a ‘ashra)	چهارده (chahārdah)	چودہ (chauda)
15	خمسة عشر (khamsa ‘ashara)	خمس عشرة (khama ‘ashra)	پانزده (pānzdah)	پندرہ (pandra)
16	ستة عشر (sitta ‘ashara)	ست عشرة (sitta ‘ashra)	شانزده (shānzdah)	سولہ (sōla)
17	سبعة عشر (sab‘a ‘ashara)	سبع عشرة (sab‘a ‘ashra)	هفده (hefdah)	سترہ (sattara)
18	ثمانية عشر (thamāniya ‘ashara)	ثماني عشرة (thamāniya ‘ashra)	هجده (hejdah)	اٹھارہ (aṭhāra)

19	تسعة عشر (tis‘a ‘ashara)	تسع عشرة (tis‘a ‘ashra)	نوزده (nūzdah)	انیس (unnīs)

	A	P	U
20	عشرون (‘ishrūn)	بیست (bīst)	بیس (bīs)
30	ثلاثون (thalāthūn)	سی (sī)	تیس (tīs)
40	أربعون (’arba‘ūn)	چهل (chehel)	چالیس (chālīs)
50	خمسون (khamsūn)	پنجاه (panjāh)	پچاس (pachās)
60	ستون (sittūn)	شصت (shast)	ساٹھ (sāṭh)
70	سبعون (sab‘ūn)	هفتاد (haftād)	ستر (sattar)
80	ثمانون (thamānūn)	هشتاد (hashtād)	اسی (assī)
90	تسعون (tis‘ūn)	نود (navad)	نوے (navvē)
100	مئة (mi’a)	صد (sad)	سو (sau)
1,000 w	ألف (‘alf)	هزار (hezār)	ہزار (hazār)

※Ａでは１に（m）أحد（'aḥad），（f）إحدى（'iḥdā）もある。

※Ａにおいては次にくる名詞が（m）ならば上表の男性，（f）ならば女性を用いる。

※20，30，40…90は（m），（f）とも共通であるが，斜格になると語尾 ون（ūn）が ين（īn）に変わる。

例　عشرون（'ishrūn）→ عشرين（'ishrīn）

※２は次の名詞が双数になるので用いない。

※21から99までは１の位と10の位を接続詞 و（wa）で結ぶ。

واحد و عشرون	（wāḥid wa 'ishrūn）	21
خمسة و ثلاثون	（khamsa wa thalāthūn）	35
ثمانية و خمسون	（thamāniya wa khamsūn）	58
تسعة و ستون	（tis'a wa sittūn）	69
أربعة و ثمانون	（'arba' wa thamānūn）	84

※Ｐにおいては10の位と１の位を و（o）で結びＡとは逆になる。

بیست و یک	（bīst o yek）	21
سی و پنج	（sī o panj）	35
پنجاه و هشت	（panjāh o hasht）	58
شصت و نه	（shast o noh）	69
هشتاد و چهار	（hashtād o chahār）	84

※Ｕにおいては21から99までをＡ，Ｐのように接続詞で結ぶのではなく，それぞれの数字が一語である。上記のＡ，Ｐと同じ数を並べると次のようになる。

اکیس	(ikkīs)	21
پینتیس	(paiṇtīs)	35
اٹھاون	(aṭhāwan)	58
انہتر	(unhattar)	69
چوراسی	(chaurāsī)	84

※ A の基数は 3 ～ 10 までは次にくる名詞は不定複数属格，11 ～ 99 までは名詞は不定単数対格，100 以上は不定単数属格になる。

用例

ثلاثة أولاد (thalātha 'awlādin) 3 人の少年

خمس بنات (khams banātin) 5 人の娘

عشر كتب ('ashr kutubin) 10 冊の本

أربعة عشر رجلاً ('arba'a 'ashara rajulan) 14 人の男

سبعة و عشرون طالباً (sab'a wa 'ishrūn ṭāliban) 27 人の学生

ثلاث مئة بيت (thalāth mi'a baytin) 300 軒の家

※ P においては基数の次にくる名詞は原則として単数になる。

用例

سه پسر (se pesar) 3 人の少年

پنج دختر (panj dokhtar) 5 人の娘

ده کتاب (dah ketāb) 10 冊の本

چهارده مرد (chahārdah mard) 14 人の男

بیست و هفت دانشجو (bīst o haft dāneshjū) 27 人の学生

سیصد خانه (sīsad khāne) 300 軒の家

※Uにおいては基数の次にくる名詞は複数になる。

用例

تین لڑکے (tīn laṛkē) 3人の少年

پانچ بیٹیاں (pāṇch bēṭiyān) 5人の娘

دس کتابیں (das kitabēṇ) 10冊の本

چودہ مرد (chauda mard) 14人の男

ستائیس طالب علم (sattā'īs tālibe-'ilm) 27人の学生

تین سو گھر (tīn sau ghar) 300軒の家

※数詞についての詳しい説明はA，P，Uそれぞれの文法書を参照されたい。ここでは対照するにとどめる。

2）序数

	A		P	U
	男　性	女　性		
第1	أول ('awwal)	أولى ('ūlā)	یکم (yekom)	پہلا (pahlā)
第2	ثان (thānin)	ثانية (thāniya)	دوم (dovvom)	دوسرا (dūsrā)
第3	ثالث (thālith)	ثالثة (thālitha)	سوم (sevvom)	تیسرا (tīsrā)
第4	رابع (rābi')	رابعة (rābi'a)	چهارم (chahārom)	چوتھا (chauthā)

第 5	خامس (khāmis)	خامسة (khāmisa)	پنجم (panjom)	پانچواں (pāṇchwāṇ)
第 6	سادس (sādis)	سادسة (sādisa)	ششم (sheshom)	چھٹا (chhaṭā)
第 7	سابع (sābi‘)	سابعة (sābi‘a)	هفتم (haftom)	ساتواں (sātwāṇ)
第 8	ثامن (thāmin)	ثامنة (thāmina)	هشتم (hashtom)	آٹھواں (āṭhwāṇ)
第 9	تاسع (tāsi‘)	تاسعة (tāsi‘a)	نهم (nohom)	نواں (nawwāṇ)
第10	عاشر (‘āshir)	عاشرة (‘āshira)	دهم (dahom)	دسواں (daswāṇ)

※ A の第 2 から第 10 までは فاعل（fā‘il）の型になる。

※ P は第 3 を除き，基数に ـم（-om）をつければ序数になる。

※ U の第 1 から第 4 までと第 6 は ـا（-ā）で終わる形容詞と同じで次にくる名詞の性，数，格で変化する。第 6 を除き，第 5 から第 10 まで ـواں（-wāṇ）で終わる序数は次の名詞が男性斜格になると，(wāṇ) が ـویں（-wēṇ）に，次の名詞が女性になると，格，数を問わず ـویں（-wīṇ）に変わる。

用例

پہلا لڑکا（pahlā laṛka）第 1 の少年

پہلے لڑکے کو（pahle laṛkē ko）第 1 の少年に

پہلی لڑکی（pahlī laṛkī）第 1 の少女

پانچواں لڑکا（pāṇc̲h̲wāṇ laṛkā）第５の少年

پانچویں لڑکے کو（pāṇc̲h̲wēṇ laṛkē ko）第５の少年を

پانچویں لڑکی（pāṇc̲h̲wīṇ laṛkī）第５の少女

بیسویں صدی（bīswīṇ sadī）二十世紀

※Ａの序数は形容詞となり，名詞の後に置かれ，修飾する名詞の性，数，格に一致する。

用例

رجل اول（rajul awwal）第１の男

زوجة رابعة（zawja rābi'a）第４の妻

※序数男性形を対格にすると，副詞として「第１に」，「第２に」の意味になる。

例

اولاً（awwalan）第１に

ثانياً（t̲h̲āniyan）第２に

ثالثاً（t̲h̲ālit̲h̲an）第３に

رابعاً（rābi'an）　第４に

この形は発音を変えてＰ，Ｕでも文字はそのままに用いられる。（avvalan/awwalan），（sāniyan），（sālisan），（rābi'an）になる。

※Ｐの序数もＡと同じように形容詞になり，被修飾名詞にエザーフェをつける。

用法

جلد دوم（jelde dovvom）第２巻

قرن بیستم（qarne bīstom）二十世紀

مرد سوم（marde sevvom）第三の男

※ P の文法用語 اول شخص（avval shakhs）一人称，دوم شخص（dovvom shakhs）二人称，سوم شخص（sovvom shakhs）三人称は例外である。

※ P では序数に接尾辞 ین-（-īn）をつけることがある。この場合には序数を名詞の前に置きエザーフェはつけない。

用法

اولین روز（avvalīn rūz）初日

اولین بار（avvalīn bār）初めて

دهمین سالگرد（dahomīn sālgard）10 周年記念日

3）分数

	A		P	U
	単　数	複　数		
1/2	نصف (niṣf)	أنصاف ('anṣāf)	نیم (nīm)	آدھا (ādhā)
1/3	ثلث (thulth)	أثلاث ('athlāth)	یک سوم (yek sovvom)	تہائی (tihā'ī)
1/4	ربع (rub‘)	أرباع ('arbā‘)	یک چهارم (yek chahārom)	چوتھائی (chauthā'ī)
1/5	خمس (khums)	أخماس ('akhmās)	یک پنجم (yek panjom)	ایک بٹے پانچ (ēk baṭē pāṇch)

$^1/_6$	سدس (suds)	أسداس ('asdās)	یک ششم (yek <u>sh</u>e<u>sh</u>om)	ایک بٹے چھہ (ēk baṭē <u>ch</u>he)
$^1/_7$	سبع (sub')	أسباع ('asbā')	یک هفتم (yek haftom)	ایک بٹے سات (ēk baṭē sāt)
$^1/_8$	ثمن (<u>th</u>umn)	أثمان ('a<u>th</u>mān)	یک هشتم (yek ha<u>sh</u>tom)	ایک بٹے آٹھ (ēk baṭē āṭh)
$^1/_9$	تسع (tus')	أتساع ('atsā')	یک نهم (yek nohom)	ایک بٹے نو (ēk baṭē nau)
$^1/_{10}$	عشر ('u<u>sh</u>r)	أعشار ('a'<u>sh</u>ār)	یک دهم (yek dahom)	ایک بٹے دس (ēk baṭe das)

※ A は $^1/_2$ を除き，**فعل**（fu'l）の型になる。（nisf）は P，U でもよく用いられる。P では（rob'）も時間表現などに用いられる。P では **سه یک**（se yek）$^1/_3$，**چهار یک**（<u>ch</u>ahār yek）$^1/_4$ の表現もある。

※分子が 2 以上の場合には A では例えば $^3/_4$ は **ثلاثة على أربعة**（<u>th</u>ala<u>th</u>a 'alā 'arba'）のように表す。P では分母の序数，分子を基数にする。例えば $^2/_5$ は **دو پنجم**（do panjom）になる。U の分数は A，P に比べてかなり複雑なので U 文法書を参照されたい。

※パーセントは A では **(المائة) المئة (ب) فى** …（fil〔bil〕-mi'a）で表す。例えば20%は **عشرون فى المئة**（'i<u>sh</u>rūn fil-mi'a）になる。P では **در صد**（dar sad）または **صدی**（sadī）で表す。例えば20%は **بیست در صد**（bīst dar sad）または **صدی بیست**（sadī bīst）という。U では **فی صدی**（fī sadī）または **فی صد**（fī sad）で表す。例えば20%は **بیس فی صد (صدی)**（bīs fī sad〔ī〕）になる。

3）曜日・太陽暦

数詞の末尾に A，P，U の曜日と太陽暦を対照しよう。

曜日

	A	P	U
土曜日	السبت (as-sabt)	شنبه (shanbe)	ہفتہ (hafta)
日曜日	الأحد (al-'aḥad)	يکشنبه (yek-shanbe)	اتوار (itwār)
月曜日	الاثنين (al-ithnayn)	دو شنبه (do-shanbe)	پیر (pīr)
火曜日	الثلاثاء (ath-thulāthā')	سه شنبه (se-shanbe)	منگل (mangal)
水曜日	الأربعاء (al-'arbi'ā')	چهار شنبه (chahār-shanbe)	بدھ (budh)
木曜日	الخميس (al-khamīs)	پنجشنبه (panj-shanbe)	جمعرات (jum'erāt)
金曜日	الجمعة (al-jum'a)	جمعه (jom'e)	جمعہ (jum'a)

※ A では上記の前に يوم（yawm）日，をつけることもある。例えば土曜日は يوم السبت（yawmus-sabt）になる。

※金曜日は休日で，A，P，U ともほぼ同じである。イスラーム暦もほぼ同じである。

太陽暦（西暦）

	A		P	U
	エジプト，リビア，湾岸諸国など	レバノン，シリア，イラクなど		
1月	يناير (yanāyir)	كانون الثانى (kānūnuṯh-ṯhānī)	ژانويه (zhānvīye)	جنوری (janwarī)
2月	فبراير (fibrāyir)	شباط (shubāṭ)	فوريه (fevrīye)	فروری (farwarī)
3月	مارس (māris)	آذار (ādhār)	مارس (mārs)	مارچ (march)
4月	أبريل (’abrīl)	نيسان (nīsān)	آوريل (āvrīl)	اپريل (aprail)
5月	مايو (māyū)	أيار (’ayyār)	مه (me)	مئى (ma’ī)
6月	يونيو (yūniyō)	حزيران (ḥazīrān)	ژوئن (zhū’an)	جون (jūn)
7月	يوليو (yūliyō)	تموز (tammūz)	ژوئيه (zhūīye)	جولائى (jūlā’ī)
8月	أغسطس (’aghusṭus)	آب (āb)	اوت (ūt)	اگست (agast)
9月	سبتمبر (sabtambir)	أيلول (’aylūl)	سپتامبر (septāmbr)	ستمبر (sitambar)
10月	أكتوبر (’uktūbir)	تشرين الأول (tishrīnul-awwal)	اكتبر (oktobr)	اكتوبر (aktūbar)

11月	نوفمبر (nūfambir)	تشرين الثانى (tishrīnuth-thānī)	نوامبر (novāmbr)	نومبر (navambar)
12月	ديسمبر (dīsambir)	كانون الأول (kānūnul-'awwal)	دسامبر (desāmbr)	دسمبر (disambar)

（9）動　詞

P，U学習者は يعني (ya‘nī) は「つまり，すなわち」を意味する副詞であり，معنی (ma‘nī) は「意味」であることはだれでも知っている。しかしこの両語の語源がAの動詞 عنى (‘anā)「意味する」であることを果たしてなん人が知っているだろうか。さらに عنایت (‘enāyat/‘ināyat)「親切，好意」がA عني (‘uniya)「関心を示す」からでた名詞でA عناية (‘ināya) は「関心」を意味するが，辞書の見出し語は عنى であり，يعني はAでも「つまり」の意味はあるが，副詞としての見出し語はなく，元来 عنى の三人称男性単数未完了形で「it means」を意味する。そこでPの این یعنی چه؟ (īn ya‘nī che)「これはどういう意味ですか」の یعنی の用法が本来の使い方である。またP学習者が مسئول (mas’ūl)「責任ある」と سؤال (so’āl)「質問」がA سأل (sa’ala)「尋ねる」から派生した語であり，U学習者が ایجاد (ījād)「発明」，موجود (maujūd)「存在している，居る」がともにA وجد (wajada)「見つける」から派生した語であることを知っているだろうか。

Pには لایزال (lā-yazāl)「不滅の」，لایموت (lā-yamūt)「不朽の」等の形容詞がいくつかあるが，Aではこれらは元来三人称男性単数未完了打消形であって形容詞ではない。Aの動詞活用形はそのままP，Uで用いられることはまれであるが，P，UにはA動詞に関連する名詞，形容詞，副詞が無数にあり，さらにUではAの他に，Pの動詞に関連する複合語が実に多数ある。Uの動詞に関連する語はA，Pにおいてはまず無いと言えよう。

当然のことながら，A，P，Uはそれぞれ固有の動詞の構造・体系・活用を有しているが，ここでは対照の観点から相互にどのような影響を及ぼしているか，動詞のジャンルをいくつかの項目に分類して対照するとともに，三言語の活用にいかに大きな相違があるかを眺めてみよう。はしがきでも述べたように，本書はA，P，Uそれぞれの文法書ではないので詳述は避け，基本的な記述にとどめる。

1）不定法

P，Uでは不定法を مصدر（masdar）といい，Aでは مصدر（maṣdar）は「動名詞」（後述）を意味する。P，Uには不定法はあるが，Aには不定法はない。Pの不定法は語尾がすべて ـن（-an）で終わり，Uでは ـنا（-nā）で終わって相互が類似しており，インド・イラン語派の特色をよく示している。不定法がないA動詞の最も大きな特色は，90数パーセントの動詞が3子音（語根）から成っていることで，他のわずかな動詞が4子音（語根）から成っていて，これらが不定法を代用し，辞書の見出し語になっていることである。人称，単複，性別，時制のないP，Uの不定法とは異なり，Aの見出し語動詞は最も簡単で基本的な三人称男性単数完了形が便宜上，不定法の代わりになっている。例えば كتب（kataba）「書く」，شرب（shariba）「飲む」と辞書ではなっているが，本来は「彼は書いた」，「彼は飲んだ」を意味する。A，P，Uの基本的な動詞を列挙して対照しよう。

	A	P	U
書く	كتب（kataba）	نوشتن（neveshtan）	لکھنا（likhnā）
食べる	أكل（'akala）	خوردن（khordan）	کھانا（khānā）
座る	جلس（jalasa）	نشستن（neshastan）	بیٹھنا（baiṭhnā）
行く	ذهب（dhahaba）	رفتن（raftan）	جانا（jānā）
来る	أتى（'atā）	آمدن（āmadan）	آنا（ānā）
知る	علم（'alima）	دانستن（dānestan）	جاننا（jānnā）
着る	لبس（labisa）	پوشیدن（pūshīdan）	پہننا（pahnnā）
聞く	سمع（sami'a）	شنیدن（shenīdan）	سننا（sunnā）

読む	قرأ (qara’a)	خواندن (khāndan)	پڑھنا (paṛhnā)
殺す	قتل (qatala)	کشتن (koshtan)	مارنا (mārnā)
洗う	غسل (ghasala)	شستن (shostan)	دھونا (dhōnā)
打つ	ضرب (ḍaraba)	زدن (zadan)	مارنا (mārnā)
作る	صنع (ṣana‘a)	ساختن (sākhtan)	بنانا (banānā)
眠る	نام (nāma)	خوابیدن (khābīdan)	سونا (sōnā)
送る	بعث (ba‘atha)	فرستادن (ferestādan)	بھیجنا (bhējnā)
見る	رأى (ra‘ā)	دیدن (dīdan)	دیکھنا (dēkhnā)
取る	أخذ (’akhadha)	گرفتن (gereftan)	لینا (lēnā)
言う	قال (qāla)	گفتن (goftan)	کہنا (kahnā)
理解する	فهم (fahima)	فهمیدن (fahmīdan)	سمجھنا (samajhnā)
飲む	شرب (shariba)	آشامیدن (āshāmīdan)	پینا (pīnā)
学ぶ	درس (darasa)	آموختن (āmūkhtan)	سیکھنا (sīkhnā)
走る	جرى (jarā)	دویدن (davīdan)	دوڑنا (dauṛnā)
笑う	ضحك (ḍaḥika)	خندیدن (khandīdan)	ہنسنا (haṇsnā)
死ぬ	مات (māta)	مردن (mordan)	مرنا (marnā)
数える	عد (‘adda)	شمردن (shomordan)	گننا (ginnā)
壊す	كسر (kasara)	شکستن (shekastan)	توڑنا (tōṛnā)
泣く	بكى (bakā)	گریستن (gerīstan)	رونا (rōnā)
切る	قطع (qaṭa‘a)	بریدن (borīdan)	کاٹنا (kāṭnā)
尋ねる	سأل (sa’ala)	پرسیدن (porsīdan)	پوچھنا (pūchhnā)
飛ぶ	طار (ṭāra)	پریدن (parīdan)	اڑنا (uṛnā)
到着する	وصل (waṣala)	رسیدن (rasīdan)	پہنچنا (pahuṇchnā)

運転する	ساق	(sāqa)	راندن	(rāndan)	ہانکنا	(hāṇknā)
落ちる	وقع	(waqa‘a)	افتادن	(oftādan)	گرنا	(girnā)
売る	باع	(bā‘a)	فروختن	(forūkhtan)	بیچنا	(bēchnā)
過ぎる	مضی	(maḍā)	گذشتن	(gozashtan)	گزرنا	(guzarnā)
行なう	فعل	(fa‘ala)	کردن	(kardan)	کرنا	(karnā)
料理する	طبخ	(ṭabakha)	پختن	(pokhtan)	پکانا	(pakānā)
求める	طلب	(ṭalaba)	خواستن	(khāstan)	مانگنا	(māṇgnā)
踊る	رقص	(raqaṣa)	رقصیدن	(raqsīdan)	ناچنا	(nāchnā)
置く	وضع	(waḍa‘a)	گذاشتن	(gozāshtan)	رکھنا	(rakhnā)
恐れる	خاف	(khāfa)	ترسیدن	(tarsīdan)	ڈرنا	(ḍarnā)
盗む	سرق	(saraqa)	دزدیدن	(dozdīdan)	چرانا	(churānā)
立つ	قام	(qāma)	ایستادن	(īstādan)	اٹھنا	(uṭhnā)
遊ぶ	لعب	(la‘iba)	باختن	(bākhtan)	کھیلنا	(khēlnā)
震える	زلزل	(zalzala)	لرزیدن	(larzīdan)	کانپنا	(kāṇpnā)
翻訳する	ترجم	(tarjama)	ترجمه کردن	(tarjome kardan)	ترجمہ کرنا	(tarjuma karnā)

※ P 不定法 رقصیدن (raqsīdan) 踊る，طلبیدن (talabīdan) 招く，فهمیدن (fahmīdan) 理解する，は A 動名詞 رقص，طلب，فهم を P 風に不定法化した動詞である。U においても آزمانا (āzmānā) 試みる，بدلنا (badalnā) 変える，خریدنا (kharīdnā) 買う，رنگنا (rangnā) 色を塗る，شرمانا (sharmānā) 恥じる，گرمانا (garmānā) 熱する，は بدل は A，他は P の動詞，名詞，形容詞から U に不定法化した動詞である。

以上列挙した A 動詞は動詞のままで P，U において用いられることはないが，動詞から名詞，形容詞などに変形して殆どすべてP，Uで用いられている。P動詞もUにおいて同じことが言える。それ故，全く無関係に見えるA，P，Uの動詞を敢えて列挙し，対照してもらいたい。A動詞がP，Uに，P動詞がUにどのような形で採り入れられているかをこれから順を追って説明したい。そのためにはA，P，Uそれぞれの動詞の体系を原則的に把握することが必要であるから，その概要も述べることにする。

2）A動詞

A動詞は原形と派生形に大きく分かれ，さらに原形は規則動詞と不規則動詞に分かれる。原形とは3語根（4語根）から成る動詞で，上述の動詞はすべて原形である。原形の規則動詞が大半であるが，不規則動詞も含まれている。例えば **أكل**, **أتى**, **قرأ**, **أخذ**, **رأى**, **سأل**, **نام**, **قال**, **طار**, **باع**, **مات**, **وصل**, **وقع**, **جرى**, **بكى**, **مضى** などが不規則動詞で，規則動詞の説明後に分類して述べることにする。

規則動詞

規則動詞は第二語根の短母音によって三種に分かれる。すなわち **فعل** (fa‘ala)，(fa‘ila)，(fa‘ula) で，一番目は原形で最も多く，主として他動詞であるが，自動詞もある。二番目は一時的な状態，例えば **مرض** (mariḍa) 病気になる，**فرح** (fariḥa) 喜ぶ，**حزن** (ḥazina) 悲しむ，など自動詞が主であるが，他動詞もある。三番目は永続的な状態，性質を表す。例えば，**ثقل** (t̲haqula) 重くなる，**حسن** (ḥasuna) 良くなる，などである。

不規則動詞

不規則動詞は次のように分類される。

i) ダブル動詞（重子音動詞で，第二，第三語根がダブル動詞）

例

مد（madda）伸ばす	قر（qarra）定まる
عد（‘adda）数える	قص（qaṣṣa）物語る
شك（shakka）疑う	حل（ḥalla）解決する
تم（tamma）終わる	فر（farra）逃げる
مر（marra）通り過ぎる	ظن（ẓanna）思う
سد（sadda）ふさぐ	دل（dalla）示す
ضر（ḍarra）害する	سر（sarra）喜ばす
جر（jarra）引く	حج（ḥajja）メッカ巡礼をする

※P，U学習者であれば上記の例を見て，P，Uにおけるダブル動詞からの派生語がいかに多いかを気付くであろう。これから述べる他の不規則動詞についても同様である。

Pの用例

مدد（madad）助力	قرار（qarār）安定
تعداد（te‘dād）数	قصه（qesse）物語
شک（shakk）疑い	حل（hall）解決
تمام（tamām）終えた，すべての	فرار（farār）逃亡
مرور（morūr）経過	ظن（zann）考え
سد（sadd）ダム	دلال（dalāl）ブローカー
ضرر（zarar）有害	مسرت（masarrat）喜び
جر（jarr）牽引	حج（hajj）メッカ巡礼

Uの用例

مدد（madad）援助

قرار（qarār）断定

عدد（‘adad）数

قصه（qissa）物語

شک（shakk）疑い

حل（hal）解決

تمام（tamām）すべての

فرار（farār）逃亡

دلیل（dalīl）証拠

مسرت（masarrat）喜び

حج（hajj）メッカ巡礼

ii）ハムザ動詞（語根の一つにハムザがつく動詞）

例

أخذ（’akhadha）取る

أمر（’amara）命じる

أسر（’asara）捕虜にする

أكل（’akala）食べる

أذن（’adhina）許可する

سأل（sa’ala）尋ねる

بدأ（bada’a）始める

قرأ（qara’a）読む

لجأ（laja’a）避難する

ملأ（mala’a）満たす

خطئ（khaṭi’a）間違える

نشأ（nasha’a）成長する

Pの用例

اخذ（akhz）取得

امر（amr）命令

اسیر（asīr）捕虜

اکل（akl）食べること

اذن（ezn）許可

سؤال（so’āl）質問

بدو（badv）始め

قرائت（qarā’at）読むこと

ملاء（malā’）充満

خطا（khatā）過失

نشو（nashv）成長

Uの用例

امر（amar）命令	اسیر（asīr）捕虜
سوال（sawāl）質問	قرأت（qir'at）コーラン読誦

iii）第一語根が و（wāw）の動詞

例

وجد（wajada）見つける	وعد（wa'ada）約束する
وصل（waṣala）到着する	وصف（waṣafa）描写する
وضع（waḍa'a）置く	ولد（walada）生む
وزن（wazana）目方を計る	وقف（waqafa）立止まる
وقع（waqa'a）落ちる，位置する，起こる	ودع（wada'a）預ける
وهب（wahaba）授ける	ورث（wari<u>th</u>a）相続する
وثق（wa<u>th</u>iqa）信頼する	ورد（warada）到着する
وجب（wajaba）必須である	وفر（wafara）豊富である
ورم（warima）腫れる	وفق（wafiqa）合致する

Pの用例

وجود（vojūd）存在	وعده（va'de）約束
وصول（vosūl）徴収	صفت（sefat）形容詞
وضع（vaz'）情勢	میلاد（mīlad）西暦
وزن（vazn）重量	وقوف（voqūf）精通
واقعه（vāqe'e）事件	ودیعه（vadī'e）委託
ورود（vorūd）到着，入口	ورم（varam）腫れ

وفق（vefq）合致

Uの用例

وجود（wujūd）存在　　وعده（wa‘da）約束

وصول（wusūl）受け取られた　　وصف（wasf）特色

وضع（waza‘）様子　　میلاد（mīlād）生誕記念日

واقعه（wāq‘a）事件　　وقفه（waqfa）中休み

وزن（wazn）重量

iv）くぼみ動詞（第二語根が و（wāw）または ی（yā）の動詞）

例

زار（zāra）訪れる　　قال（qāla）言う

قام（qāma）立つ　　مات（māta）死ぬ

عاد（‘āda）帰る　　قاد（qāda）率いる

نام（nāma）眠る　　خاف（khāfa）恐れる

زال（zāla）滅びる　　باع（bā‘a）売る

سار（sāra）歩く　　طار（ṭāra）飛ぶ

عاش（‘āsha）暮らす　　شاع（shā‘a）広まる

غاب（ghāba）欠席する　　مال（māla）傾く

خال（khāla）想像する　　صاد（ṣāda）狩る

Pの用例

زیارت（ziyārat）巡礼　　قول（qoul）約束

قیام（qiyām）反乱　　موت（mout）死

عودت（‘oudat）帰還　　قیادت（qiyādat）指導

نوم（noum）眠り　　خوف（khouf）恐怖

زوال（zavāl）衰退　　بیع（bei‘）販売

سیر（seir）旅行　　طیران（tayarān）飛行

عیش（‘eish）享楽　　شایعه（shaye‘e）うわさ

غیاب（ghiyāb）欠席　　میل（meil）傾向，好み

خیال（khiyāl）想像　　صیاد（sayyād）猟師

U の用例

زیارت（ziyārat）巡礼　　قول（qaul）格言

قیام（qayām）滞在　　موت（maut）死

قیادت（qayādat）指導　　خوف（khauf）恐怖

زوال（zawāl）衰退　　سیر（sair）散歩

طیاره（taiyāra）航空機　　عیش（‘aish）享楽

شائع（shā‘e）発行された　　خیال（khayāl）考え

صیاد（saiyād）猟師

v）　弱動詞（第三語根が و（wāw）または ی（ā），（ī），（yā）の動詞）

例

دعا（da‘ā）招く　　ندا（nadā）呼ぶ

نما（namā）生える　　شکا（shakā）不平を言う

خلا（khalā）空になる　　عفا（‘afā）赦す

رمی（ramā）投げる　　بکی（bakā）泣く

جری（jarā）走る，流れる　　بنی（banā）建てる

مشی (mashā) 歩く	حکی (ḥakā) 物語る
عنی (‘anā) 意味する	قضی (qaḍā) （時）過ごす，判決を下す
هدی (hadā) 導く	عصی (‘aṣā) 反抗する
نسی (nasiya) 忘れる	لقی (laqiya) 会う
رضی (raḍiya) 満足する	بقی (baqiya) 残る

Pの用例

دعوت (da‘vat) 招待	ندا (nedā) 声
نمو (nomov) 成長	شکایت (shekāyat) 不平
خلو (kholov) 真空	عفو (‘afv) 恩赦
جریان (jarayān) 流れ	بنا (benā) 建物
مشی (mashī) 方針	حکایت (hekāyat) 物語
معنی (ma‘nī) 意味	قضاوت (qazāvat) 判断
هدایت (hedāyat) 指導	عصیان (‘esyān) 反逆
نسیان (nesyān) 忘却	رضایت (rezāyat) 満足
بقیه (baqīye) 残り	

Uの用例

دعوت (da‘wat) 招待	شکایت (shikāyat) 不平
بنا (binā) 基礎	حکایت (hikāyat) 物語
معنی (ma‘nī) 意味	ہدایت (hidāyat) 指導
رضا (razā) 同意	بقیه (baqiya) 残り

vi）二重不規則動詞（語根の二つに و（wāw），ی（ā/yā）またはハムザがある動詞）

例

رأی（ra'ā）見る　　أتی（'atā）来る

جاء（jā'a）来る　　شاء（shā'a）欲する

حیی（ḥayya）生きる　　وفی（wafā）果たす

روی（rawā）物語る

P の用例

رأی（ra'y）意見，投票　　حیات（hayāt）生命

وفا（vafā）誠実　　روایت（revāyat）物語

U の用例

رائے（rāe）意見　　حیات（hayāt）生命

وفا（wafā）誠実　　روایت（riwāyat）伝統

3）A 分詞

A の分詞には能動分詞と受動分詞があり，原形規則（不規則）動詞と派生形動詞に大きく分かれる。これらは P，U において名詞，形容詞として多く用いられている。

i）原形能動分詞は **فاعل**（fā'il），女性形 **فاعلة**（fā'ila）の型になり，その用法は主として「…している」と「…する者」の意味を表す。

A の用例

ذاهب（dhāhib）行くところ　　**شاکر**（shākir）感謝している

حاضر（ḥāḍir）出席している

سارق（sāriq）泥棒

كاتب（kātib）作家

فاتح（fātiḥ）征服者

ظالم（ẓālim）暴君

قاتل（qātil）殺害者

قادر（qādir）能力のある

عامل（‘āmil）労働者

كاذب（kādhib）嘘つき

مالك（mālik）所有者

خادم（khādim）召使い

Pの用例

آخر（ākher）最後の

ثابت（sābet）固定の

خارج（khārej）国外の

زارع（zāre‘）小作人

شاعر（shā‘er）詩人

ضامن（zāmen）保証人

عابر（‘āber）通行人

غالب（ghāleb）勝利の

كافر（kāfer）異教徒

مانع（māne‘）障害

واضح（vāzeh）明白な

تاجر（tājer）商人

جالب（jāleb）興味深い

داخل（dākhel）国内の

سابق（sābeq）以前の

صادر（sāder）輸出の

طالب（tāleb）神学生

عالم（‘ālem）学者

فاضل（fāzel）博学な

لازم（lāzem）必要な

ناشر（nāsher）出版社

هاضم（hāzem）消化の

Uの用例

آخر（ākhir）ついに

بالغ（bāligh）成人

جاهل（jāhil）無知な

باطل（bātil）虚偽の

تاجر（tājir）商人

حاصل（hāsil）獲得した

حامل（hāmil）持参人　　　　شامل（shāmil）含まれた

عاشق（'āshiq）恋人　　　　غافل（ghāfil）怠慢な

فالج（fālij）麻痺　　　　كامل（kāmil）完全な

ماہر（māhir）専門家　　　　نادر（nādir）稀な

ناظم（nāzim）管理者　　　　وارث（wāris）後継者

※A，P，Uの用例は短母音，意味に若干の差がある語もあるが，大半がともに共通している。

ii）原形受動分詞は مفعول（maf'ūl），女性形 مفعولة（maf'ūla）の型になり，その用法は「…される，された（者，こと）」の意味を表し，形容詞，名詞として用いられる。受動分詞は他動詞のみで，P，Uにおいても多く用いられている。

Aの用例

مجروح（majrūḥ）負傷した　　　　مجموع（majmū'）合計

مجهول（majhūl）不明の　　　　مخلوق（makhlūq）被創造物

مذكور（madhkūr）述べられた　　　　مرحوم（marḥūm）故人の

مرغوب（marghūb）好ましい　　　　مشهور（mashhūr）有名な

مصنوع（maṣnū'）製造された　　　　مطبوخ（maṭbūkh）料理された

معقول（ma'qūl）合理的な　　　　معلوم（ma'lūm）知られた

مقتول（maqtūl）殺された　　　　مكتوب（maktūb）手紙

ممنوع（mamnū'）禁じられた　　　　منسوب（mansūb）帰せられた

منسوج（mansūj）織物　　　　منظوم（manẓūm）詩

Pの用法

مبسوط（mabsūt）詳細な　متروک（matrūk）見捨てられた
مجبور（majbūr）強制された　محصول（mahsūl）作物
محروم（mahrūm）剝奪された　محفوظ（mahfūz）保護された
مخلوط（makhlūt）混ぜられた　مدفوع（madfū‘）排泄物
مرطوب（martūb）湿った　مسحور（mashūr）魅せられた
مسروق（masrūq）盗まれた　مشروب（mashrūb）酒
مشغول（mashghūl）忙しい　معروف（ma‘rūf）有名な
مقبول（maqbūl）受け入れられた　منظور（manzūr）目的
منکوب（mankūb）征服された　منقول（manqūl）移された

Uの用例

مجموعه（majmū‘a）全集　محسوب（mahsūb）考慮された
محصور（mahsūr）包囲された　محکوم（mahkūm）支配された
مختوم（makhtūm）封印された　مدفون（madfūn）埋められた
مربوط（marbūt）結ばれた　مصروف（masrūf）忙しい
مضبوط（mazbūt）堅固な　مضمون（mazmūn）記事
مظلوم（mazlūm）虐げられた　مغلوب（maghlūb）征服された
مفتون（maftūn）魅せられた　مفهوم（mafhūm）理解された
مقبوضه（maqbūza）占領された　مقسوم（maqsūm）分割された
مقصود（maqsūd）意図された　منسوخ（mansūkh）取り消された
ملبوس（malbūs）着用された

※能動分詞と同じように上記の用例は大半が共通して用いられる。

4）原形不規則動詞の能動分詞，受動分詞

規則動詞と同じように不規則動詞にも能動分詞と受動分詞があり，P，U においても名詞，形容詞として用いられる。既述の不規則動詞の分類に従ってそれぞれの能動（受動）分詞の P，U における用例を若干例示しよう。

i） ダブル動詞

能動分詞の用例

حاج（hājj）メッカ巡礼者　　تام（tāmm）全部の

دال（dāll）示す　　ضال（zāll）迷った

مار（mārr）通行人

受動分詞の用例

محبوب（mahbūb）愛された　　محدود（mahdūd）限定された

محسوس（mahsūs）感じられた　　مردود（mardūd）拒絶された

مسرور（masrūr）うれしい　　مشکوک（mashkūk）疑わしい

مغرور（maghrūr）高慢な　　مظنون（maznūn）容疑者

ممنون（mamnūn）感謝する

ii） ハムザ動詞

能動分詞の用例

آمر（āmir）指揮官　　سائل（sā'el）質問者

受動分詞の用例

ماکول（ma'kūl）食べられる　　ماخوذ（ma'khūz）派生した

مأمور（ma'mūr）任命された　　مسئول（mas'ūl）責任ある

مملو（mamlov）満ちた

iii）第一語根が و（wāw）の動詞

能動分詞の用例

واجب（vājeb）必須の　　واجد（vājed）保持する

وارد（vāred）到着する　　وارث（vāres）相続人

واقع（vāqe'）位置する　　والد（vāled）父

受動分詞の用例

موجود（moujūd）存在する　　موزون（mouzūn）韻律のある

موضوع（mouzū'）主題　　موکول（moukūl）…による

موهوم（mouhūm）仮想の　　موصوف（mousūf）記述された

iv）くぼみ動詞

能動分詞の用例

بايع（bāye'）売る人　　خائف（khā'ef）恐れる

زائل（zā'el）破滅する　　غائب（ghā'eb）欠席の

قائد（qā'ed）指導者　　قائل（qā'el）信じる

قائم（qā'em）直立の　　مائل（mā'el）傾いた

受動分詞の用例

مضيقه（mazīqe）窮地　　معيشت（ma'īshat）生計

مغيب（maghīb）欠席　　　　مقول（maqūl）講話

مهيب（mahīb）恐ろしい

v）弱動詞

能動分詞の用例

آتی（ātī）将来の　　　　باقی（bāqī）残りの

جاری（jārī）現行の　　　　خالی（khālī）空(から)の

راضی（rāzī）満足した　　　　عاصی（'āsī）反逆者

قاضی（qāzī）裁判官　　　　کافی（kāfī）十分な

ماضی（māzī）過去　　　　وافی（vāfī）十分な

受動分詞の用例

مبنی（mabnī）基づく　　　　مدعو（mad'ū）招かれた

مرئی（mar'ī）見える　　　　مرمی（marmī）投げられた

5）A 動詞派生形

既に述べたようにA動詞は原形と派生形とに大きく分類される。派生形とは原形を基本にいろいろに派生して作られる動詞で第II形から第XV形まで計14形あるが，現代では第XI形から第XV形まで殆ど用いられず，従って第II形から第X形が通常派生形として用いられる。原形のみ学んで派生形を学ばなかったり，よく理解しなかったら，小学校の初等教科書や幼児向けの物語さえ読むことができない。なぜなら派生形でしか表現できない日常の動詞が非常に多いからである。さらに派生形は原形の持つ意味をさまざまに変化させ，Aの最大特色の一つである。すべての原形動詞に第II形から第X形まであるわけではなく，大部分の原形は数種の派生形をとるのが普通で，A辞書では原形が見出し語になり，その説明の中に II，III，IV，VI のように派生形の意味が述べられている。

派生形には一応それぞれの形の機能があるが，必ずしも当てはまらない場合も少なくない。كتب（kataba），درس（darasa），علم（‘alima）を例に派生形になると意味がどのように変化するかを述べよう。

كتب（kataba）書く

第 II 形	كتّب	（kattaba）書かせる
第 III 形	كاتب	（kātaba）手紙を交わす
第 IV 形	أكتب	（’aktaba）書き取らせる
第 VI 形	تكاتب	（takātaba）文通する
第 VII 形	انكتب	（inkataba）申し込む
第 VIII 形	اكتتب	（iktataba）写す
第 X 形	استكتب	（istaktaba）書くように頼む

درس（darasa）学ぶ

第 II 形	درّس	（darrasa）教える
第 III 形	دارس	（dārasa）共に学ぶ
第 VI 形	تدارس	（tadārasa）共に注意深く学ぶ

علم（‘alima）知る

第 II 形	علّم	（‘allama）教える
第 IV 形	أعلم	（’a‘lama）知らせる
第 V 形	تعلم	（ta‘allama）学ぶ
第 X 形	استعلم	（ista‘lama）尋ねる

意味が原形と微妙に変化したり，全く変わってしまうこともあるので，一語一語意味を正確に覚えねばならない。

派生形の完了形や未完了形がP，Uで用いられることはないが，動名詞，能動分詞，受動分詞は実に多くP，Uでも名詞，形容詞として用いられている。原形規則動詞だけではなく，不規則動詞にも派生形が多くあるので理解が必要である。派生形の意味は既述のようにかなり複雑で一気に覚えることは到底不可能であるが，原形の動名詞（後述）のようにいろいろ異なることはなく一定の形をしているので，その形さえ覚えれば比較的容易である。P，Uの学習者は次に述べる派生形変化表をしっかり暗記すれば，自分が学んだ複雑と思える名詞や形容詞がA派生形のなにに由来するか理解できるようになる。変化表の後にP，Uにおける各派生形の用例を列挙する。

動詞派生形

	完了形	動名詞	能動分詞	受動分詞
第Ⅱ形	فعّل (fa“ala)	تفعيل (taf‘īl)	مفعّل (mufa“il)	مفعّل (mufa“al)
第Ⅲ形	فاعل (fā‘ala)	مفاعلة (mufā‘ala) فعال (fi‘āl)	مفاعل (mufā‘il)	مفاعل (mufā‘al)
第Ⅳ形	أفعل (’af‘ala)	إفعال (’if‘āl)	مفعل (muf‘il)	مفعل (muf‘al)
第Ⅴ形	تفعّل (tafa“ala)	تفعّل (tafa“ul)	متفعّل (mutafa“il)	متفعّل (mutafa“al)

第 VI 形	تفاعل (tafā'ala)	تفاعل (tafā'ul)	متفاعل (mutafā'il)	متفاعل (mutafā'al)
第 VII 形	انفعل (infa'ala)	انفعال (infi'āl)	منفعل (munfa'il)	منفعل (munfa'al)
第 VIII 形	افتعل (ifta'ala)	افتعال (ifti'āl)	مفتعل (mufta'il)	مفتعل (mufta'al)
第 IX 形	افعل (if'alla)	افعلال (if'ilāl)	مفعل (muf'all)	——
第 X 形	استفعل (istaf'ala)	استفعال (istif'āl)	مستفعل (mustaf'il)	مستفعل (mustaf'al)

※第 IX 形を除き，第 II 形から第 X 形まで，能動分詞と受動分詞の発音の相違は第 II 語根の（i）と（a）だけである。しかし P，U においては単語によって i（e）と a が入れ代わる例もあり，必ずしも厳密に守られていない。

※第 III 形動名詞 مفاعلة（mufā'ala）は P においては（mofā'ele）または（mofā'elat）になる。

※上記の動名詞，能動（受動）分詞の語尾は省略した。A 学習を目指す者はこれらの他に，派生形の未完了形，命令形，受動態完了形（未完了形）の活用を学ばねばならないが，これらは P，U に直接関係がなく，対照には必要ないので省略した。A 文法書を参照されたい。

次に派生形の動名詞，能動分詞，受動分詞が P，U においてどのように名詞，形容詞として用いられているかを派生形第 II 形から第 X 形までにわたって用例をあげることにする。

Pにおける用例

第II形　تفعيل, مفعّل

تأثير (ta'sīr) 影響	تاريخ (tārikh) 歴史
تأسيس (ta'sīs) 設立	تأكيد (ta'kīd) 強調
تأمين (ta'mīn) 保証	تأييد (ta'yīd) 確認
تبديل (tabdīl) 交換	تبريك (tabrīk) 祝い
تبعيد (tab'īd) 追放	تبليغ (tablīgh) 宣伝
تجديد (tajdīd) 更新	تحديد (tahdīd) 制限
تحريك (tahrīk) 扇動	تحريم (tahrīm) 制裁
تحصيل (tahsīl) 学習	تحقيق (tahqīq) 研究
تحليل (tahlīl) 分析	تحويل (tahvīl) 引渡し
تخريب (takhrīb) 破壊	تخفيف (takhfīf) 値引き
تدبير (tadbīr) 方策	تدريس (tadrīs) 教育
تدفين (tadfīn) 埋葬	ترتيب (tartīb) 整理
ترغيب (targhīb) 奨励	ترميم (tarmīm) 修正
تزريق (tazrīq) 注射	تسخير (taskhīr) 征服
تسليم (taslīm) 降伏	تشخيص (tashkhīs) 識別
تشكيل (tashkīl) 形成	تصحيح (tashīh) 訂正
تصميم (tasmīm) 決心	تطبيق (tatbīq) 照合
تعطيل (ta'tīl) 休日	تعليم (ta'līm) 教育
تعويق (ta'vīq) 延期	تغيير (taghyīr) 変化
تفريح (tafrīh) 娯楽	تفسير (tafsīr) 解説

تفکیک (tafkīk) 分離		تقدیم (taqdīm) 贈呈	
تقلید (taqlīd) 模倣		تکمیل (takmīl) 完成	
تمدید (tamdīd) 延長		توجیه (toujīh) 正当化	
تولید (toulīd) 生産		تهدید (tahdīd) 脅迫	
مبلغ (moballegh) 布教者		مجلل (mojallal) 壮麗な	
محصل (mohassel) 学生		محقق (mohaqqeq) 研究者	
مخفف (mokhaffaf) 省略された		مدرس (modarres) 教師	
مدون (modavvan) 編集された		مرتب (morattab) 整理された	
مرخص (morakhkhas) 釈放された		مرکب (morakkab) インク	
مسخر (mosakhkhar) 征服された		مصمم (mosammam) 決心した	
مصوب (mosavvab) 承認された		مصوت (mosavvet) 母音	
مصور (mosavver) 画家		معدل (mo'addel) 平均	
معلم (mo'allem) 教師		معوق (mo'avvaq) 延期された	
مفسر (mofasser) 解説者		مفصل (mofassal) 詳細な	
مفکر (mofakker) 思想家		مقرر (moqarrar) 決められた	
مقلد (moqalled) 模倣者		مکمل (mokammal) 完成した	
منظم (monazzam) 規則正しい		مؤثر (mo'asser) 効果的な	
مورخ (movarrekh) 歴史家		مؤدب (mo'addab) 礼儀正しい	

第III形　مفاعلة, مفاعل

مباحثه (mobāhese) 討論		مبادرت (mobāderat) 着手	
مبادله (mobādele) 交換		مباشرت (mobāsherat) 監督	
مبالغه (mobāleghe) 誇張		متابعت (motābe'at) 追随	

مجانبت（mojānebat）回避

محاسبه（mohāsebe）計算

محافظت（mohāfezat）保護

مخابره（mokhābere）通信

مخاطره（mokhātere）危険

مداخله（modākhele）干渉

مراجعه（morāje‘e）参照

مرافقت（morāfeqat）同伴

مزاحمت（mozāhemat）迷惑

مسابقه（mosābeqe）競争

مسافرت（mosāferat）旅行

مسامحه（mosāmehe）怠慢

مشاهده（moshāhede）観察

مطالعه（motāle‘e）読書

معالجه（mo‘āleje）治療

معاینه（mo‘āyene）診察

مقاومت（moqāvemat）抵抗

مکاتبه（mokātebe）文通

ملاحظه（molāheze）注目

ملاقات（molāqāt）面会

مناقصه（monāqese）入札

مواظبت（movāzebat）世話

مهاجرت（mohājerat）移住

مجاهدت（mojāhedat）努力

محاصره（mohāsere）包囲

محاکمه（mohākeme）裁判

مخاصمه（mokhāseme）敵対

مخالفت（mokhālefat）反対

مدافعه（modāfe‘e）弁護

مرافعه（morāfe‘e）訴訟

مراوده（morāvede）交際

مزایده（mozāyede）競売

مساعدت（mosā‘edat）援助

مسالمت（mosālemat）平和

مشاوره（moshāvere）相談

مصاحبه（mosāhebe）インタビュー

معافیت（mo‘āfīyat）免除

معامله（mo‘āmele）取引

مقابله（moqābele）比較

مقایسه（moqāyese）比較

مکالمه（mokāleme）会話

ملازمت（molāzemat）随行

مناسبت（monāsebat）関係

موازنه（movāzene）均衡

موافقت（movāfeqat）賛成

مهاجمه（mohājeme）侵略

مبارز	(mobārez) 戦士	مبارک	(mobārak) 祝福された
مباشر	(mobāsher) 監督者	مجاور	(mojāver) 隣接の
مجاهد	(mojāhed) 聖戦士	محارب	(mohāreb) 交戦中の
محاسب	(mohāseb) 会計係	محافظ	(mohāfez) 護衛者
مخاطب	(mokhātab) 話し相手	مخالف	(mokhālef) 反対の
مداوم	(modāvem) 継続する	مراجع	(morāje') 照合者
مزاحم	(mozāhem) 厄介な	مزارع	(mozāre') 小作農
مسافر	(mosāfer) 旅行者	مشاور	(moshāver) 顧問
مصادف	(mosādef) 一致した	مطابق	(motābeq) 適合した
معادل	(mo'ādel) 同等の	معاصر	(mo'āser) 現代の
معاون	(mo'āven) 補佐	مقابل	(moqābel) 反対の
ملازم	(molāzem) 随行者	مناسب	(monāseb) 適当な
منافق	(monāfeq) 偽善者	مهاجر	(mohājer) 移住者

第IV形 مفعل, إفعال

ابداع	(ebdā') 革新	ابراز	(ebrāz) 表明
ابرام	(ebrām) 固執	ابطال	(ebtāl) 廃止
ابلاغ	(eblāgh) 伝達	ابهام	(ebhām) 曖昧
اتلاف	(etlāf) 浪費	اتمام	(etmām) 完成
اثبات	(esbāt) 立証	اجبار	(ejbār) 強制
اجرا	(ejrā) 執行	اجلاس	(ejlās) 会議
اجماع	(ejmā') 合意	اجمال	(ejmāl) 要約
احداث	(ehdās) 建設	احراز	(ehrāz) 達成

احساس (ehsās) 感情		احسان (ehsān) 好意	
احضار (ehzār) 召喚		احقاق (ehqāq) 権利擁護	
اخبار (ekhbār) 報知		اخراج (ekhrāj) 追放	
اخطار (ekhtār) 警告		اخلاص (ekhlās) 誠実	
اخلال (ekhlāl) 混乱		ادراک (edrāk) 理解	
ادغام (edghām) 併合		ارسال (ersāl) 送付	
ارشاد (ershād) 指導		ارعاب (er'āb) 脅迫	
اسلام (eslām) イスラーム		اسهال (eshāl) 下痢	
اشغال (eshghāl) 占領		اشکال (eshkāl) 困難	
اصرار (esrār) 固執		اصلاح (eslāh) 改革	
اطلاق (etlāq) 解放		اظهار (ezhār) 表明	
اعدام (e'dām) 処刑		اعزام (e'zām) 派遣	
اعلام (e'lām) 発表		اعلان (e'lān) 公示	
اعمال (e'māl) 行使		اغراق (eghrāq) 誇張	
اغماض (eghmāz) 黙認		افراط (efrāt) 過激	
افساد (efsād) 堕落		افطار (eftār) 断食中断	
اقبال (eqbāl) 幸運		اقدام (eqdām) 措置	
اقرار (eqrār) 自白		اکراه (ekrāh) 不本意	
اکمال (ekmāl) 完成		الحاق (elhāq) 添付	
الزام (elzām) 義務		امساک (emsāk) 節約	
امضا (emzā) 署名		امکان (emkān) 可能性	
انشا (enshā) 作文		انکار (enkār) 拒否	
مبرم (mobrem) しつこい		مثبت (mosbat) 肯定的な	

مجاز (mojāz) 公認された

مجمل (mojmal) 概略の

محرز (mohraz) 確かな

محکم (mohkam) 堅固な

محیط (mohīt) 環境

مخلص (mokhles) 誠実な

مدیر (modīr) 支配人

مراد (morād) 願望

مرشد (morshed) 精神的指導者

مسلم (moslem) イスラーム教徒

مشکل (moshkel) 困難な

مصلح (mosleh) 改革者

مفید (mofīd) 有用な

مقیم (moqīm) 滞在する

ممکن (momken) 可能な

منشی (monshī) 秘書

第 V 形　تفعّل, متفعّل

تأثر (ta'assor) 感動

تأسف (ta'assof) 残念

تأسی (ta'assī) 模倣

تألم (ta'allom) 苦痛

تأمل (ta'ammol) 熟慮

تبدل (tabaddol) 変化

تبرک (tabarrok) 吉兆

تبسم (tabassom) 微笑

تجدد (tajaddod) 近代化

تجسس (tajassos) 探索

تجسم (tajassom) 具体化

تجمل (tajammol) 贅沢

تجنب (tajannob) 回避

تحرک (taharrok) 機動性

تحصن (tahasson) 聖域への避難

تحقق (tahaqqoq) 実現

تحکم (tahakkom) 支配

تحمل (tahammol) 辛抱

تحول (tahavvol) 変化

تخصص (takhassos) 専門

تخلص (takhallos) 雅号

تذکر (tazakkor) 想起

تردد (taraddod) 往来

ترشح (tarashshoh) 分泌

ترقی (taraqqī) 進歩

تسلط (tasallot) 支配

تشخص (tashakhkhos) 擬人化
تشدد (tashaddod) 激化
تشکر (tashakkor) 感謝
تشنج (tashannoj) 緊張
تصدی (tasaddī) 担当
تصرف (tasarrof) 占拠
تصنع (tasanno‘) 技巧
تصور (tasavvor) 想像
تصوف (tasavvof) 神秘主義
تطور (tatavvor) 進化
تعجب (ta‘ajjob) 驚き
تعدد (ta‘addod) 増加
تعلق (ta‘alloq) 帰属
تعلم (ta‘allom) 学習
تعمد (ta‘ammod) 意図
تعمق (ta‘ammoq) 熟考
تعهد (ta‘ahhod) 承諾
تغلب (taghallob) 征服
تغیر (taghayyor) 激怒
تفحص (tafahhos) 研究
تفرج (tafarroj) 散歩
تفضل (tafazzol) 好意
تفقد (tafaqqod) 慰問
تفکر (tafakkor) 熟慮
تفنن (tafannon) 娯楽
تقدم (taqaddom) 優先
تقلب (taqallob) 詐欺
تکبر (takabbor) 高慢
تکلم (takallom) 話すこと
تلفظ (talaffoz) 発音
تلقی (talaqqī) 見做すこと
تمدن (tamaddon) 文明
تمنا (tamannā) 願望
تنفس (tanaffos) 呼吸
توجه (tavajjoh) 注意
تورم (tavarrom) インフレ
توسط (tavassot) 仲介
متأسف (mota’assef) 残念な
متأمل (mota’ammel) 熟考する
متأهل (mota’ahhel) 結婚した
متبرک (motabarrek) 神聖な
متخصص (motakhasses) 専門家
متخلف (motakhallef) 違反者
متردد (motaradded) ためらう
متشکر (motashakker) 感謝する
متشکل (motashakkel) 構成された

متعجب（mota‘ajjeb）驚いた　متعدد（mota‘added）多数の

متعدی（mota‘addi）侵略者　متعصب（mota‘asseb）狂信的な

متمدن（motamadden）文明化した　متنفذ（motanaffez）有力な

متوجه（motavajjeh）注意深い　متوسط（motavasset）中流の

第 VI 形　تفاعل, متفاعل

تبادل（tabādol）交換　تجاسر（tajāsor）大胆

تجانس（tajānos）同質　تجاوز（tajāvoz）侵害

تجاهل（tajāhol）知らないふり　تحاشی（tahāshī）拒絶

تخالف（takhālof）不和　تدارک（tadārok）準備

تدافع（tadāfo‘）防衛　تراکم（tarākom）密集

تسامح（tasāmoh）怠慢　تساوی（tasāvī）平等

تشابه（tashāboh）類似　تصادف（tasādof）衝突

تصاعد（tasā‘od）上昇　تضاد（tazādd）矛盾

تطابق（tatāboq）一致　تظاهر（tazāhor）デモ

تعادل（ta‘ādol）均衡　تعارف（ta‘ārof）お世辞

تعاطی（ta‘ātī）交換　تعاقب（ta‘āqob）追跡

تعاون（ta‘āvon）協力　تغافل（taghāfol）怠慢

تفاوت（tafāvot）相違　تفاهم（tafāhom）相互理解

تقابل（taqābol）対立　تقارن（taqāron）対称

تقاطع（taqāto‘）交差　تقاعد（taqā‘od）退職

تکامل（takāmol）進化　تلاطم（talātom）大荒れ

تلافی（talāfī）報復　تلاقی（talāqī）合流

تمایز (tamāyoz) 特権	تمایل (tamāyol) 傾向
تناسب (tanāsob) 比例	تناسخ (tanāsokh) 輪廻
تناسل (tanāsol) 生殖	تناقص (tanāqos) 矛盾
تناوب (tanāvob) 交互	تواتر (tavātor) 風聞
توازن (tavāzon) 均衡	تواضع (tavāzo') 謙遜
توافق (tavāfoq) 同意	تهاتر (tahātor) バーター
تهاجم (tahājom) 侵略	تهاون (tahāvon) 怠慢
متبادل (motabādel) 交換の	متبارک (motabārek) 祝福された
متباعد (motabā'ed) 分岐する	متباین (motabāyen) 異なる
متجانس (motajānes) 同質の	متجاوز (motajāvez) 侵略的な
متحارب (motahāreb) 交戦中の	متخاصم (motakhāsem) 敵対する
متخالف (motakhālef) 対立する	متداول (motadāvel) 通例の
متراکم (motarākem) 圧縮した	متساوی (motasāvī) 等しい
متضاد (motazādd) 反意語	متظاهر (motazāher) ふりをする
متعادل (mota'ādel) 均衡の	متعارف (mota'āref) 周知の
متعاقب (mota'āqeb) 続いて	متعاهد (mota'āhed) 同盟する
متفاوت (motafāvet) 種々の	متقابل (motaqābel) 相互の
متقارن (motaqāren) 対称的な	متقاضی (motaqāzī) 志願者
متقاطع (motaqāte') 交差する	متکاهل (motakāhel) 怠惰な
متلاشی (motalāshī) 分解した	متمایز (motamāyez) 卓越した
متمایل (motamāyel) 傾向の	متواتر (motavāter) 継続的な
متوازن (motavāzen) 釣合った	متواضع (motavāze') 謙虚な

第VII形　منفعل, انفعال

انبساط	(enbesāt) 膨張	انجماد	(enjemād) 凍結
انحراف	(enherāf) 倒錯	انحصار	(enhesār) 専売
انحطاط	(enhetāt) 衰退	انحلال	(enhelāl) 解散
انزجار	(enzejār) 嫌悪	انسداد	(ensedād) 閉塞
انصراف	(enserāf) 断念	انضباط	(enzebāt) 規律
انضمام	(enzemām) 添付	انطباق	(entebāq) 適合
انعطاف	(en'etāf) 屈曲	انعقاد	(en'eqād) 締結
انعكاس	(en'ekās) 反映	انفجار	(enfejār) 爆発
انفصال	(enfesāl) 解雇	انفكاك	(enfekāk) 分裂
انقباض	(enqebāz) 収縮	انقراض	(enqerāz) 滅亡
انقضا	(enqezā) 満期	انقطاع	(enqetā') 中止
انقلاب	(enqelāb) 革命	انقياد	(enqiyād) 服従
انكسار	(enkesār) 屈折	انكشاف	(enkeshāf) 露顕
انهدام	(enhedām) 破壊	انهزام	(enhezām) 敗走
منبسط	(monbaset) 膨張した	منجمد	(monjamed) 凍った
منحرف	(monharef) 逸脱した	منحصر	(monhaser) 独占的な
منحل	(monhall) 解散した	منصرف	(monsaref) 断念する
منضم	(monzamm) 添付する	منعكس	(mon'aks) 反映する
منفجر	(monfajer) 爆発する	منفصل	(monfasel) 解雇された
منقرض	(monqarez) 打倒された	منهدم	(monhadem) 破壊された

第 VIII 形　افتعال, مفتعل

ابتدا（ebtedā）始め	ابتداع（ebtedā‘）革新
ابتذال（ebtezāl）下劣	ابتکار（ebtekār）独創力
ابتهاج（ebtehāj）喜び	اتحاد（ettehād）同盟
اتخاذ（ettekhāz）採択	اتصال（ettesāl）連結
اتفاق（ettefāq）一致	اتهام（ettehām）起訴
اجتماع（ejtemā‘）社会	اجتناب（ejtenāb）回避
اجتهاد（ejtehād）努力	احترام（ehterām）尊敬
احتکار（ehtekār）投機	احتمال（ehtemāl）推測
احتیاج（ehtiyāj）必要	احتیاط（ehtiyāt）用心
اختراع（ekhterā‘）発明	اختصاص（ekhtesās）配分
اختلاس（ekhtelās）横領	اختلاط（ekhtelāt）混合
اختلاف（ekhtelāf）相違	اختیار（ekhtiyār）権限
ارتباط（ertebāt）連絡	ارتجاع（erteja‘）反動
ارتحال（ertehāl）死去	ارتعاش（erte‘āsh）振動
ارتکاب（ertekāb）犯罪	ازدحام（ezdehām）雑踏
ازدواج（ezdevāj）結婚	اشتباه（eshtebāh）誤り
اشتراک（eshterāk）加入	اشتغال（eshteghāl）就業
اشتها（eshtehā）食欲	اشتهار（eshtehār）名声
اشتیاق（eshtiyāq）熱望	اصطلاح（estelāh）術語
اضطراب（ezterāb）動揺	اضطرار（ezterār）強制
اطلاع（ettelā‘）通知	اعتبار（e‘tebār）信用
اعتراض（e‘terāz）抗議	اعتراف（e‘terāf）自供

اعتصاب (e‘tesāb) ストライキ

اعتقاد (e‘teqād) 信仰

اعتماد (e‘temād) 信頼

افتتاح (eftetāh) 発会

افتخار (eftekhār) 栄誉

افتضاح (eftezāh) スキャンダル

اقتباس (eqtebās) 引用

اقتصاد (eqtesād) 経済

اقتصار (eqtesār) 要約

اکتشاف (ekteshāf) 発見

التفات (eltefāt) 好意

امتحان (emtehān) 試験

امتداد (emtedād) 延長

امتناع (emtenā‘) 拒否

امتنان (emtenān) 感謝

امتیاز (emtiyāz) 利権

انتحار (entehār) 自殺

انتخاب (entekhāb) 選挙

انتشار (enteshār) 出版

انتظار (entezār) 待つこと

انتقاد (enteqād) 批判

انتقال (enteqāl) 移動

انتقام (enteqām) 復讐

اهتمام (ehtemām) 配慮

مبتدی (mobtadī) 初心者

مبتذل (mobtazal) 下品な

مبتکر (mobtakar) 独創的な

متحد (mottahed) 連合した

متفق (mottafeq) 同盟した

متهم (mottaham) 被告

مجتمع (mojtama‘) コンビナート

محتاج (mohtāj) 必要な

محتاط (mohtāt) 用心深い

محترم (mohtaram) 尊敬すべき

مخترع (mokhtare‘) 発明家

مختصر (mokhtasar) 簡略な

مختلط (mokhtalet) 混合の

مختلف (mokhtalef) 種々の

مرتجع (mortaje‘) 反動的な

مشتاق (moshtāq) 熱望する

مشتبه (moshtabeh) 誤った

مشترک (moshtarak) 共同の

مشتری (moshtarī) 顧客

مشتمل (moshtamel) …から成る

مضطر (moztarr) 窮迫した

مضطرب (moztarab) 動揺した

معتبر (mo‘tabar) 信用できる　　معتدل (mo‘tadel) 穏健な

معترض (mo‘tarez) 反対する　　معترف (mo‘taref) 自供する

معتقد (mo‘taqed) 信じる　　معتمد (mo‘tamed) 信頼できる

مفتخر (moftakhar) 誇る　　مفتضح (moftazah) 不名誉な

مقتضا (moqtazā) 必要　　مقتضی (moqtazī) 必要な

مكتسب (moktasab) 獲得した　　ملتفت (moltafet) 理解した

ممتحن (momtahen) 試験官　　ممتنع (momtane‘) 不可能な

منتخب (montakhab) 選ばれた　　منتشر (montasher) 出版された

منتظر (montazer) 待つ　　منتقد (montaqed) 批評家

منتقل (montaqel) 移す　　منتقم (montaqem) 復讐者

第 IX 形　افعلال, مفعل

A において第 IX 形は色や体の欠陥を表すのに用いられ，他の派生形に比べてきわめて少ない。P においてはほとんど現れない。

第 X 形　استفعال, مستفعل

استبداد (estebdād) 専制　　استبصار (estebsār) 観察

استتار (estetār) 隠蔽　　استثمار (estesmār) 搾取

استثنا (estesnā) 例外　　استحداث (estehdās) 開墾

استحصال (estehsāl) 生産　　استحضار (estehzār) 通知

استحقار (estehqār) 軽視　　استحقاق (estehqāq) 功績

استحكام (estehkām) 堅固　　استخدام (estekhdām) 雇用

استخراج (estekhrāj) 採掘　　استخلاص (estekhlās) 釈放

استدراک (estedrāk) 理解　　استدعا (ested‘ā) 要請

استدلال (estedlāl) 推論

استراحت (esterāhat) 休息

استرداد (esterdād) 返却

استصواب (estesvāb) 認可

استطاعت (estetā'at) 金銭的余裕

استعاره (este'āre) 隠喩

استعداد (este'dād) 才能

استعفا (este'fā) 辞任

استعلاج (este'lāj) 治療

استعمال (este'māl) 使用

استغراق (esteghrāq) 没頭

استغنا (esteghnā) 自立

استفاده (estefāde) 利用

استفراغ (estefrāgh) 嘔吐

استفسار (estefsār) 照会

استفهام (estefhām) 疑問

استقامت (esteqāmat) 耐久性

استقبال (esteqbāl) 出迎え

استقرار (esteqrār) 樹立

استقراض (esteqrāz) 借款

استقلال (esteqlāl) 独立

استماع (estemā'a) 聴取

استمداد (estemdād) 求援

استمرار (estemrār) 継続

استمهال (estemhāl) モラトリアム

استنتاج (estentāj) 演繹

استهلاک (estehlāk) 償却

استیناف (estīnāf) 控訴

مستأجر (mosta'jer) 借家人

مستبد (mostabedd) 専制君主

مستثنی (mostasnā) 例外の

مستجاب (mostajāb) 承諾された

مستحضر (mostahzar) 知っている

مستحق (mostahaqq) 値する

مستحکم (mostahkam) 堅固な

مستحیل (mostahīl) 不可能な

مستخرج (mostakhraj) 抜粋された

مستدل (mostadall) 立証された

مستراح (mostarāh) 便所

مسترد (mostaradd) 返却された

مستشار (mostashār) 顧問

مستشرق (mostashreq) 東洋学者

مستضعفین (mostaz'afīn) 被抑圧者

مستظرف (mostazraf) 優美な

مستعفی (mosta'fī) 辞任した

مستعمر (mosta'mar) 植民地

مستعمل（mosta'mal）使用された	مستفید（mostafīd）利用する
مستقبل（mostaqbal）未来の	مستقر（mostaqerr）安定した
مستقل（mostaqell）独立した	مستقیم（mostaqīm）直接の
مستلزم（mostalzem）必要な	مستمر（mostamerr）継続的な
مستمع（mostame'）聴取者	مستنسخ（mostanse<u>kh</u>）書写人
مستوجب（mostoujeb）値する	مستودع（mostoude'）委託者
مستولی（mostoulī）支配する	مستهلک（mostahlak）償却された

Uにおける用例

UにおいてもPにおけるのと同じようにAの派生形に関連する実に多くの名詞，形容詞が用いられている。上述のPの用例と短母音，正書法（特にハムザ），意味において若干異なる語もあるのでP，Uの用例を比較・対照されたい。A派生形の関連語彙はP，Uの存在に関わるほど重要な役割を果たしていると言うも敢えて過言ではなかろう。イラン，パーキスタンの一般の人々は語源などを一切気にせず，それぞれを自国語として普通に日常使用しているが，学習者にとっては派生形の語源を知ることは発音，意味の両面においてきわめて重要であるばかりでなく，学習効果を大いに促進させると確信している。Pに倣ってUの用法を列挙する。

第II形

تاخیر（tā<u>kh</u>īr）遅れ	تاریخ（tārī<u>kh</u>）歴史
تاکید（tākīd）確認	تالیف（tālīf）編集
تائید（tā'īd）支持	تبدیل（tabdīl）交換
تبلیغ（tablī<u>gh</u>）宣教	تجدید（tajdīd）更新
تجویز（tajvīz）計画	تحریر（tahrīr）筆記

تحریف （tahrīf） 誤写	تحریک （tahrīk） 活動
تحصیل （tahsīl） 修得	تحقیر （tahqīr） 軽蔑
تحقیق （tahqīq） 研究	تحویل （tahvīl） 管理
تخفیف （takhfīf） 減少	تدبیر （tadbīr） 企て
ترتیب （tartīb） 整頓	تردید （tardīd） 否定
ترغیب （targhīb） 誘惑	ترکیب （tarkīb） 構成
ترمیم （tarmīm） 改良	تسکین （taskīn） 慰安
تسلیم （taslīm） 承認	تشریح （tashrīh） 注釈
تشریف （tashrīf） 敬意	تشکیل （tashkīl） 結成
تشویش （tashvīsh） 心配	تصدیق （tasdīq） 証明
تصنیف （tasnīf） 著作	تصویر （tasvīr） 絵
تعریف （ta‘rīf） 称賛	تعطیل （ta‘tīl） 休暇
تعظیم （ta‘zīm） 敬意	تعلیم （ta‘līm） 教育
تعمیر （ta‘mīr） 建設	تعمیل （ta‘mīl） 遂行
تفریح （tafrīh） 娯楽	تفریق （tafrīq） 分類
تفسیر （tafsīr） 説明	تفصیل （tafsīl） 詳細
تقدیر （taqdīr） 宿命	تقریب （taqrīb） 儀式
تقریر （taqrīr） 演説	تقسیم （taqsīm） 分割
تقلید （taqlīd） 模倣	تکلیف （taklīf） 面倒
تکمیل （takmīl） 完成	تمهید （tamhīd） 序文
تمیز （tamīz） 識別	تنصیب （tansīb） 設置
تنقید （tanqīd） 批評	توسیع （tausī‘） 拡張
تهذیب （tahzīb） 文明	مبلغ （muballigh） 布教者

محقق (muhaqqiq) 研究者

مرتب (murattab) 編集された

مرکب (murakkab) 合成の

مسلح (musallah) 武装した

مصنف (musannīf) 著者

مصور (musavvir) 画家

معزز (mu'azzaz) 気高い

معطل (mu'attal) 休止の

معظم (mu'azzam) 偉大な

معلم (mu'allim) 教師

مقدس (muqaddas) 神聖な

مقدمه (muqaddama) 訴訟

مقرر (muqarrar) 定まった

مقرر (muqarrir) 演説者

منظم (munazzam) 組織された

منور (munawwar) 輝く

مورخ (muarrikh) 歴史家

مونث (muannas) (文法) 女性

مهذب (muhazzab) 文明の

میسر (muyassar) 得られる

第 III 形

مباحثه (mubāhisa) 論争

محاصره (muhāsara) 包囲

محاوره (muhāvara) 慣用句

مخالفت (mukhālifat) 反対

مداخلت (mudākhalat) 介入

مذاکره (muzākara) 交渉

مراسله (murāsala) 書簡

مزاحمت (muzāhamat) 邪魔

مشاعره (mushā'era) 詩会

مشاهده (mushāhida) 観察

مطالبه (mutālaba) 要求

مطالعه (mutāla'a) 研究

مظاهره (muzāhira) デモ

معاشره (mu'āshara) 社会

معامله (mu'āmala) 事情

معاوضه (mu'āviza) 補償金

معاهده (mu'āhida) 条約

معائنه (mu'ā'ina) 視察

مفاهمت (mufāhamat) 理解

مقابله (muqābila) 対抗

مکالمه (mukālama) 会話

ملاحظه (mulāhiza) 観察

ملازمت	(mulāzimat) 雇用		ملاقات	(mulāqāt) 面会
مبارک	(mubārak) 祝福された		مجاهد	(mujāhid) 聖戦士
محافظ	(muhāfiz) 保護者		مخالف	(mukhālif) 反対者
مسافر	(musāfir) 旅行者		مساوی	(musāvī) 平等の
مصاحب	(musāhib) 仲間		مطابق	(mutābiq) 一致した
مقابل	(muqābil) 対抗の		ملازم	(mulāzim) 従業員
مناسب	(munāsib) 適当な		موافق	(muwāfiq) 適した
مهاجر	(muhājir) 避難民			

第Ⅳ形

اجلاس	(ijlās) 会合		احساس	(ehsās) 感情
احسان	(ehsān) 恩恵		اراده	(irāda) 意図
ارسال	(irsāl) 送付		ارشاد	(irshād) 指図
اسلام	(islām) イスラーム		اشاره	(ishāra) 指示
اشاعت	(ishā'at) 発行		اصرار	(isrār) 固執
اصلاح	(islāh) 改正		اظهار	(izhār) 表明
اعجاز	(e'jāz) 奇跡		اعزاز	(e'zāz) 名誉
اعلان	(e'lān) 発表		افراط	(ifrāt) 過剰
افلاس	(iflās) 貧窮		اقبال	(iqbāl) 幸運
اقدام	(iqdām) 手段		اقرار	(iqrār) 認知
الزام	(ilzām) 非難		امداد	(imdād) 援助
انشا	(inshā) 作文		انصاف	(insāf) 公正
انکار	(inkār) 拒否		ایجاد	(ijād) 発明

محکم (muhkam) 強固な

محیط (muhīt) 覆う

مخبر (mukhbir) スパイ

مخل (mukhil) 妨げる

مرشد (murshid) 宗教上の師

مسلم (muslim) イスラーム教徒

مشکل (mushkil) 難しい

مصیبت (musībat) 災難

مفلس (muflis) 貧乏な

مفید (mufīd) 有益な

ملزم (mulzim) 犯人

ممکن (mumkin) 可能な

第Ｖ形

تبرک (tabarruk) 供物の裾分け

تبسم (tabassum) 微笑

تجرد (tajarrud) 独身

تجسس (tajassus) 探索

تحفظ (tahaffuz) 保護

تحقق (tahaqquq) 事実と判明

تحمل (tahammul) 忍耐

تخلص (takhallus) 雅号

تخیل (takhaiyul) 想像

ترقی (taraqqī) 進歩

تسلی (tasallī) 慰め

تشدد (tashaddud) 暴力

تصنع (tasanno‘) 虚飾

تصور (tasawwur) 概念

تصوف (tasawwuf) 神秘主義

تعجب (ta‘ajjub) 驚き

تعصب (ta‘assub) 偏見

تعلق (ta‘alluq) 関係

تعین (ta‘aiyun) 決定

تقرر (taqarrur) 任命

تکبر (takabbur) 傲慢

تکلف (takalluf) 遠慮

تلفظ (talaffuz) 発音

تمدن (tamaddun) 文明

تمنا (tamannā) 願望

توقع (tawaqqo‘) 期待

متاثر (mutaassir) 影響された

متعدد (muta‘addid) 多くの

متعلق (muta‘alliq) 関連の

متفرق (mutafarriq) 種々の

متوجه（mutawajjo）注目する

متوسط（mutawassit）中流の

متوقع（mutawaqqe‘）期待する

第 VI 形

تبادله（tabādla）交換

تجاوز（tajāwuz）超過

تصادم（tasādum）衝突

تعارف（ta‘āruf）紹介

تعاقب（ta‘āqub）追跡

تعاون（ta‘āwun）協力

تقاضا（taqāzā）要請

تنازعه（tanāza‘a）紛争

تناسب（tanāsub）割合

توازن（tawāzun）均衡

تواضع（tawāzo‘）歓待

متجاوز（mutajāwiz）超過の

متخاصم（mutakhāsim）敵対する

مترادف（mutarādif）同義の

متساوی（mutasāwī）等しい

متصادم（mutasādim）衝突する

متعاقب（muta‘āqib）続く

متقابل（mutaqābil）競争者

第 VII 形

انجماد（injimād）氷結

انحراف（inhirāf）反対

انحصار（inhisār）束縛

اندراج（indirāj）記帳

انسداد（insidād）撲滅

انعقاد（ina‘qād）挙行

انقلاب（inqilāb）革命

انکسار（inkisār）謙遜

انکشاف（inkishāf）暴露

مندرجه（mundarja）記された

منعقد（muna‘qid）開催された

منهدم（munhadam）破壊された

第 VIII 形

ابتدا（ibtidā）初頭

اتحاد（ittehād）連合

اتفاق (ittefāq) 同意	اجتماع (ijtimā‘) 集まり
احتجاج (ehtejāj) 抗議	احترام (ehterām) 尊敬
احتساب (ehtesāb) 評価	احتیاط (ehteyāt) 用心
اختتام (ikhtetām) 結末	اختلاف (ikhtelāf) 不和
اختیار (ikhteyār) 選択	ارتقا (irteqā) 進化
اشتراک (ishterāk) 共同	اشتهار (ishtehār) 広告
اصطلاح (istelāh) 術語	اضطراب (izterāb) 不安
اعتبار (e‘tebār) 信用	اعتراض (e‘terāz) 反対
اعتراف (e‘terāf) 告白	اعتقاد (e‘teqād) 信頼
افتتاح (iftetāh) 開会	اقتدار (iqtedār) 権力
التجا (iltejā) 申請	امتحان (imtehān) 試験
امتیاز (imteyāz) 差別	انتخاب (intekhāb) 選挙
انتظار (intezār) 待つこと	انتظام (intezām) 管理
انتقال (inteqāl) 死去	انتقام (inteqām) 復讐
انتها (intehā) 終局	متحد (muttahid) 連合した
محترم (muhtaram) 尊敬すべき	مختصر (mukhtasar) 簡略な
مختلف (mukhtalif) 種々の	مشترکه (mushtaraka) 共同の
مشتمل (mushtamil) 含む	معتبر (mu‘tabar) 信頼すべき
معتقد (mu‘taqid) 信用する	معتمد (mu‘tamad) 頼れる
منتخب (muntakhab) 選ばれた	منتظر (muntazir) 待つ
منتظم (muntazim) 管理者	منتقل (muntaqil) 移動した

第X形

استبداد (istebdād) 圧制	استثنا (istesnā) 例外
استحقاق (istehqāq) 権利	استحکام (istehkām) 堅固
استعاره (isteʻāra) 隠喩	استعداد (isteʻdād) 才能
استعمال (isteʻmāl) 使用	استغاثه (isteg̲h̲āsa) 抗告
استفا (istefā) 辞職	استفاده (istefāda) 利益
استقبال (isteqbāl) 歓迎	استقلال (isteqlāl) 独立
مستثنا (mustasnā) 例外の	مستحق (mustahaq) 資格のある
مستحکم (mustahkam) 堅固な	مستعد (mustaʻid) 用意できた
مستعفی (mustaʻfī) 辞任した	مستقبل (mustaqbil) 未来
مستقل (mustaqil) 安定した	مستقیم (mustaqīm) 直立の

6）動名詞

動名詞とは動詞から派生する名詞で，Aでは مصدر (maṣdar)，Pでは اسم مصدر (esme-masdar) という。英語の -ing で終わる動名詞 gerund のように一律にできるのではなく，do → deed，see → sight，act → action，enter → enterance，fly → flight のような名詞を A，P，U では動名詞という。A，P，U それぞれに動名詞の固有の作り方があり，かなり複雑で A では 44 種の語形があり，名詞不規則複数に匹敵する。A の動名詞は P，U に，P の動名詞は U にかなり採り入れられているので，それぞれについて述べてみよう。

A動名詞

上述のように，A の動詞派生形は第 II 形から第 X 形まで動名詞の語形は一定しているので問題はないが，動詞原形は規則・不規則動詞ともにさまざまな語形があって一定の規則はなく，動詞によっては二種以上のマスダルがある。例えば，کتب (kataba)（書く）には（書くこと）を意味するマスダルに کتب

(katb), كتبة (kitba), كتابة (kitāba) の三種がある。それ故，それぞれの動詞原形のマスダルを辞書によって一つ一つ正確に記憶するしか方法はない。現在，広く用いられ権威ある辞書の H. Wehr: A Dictionary of Modern Written Arabic では見出し語の動詞，発音，未完了形第二語根の短母音，マスダルの順に述べられている。例えば，جلس jalasa i（جلوس julūs）to sit down，اتى atā i（اتيان ityān，اتى aty，مأتاة ma'tāh）to come，ذهب d̲ahaba a（ذهاب d̲ahāb，مذهب mad̲hab）to go のようになっている。

ここでは代表的なマスダルの語形を述べ，例示するにとどめる。

i) فعل（fa'l）の型

رقص（raqaṣa）	→	رقص（raqṣ）舞踊
ضرب（ḍaraba）	→	ضرب（ḍarb）打撃
فهم（fahima）	→	فهم（fahm）理解
قتل（qatala）	→	قتل（qatl）殺害

ii) فعل（fa'al）の型

تعب（ta'iba）	→	تعب（ta'ab）疲労
طلب（ṭalaba）	→	طلب（ṭalab）要求
عمل（'amila）	→	عمل（'amal）行為
فرح（fariḥa）	→	فرح（faraḥ）喜び

iii) فعل（fu'l）の型

بعد（ba'uda）	→	بعد（bu'd）遠いこと
شرب（s̲h̲ariba）	→	شرب（s̲h̲urb）飲むこと
شكر（s̲h̲akara）	→	شكر（s̲h̲ukr）感謝

قرب（qaruba）　→　قرب（qurb）近いこと

iv）فعول（fu'ūl）の型

جلس（jalasa）　→　جلوس（julūs）座ること

خرج（kharaja）　→　خروج（khurūj）出ること

دخل（dakhala）　→　دخول（dukhūl）入ること

ظهر（ẓahara）　→　ظهور（ẓuhūr）出現

v）فعالة（fa'āla）の型

سعد（sa'ida）　→　سعادة（sa'āda）幸福

فصح（faṣuḥa）　→　فصاحة（faṣāḥa）雄弁

كرم（karuma）　→　كرامة（karāma）尊厳

vi）فعالة（fi'āla）の型

تجر（tajara）　→　تجارة（tijāra）商業

زرع（zara'a）　→　زراعة（zirā'a）農業

صنع（ṣana'a）　→　صناعة（ṣinā'a）工業

vii）فعلان（fa'alān）の型

جرى（jarā）　→　جريان（jarayān）流れ

خفق（khafaqa）　→　خفقان（khafaqān）動悸

غلى（ghalā）　→　غليان（ghalayān）沸騰

هاج（hāja）　→　هيجان（hayajān）興奮

viii) فعال（fa'āl）の型

ذهب（dhahaba） → ذهاب（dhahāb）行くこと

راج（rāja） → رواج（rawāj）流通

فسد（fasada） → فساد（fasād）腐敗

P 動名詞

P においては A 動名詞が多く用いられる他に，固有の動名詞も多い。大別すると，語根（後述）から作られる名詞と，不定法の語尾 ـن（-an）を除いてできる語幹から作られる名詞に分けられる。

i) 語根に ـش（-esh）をつける。

用例

آرامش（ārāmesh）平穏　آفرينش（āfarīnesh）創造

آموزش（āmūzesh）教育　آميزش（āmīzesh）性交

بينش（bīnesh）視力　پرسش（porsesh）質問

پرورش（parvaresh）養育　تپش（tapesh）動悸

خواهش（khāhesh）要請　دانش（dānesh）知識

روش（ravesh）方法　كاهش（kāhesh）減少

كوشش（kūshesh）努力　گسترش（gostaresh）普及

ورزش（varzesh）運動　وزش（vazesh）（風）吹くこと

ii) 語根が ـا（-ā）で終わる語には ـيش（-yesh）をつける。

用例

آرايش（ārāyesh）装飾　آزمايش（āzmāyesh）実験

آسايش（āsāyesh）休養　آلايش（ālāyesh）汚染

افزايش（afzāyesh）増加　پيمايش（peimāyesh）測量

ستایش（setāyesh）称賛　　فرمایش（farmāyesh）注文

گشایش（goshāyesh）開設　　نمایش（nemāyesh）展示

iii）語根に ـاک（-āk），ـه（-e）をつける。

用例

پوشاک（pūshāk）衣服　　خوراک（khorāk）食物

بوسه（būse）キス　　خنده（khande）笑い

شماره（shomāre）番号　　گریه（gerye）泣くこと

ناله（nāle）嘆き

iv）語幹に ـار（-ār）をつける。

用例

خریدار（kharīdār）買い手　　دیدار（dīdār）訪問

رفتار（raftār）行動　　کردار（kerdār）行為

کشتار（koshtār）屠殺　　گفتار（goftār）言うこと

نوشتار（neveshtār）書くこと　ویراستار（vīrāstār）編集者

v）語幹，語根，過去分詞のみ。

用例

خرید（kharīd）買物　　درآمد（dar-āmad）収入

درگذشت（dar-gozasht）死去　　رسید（resīd）受け取り

آشوب（āshūb）暴動　　فروش（forūsh）売却

گذر（gozar）通過　　دیده（dīde）見たこと

شنیده（shenīde）聞いたこと　　گفته（gofte）言ったこと

U動名詞

Uでは A, Pの動名詞も用いられるが，固有の動名詞も多くあり，これらはHと共通している。しかしU動名詞はA, Pで用いられることはないが，U学習者を志す者のために述べる。

i）不定法の語尾 ـنا（-nā）を除いた語幹。

用例

جوڑ（jōṛ）接ぎ目　　چمک（c̲h̲amak）輝き

جھانک（jhāṇk）のぞき見　　کھیل（khēl）遊び

لوٹ（lūṭ）略奪　　مار（mār）打つこと

ناپ（nāp）測定　　ناچ（nāc̲h̲）踊り

ii）語幹に ـا（-ā）をつける。

用例

پھیرا（phērā）廻り　　جھگڑا（jhagṛā）けんか

چھاپا（c̲h̲hāpā）印刷

iii）語幹に ـن（-an），ـان（-ān）をつける。

用例

اڑان（uṛān）飛行　　چلن（c̲h̲alan）歩き方

ملن（milan）出会い

iv）語幹に ـوٹ（-waṭ）をつける。

用例

بناوٹ（banāwaṭ）構造　　رکاوٹ（rukāwaṭ）障害

سجاوٹ（sajāwaṭ）装飾

v） 語幹に ـاو（-āō）をつける。

用例

بچاو（ba<u>ch</u>āō）救済　　چڑھاو（<u>ch</u>aṛhāō）昇り

دباو（dabāō）圧迫

7）P 語根

P には A，U にはない動詞の語根（現在根）がある。語根 ریشه（rī<u>sh</u>e）は P において現在形，命令形，仮説法現在形，現在分詞を作るのに不可欠な機能を有し，P 学習には絶対に必要な要素である。語根は A とはなんら関係はないが，U とはかなり密接な関係がある。動詞の機能としてではなく，名詞，形容詞と語根が結合して複合名詞（形容詞）が多く作られているからである。まず P の主要な語根を述べた後で，U の複合語を例示する。

不定法	語　根	意　味
اندیشیدن（andī<u>sh</u>īdan）	اندیش（andī<u>sh</u>）	考える
باریدن（bārīdan）	بار（bār）	降る
بخشیدن（ba<u>kh</u><u>sh</u>īdan）	بخش（ba<u>kh</u><u>sh</u>）	許す；授ける
بوسیدن（būsīdan）	بوس（būs）	キスする
پرسیدن（porsīdan）	پرس（pors）	尋ねる
پرستیدن（parastīdan）	پرست（parast）	崇拝する
پسندیدن（pasandīdan）	پسند（pasand）	気に入る
تراشیدن（tarā<u>sh</u>īdan）	تراش（tarā<u>sh</u>）	削る
چسبیدن（<u>ch</u>asbīdan）	چسب（<u>ch</u>asb）	くっつく

خریدن (kharīdan)	خر (khar)	買う
خوابیدن (khābīdan)	خواب (khāb)	眠る
خندیدن (khandīdan)	خند (khand)	笑う
دویدن (davīdan)	دو (dav)	走る
رسیدن (rasīdan)	رس (ras)	到着する
فهمیدن (fahmīdan)	فهم (fahm)	理解する
کشیدن (kashīdan)	کش (kash)	引っ張る
کوشیدن (kūshīdan)	کوش (kūsh)	努力する
نامیدن (nāmīdan)	نام (nām)	名付ける
دیدن (dīdan)	بین (bīn)	見る
شنیدن (shenīdan)	شنو (shenav)	聞く
ایستادن (īstādan)	ایست (īst)	立つ
فرستادن (ferestādan)	فرست (ferest)	送る
داده (dādan)	ده (deh)	与える
آزمودن (āzmūdan)	آزما (āzmā)	試す
پیمودن (peimūdan)	پیما (peimā)	計る
فرمودن (farmūdan)	فرما (farmā)	命じる
نمودن (nemūdan)	نما (nemā)	示す
آوردن (āvardan)	آور (āvar)	もって来る
بردن (bordan)	بر (bar)	もって行く
خوردن (khordan)	خور (khor)	食べる
شمردن (shomordan)	شمار (shomār)	数える
کردن (kardan)	کن (kon)	する

مردن (mordan)	میر (mīr)	死ぬ
خواندن (kh̲āndan)	خوان (kh̲ān)	読む
آموختن (āmūkh̲tan)	آموز (āmūz)	学ぶ
آمیختن (āmīkh̲tan)	آمیز (āmīz)	混ぜる
انداختن (andākh̲tan)	انداز (andāz)	投げる
انگیختن (angīkh̲tan)	انگیز (angīz)	興奮させる
باختن (bākh̲tan)	باز (bāz)	遊ぶ
پختن (pokh̲tan)	پز (paz)	料理する
ریختن (rīkh̲tan)	ریز (rīz)	こぼす；注ぐ
ساختن (sākh̲tan)	ساز (sāz)	作る
سوختن (sūkh̲tan)	سوز (sūz)	燃える
شناختن (sh̲enākh̲tan)	شناس (sh̲enās)	識る
فروختن (forūkh̲tan)	فروش (forūsh̲)	売る
داشتن (dāsh̲tan)	دار (dār)	持つ
گذاشتن (gozāsh̲tan)	گذار (gozār)	置く
گذشتن (gozash̲tan)	گذر (gozar)	過ぎる
نگاشتن (negāsh̲tan)	نگار (negār)	書く；描く
کشتن (kosh̲tan)	کش (kosh̲)	殺す
نوشتن (nevesh̲tan)	نویس (nevīs)	書く
دانستن (dānestan)	دان (dān)	知る
آراستن (ārāstan)	آرا (ārā)	飾る
بستن (bastan)	بند (band)	閉める
جستن (jostan)	جو (jū)	探す

خاستن (khāstan)	خیز (khīz)	起きる
خواستن (khāstan)	خواه (khāh)	欲する
زیستن (zīstan)	زی (zī)	生きる
شستن (shostan)	شو (shū)	洗う
شکستن (shekastan)	شکن (shekan)	壊す
نشستن (neshastan)	نشین (neshīn)	座る
نگریستن (negarīstan)	نگر (negar)	眺める
فریفتن (farīftan)	فریب (farīb)	欺く
یافتن (yāftan)	یاب (yāb)	得る
پذیرفتن (pazīroftan)	پذیر (pazīr)	受け入れる
رفتن (raftan)	رو (rav)	行く
ماندن (māndan)	مان (mān)	留まる
گرفتن (gereftan)	گیر (gīr)	取る
گفتن (goftan)	گو (gū)	言う
آمدن (āmadan)	آ (ā)	来る
زدن (zadan)	زن (zan)	打つ
بودن (būdan)	باش (bāsh)	…である
شدن (shodan)	شو (shav)	…になる

※Pを学ぼうとする者は少なくとも上記の不定法と語根を記憶するように努められたい。またU学習者にとってもP語根を知ることは例示するように大変役に立つことは申すまでもない。

※上述の語根で分かるように原則として ـیدن (-īdan) で終わる不定法は (-īdan) を除けば語根ができる。若干の例外には注意されたい。

例えば

آفریدن	(āfarīdan)	آفرین	(āfarīn)	創造する
چیدن	(chīdan)	چین	(chīn)	摘む
گزیدن	(gozīdan)	گزین	(gozīn)	選ぶ

※ P において語根は上述の時制，法に用いられる他に複合名詞（形容詞）を作るのにも用いられるが，用例があまりにも多いので割愛する。拙著「ペルシア語辞典」などを参照されたい。

※ P 語根が U の複合名詞（形容詞）にどのように用いられているかは P，U 対照の点から興味があるので多くの用例をあげたい。これらの複合語には P で用いられない語もかなり多く含まれている。発音も U 化しているのは当然で，語根および語根＋ ی- (-ī) も含めて例示する。

P 語根と結合した U 複合名詞（形容詞）

用例

آتش بازی	(ātish-bāzī) 花火	آتش سوزی	(ātish-sūzī) 火事
آرام ده	(ārām-de) 安楽な	اخبار نویس	(akhbār-navīs) 新聞記者
اطمینان بخش	(itmīnān-bakhsh) 満足させる	افسانہ نگار	(afsāna-nigār) 短篇小説家
امن پسند	(aman-pasand) 平和愛好の	ایمان دار	(īmān-dār) 信仰深い
بت پرستی	(but-parastī) 偶像崇拝	بت تراشی	(but-tarāshī) 彫刻
بدنما	(bad-numā) 醜い	برف باری	(barf-bārī) 降雪
پابند	(pā-band) 制限された	پردہ نشین	(parda-nashīn) 貞節な
پیچ دار	(pēch-dār) 捩れた	پیرو	(pai-rau) 信奉者

پیشکش (pēsh-kash) 提供	پیشگوئی (pēsh-gō'ī) 予報
تحصیل دار (tahsīl-dār) 徴税官	تذکرہ نگار (tazkira-nigār) 伝記作家
ترقی پذیر (taraqqī-pazīr) 発展途上の	تسلی بخش (tasallī-bakhsh) 慰めの
تھوک فروش (thōk-farōsh) 卸売人	تیمارداری (tīmār-dārī) 看護
جانب دار (jānib-dār) 味方	جانشین (jā-nashīn) 後継者
جزیرہ نما (jazīra-numā) 半島	جفاکش (jafā-kash) 猛烈な
جلدبندی (jild-bandī) 製本	جنگجو (jang-jū) 好戦的な
جہازسازی (jahāz-sāzī) 造船	چوکیدار (chaukī-dār) 守衛
حصہ دار (hissa-dār) 協力者	حق دار (haqq-dār) 権利者
حملہ آور (hamla-āwar) 侵略者	حوصلہ افزائی (hausila-afzā'ī) 鼓舞
حیرت انگیز (hairat-angēz) 驚くべき	خاکروب (khāk-rōb) 清掃人
خبرخوان (khabar-khān) アナウンサー	خردبین (khurd-bīn) 顕微鏡
خلاف ورزی (khilāf-warzī) 違反	خودکشی (khud-kushī) 自殺
خوش نما (khush-numā) 美しい	خوش نویس (khush-navīs) 書家
خونریزی (khūn-rēzī) 流血	دباوپیما (dabāō-paimā) 圧力計
دستیاب (dast-yāb) 入手された	دکاندار (dukān-dār) 店主
دل پذیر (dil-pazīr) 楽しい	دلچسپ (dil-chasp) 面白い
دلفریب (dil-farēb) 魅了する	دلکش (dil-kash) 魅力的な
دوراندیش (dūr-andēsh) 先見の明のある	دوربین (dūr-bīn) 望遠鏡
ذمہ دار (zimme-dār) 責任者	راہگیر (rāh-gīr) 通行人
رشتہ دار (rishta-dār) 親類	رہنما (rah-numā) リーダー

زرخیز	(zar-khēz) 肥沃な	زمیندار	(zamīn-dār) 地主
زوردار	(zōr-dār) 力強い	سائنسدان	(sā'ens-dān) 科学者
سرپرست	(sar-parast) 保護者	سرمایہدار	(sarmāya-dār) 資本家
سیاستدان	(siyāsat-dān) 政治家	شاندار	(shān-dār) 華麗な
شکرگزار	(shukr-guzār) 感謝する	صوبہدار	(sūba-dār) 知事
علمبردار	('alam-bardār) 旗手	عہدہدار	('ohda-dār) 役員
غزلگو	(ghazal-gō) ガザル詩人	فاقہکش	(fāqa-kash) 飢えた
فرقہپرست	(firqa-parast) 宗派主義者	قانونساز	(qānūn-sāz) 立法者
قانوندان	(qānūn-dān) 法律家	قدردان	(qadar-dān) 評価人
قصیدہگو	(qasīda-gō) 頌詩詩人	کامیاب	(kām-yāb) 成功した
کتبفروش	(kutub-farōsh) 本屋	کردارنگاری	(kirdār-nigārī) 性格描写
کمیاب	(kam-yāb) 稀な	کوہپیما	(kōh-paimā) 登山家
گھڑیساز	(gharī-sāz) 時計屋	ماتمپرسی	(mātam-pursī) 弔問
ماہیگیر	(māhī-gīr) 漁師	محبتآمیز	(muhabbat-āmēz) 愛情のこもった
محنتکش	(mehnat-kash) 骨折る	مردمشماری	(mardum-shumārī) 人口統計
مزاجپرسی	(mizāj-pursī) 御機嫌伺い	مزیدار	(maze-dār) おいしい
مضحکہخیز	(mazhaka-khēz) 嘲笑すべき	مضمون نگار	(mazmūn-nigār) 随筆家
مضموننویسی	(mazmūn-navīsī) 作文	ناکابندی	(nākā-bandī) 道路塞鎖
ناولنگار	(nāval-nigār) 小説家	نثرنگار	(nasr-nigār) 散文作家
نظرانداز	(nazar-andāz) 無視の	نکتہچینی	(nukta-chīnī) あら探し
وفادار	(wafā-dār) 忠実な		

8）P，Uの分詞

Aの分詞（能動分詞，受動分詞）については既に述べたので，ここではP，Uの分詞について述べる。P，UにはAのような分詞はなく，現在分詞と過去分詞がある。Uでは現在分詞を未完了分詞 imperfect participle，過去分詞を完了分詞 perfect participle と言うこともある。

P，Uそれぞれの分詞を略述した後，対照してみよう。

i）　P現在分詞

語根に ـان（-ān）をつけて作る。しかしすべての動詞から現在分詞ができるわけではない。この点において，すべての動詞から現在分詞ができるUとは用法において非常に大きな相違がある。

不定法	語根	現在分詞
افتادن	افت	افتان（oftān）倒れながら
پرسیدن	پرس	پرسان（porsān）尋ねながら
خاستن	خیز	خیزان（k͟hīzān）起きながら
خندیدن	خند	خندان（k͟handān）笑いながら
خواستن	خواه	خواهان（k͟hāhān）欲しながら
دویدن	دو	دوان（davān）走りながら
زدن	زن	زنان（zanān）打ちながら
سوختن	سوز	سوزان（sūzān）燃えながら
کردن	کن	کنان（konān）しながら
کشیدن	کش	کشان（kes͟hān）引っぱりながら
لرزیدن	لرز	لرزان（larzān）震えながら

用例

سوت زنان（sūt zanān）口笛を吹きながら

گریه کنان（gerye konān）泣きながら

ii） P 過去分詞

語幹（過去根）に ـه（-e）をつけて作る。現在分詞とは異なり，すべての動詞に過去分詞を作ることができる。

不定法	語幹	過去分詞
آمدن	آمد	آمده（āmade）来た
پسندیدن	پسندید	پسندیده（pasandīde）気に入った
خریدن	خرید	خریده（kharīde）買った
دیدن	بین	دیده（dīde）見た
رفتن	رفت	رفته（rafte）行った
شدن	شد	شده（shode）…になった
کردن	کرد	کرده（karde）した
گرفتن	گرفت	گرفته（gerefte）取った
گفتن	گفت	گفته（gofte）言った
یافتن	یافت	یافته（yāfte）得た

※上述のようにＰ過去分詞はすべての動詞に機械的にできる。現在分詞は副詞，形容詞として時制に関係なく用いられ，用法が限定されているのに対して，過去分詞は بودن（būdan）（後述）の変化とともに完了形（現在，過去，仮説法）や شدن（shodan）の変化とともに受身（他動詞）にも用いられる。さらに，名詞，形容詞の他に接続動詞（～して）としても用いられる。

用例

حسن این خبر را شنیده خوشحال شد.

(hasan īn khabar rā shenīde khosh-hāl shod)

ハサンはこの知らせを聞いて喜んだ

علی به شهر رفته سینما دید. ('alī be-shahr rafte sīnemā dīd)

アリーは町に行って映画を見た

※ P 過去分詞は U 複合形容詞として用いられることがある。

用例

ابرآلوده (abr-ālūda) 曇った　ترقی‌یافته (taraqqī-yāfta) 進歩した

تعلیم‌یافته (ta'līm-yāfta) 教育のある　جاری‌کرده (jārī-karda) 発行した

حیرت‌زده (hairat-zada) 驚嘆した　شادی‌شده (shādī-shuda) 既婚の

گم‌شده (gum-shuda) 失われた　مصیبت زده (musībat-zada) 被災した

ناخوانده (nā-khānda) 文盲の

iii) U 現在分詞（未完了分詞）

U 現在分詞は不定法から語尾 ـنا (-nā) を除いた語幹に主語の性，数に対応する現在分詞語尾をつけて作られる。

例

جانا (jānā) 行く

男性単数	ـتا (-tā)	جاتا (jātā)
男性複数	ـتے (-tē)	جاتے (jātē)

女性単数	ـتی (-tī)	جاتی (jātī)
女性複数	ـتیں (-tīṇ)	جاتیں (jātīṇ)

現在分詞に ہونا（hōnā）の変化をつけると現在形（後述）ができる。現在分詞の他の用法についてはU文法書を参照されたい。

※P過去分詞の用法のように，U語幹に کر（kar）または کے（ke）をつけると動作の接続を表す。

用例

جا کر（jā kar）行って

سن کر（sun kar）聞いて

یہ کتاب پڑھ کر（yeh kitāb paṛh kar）この本を読んで

یہ کام کر کے（yeh kām kar ke）この仕事をして

آپ سے مل کر（āp se mil kar）あなたに会って

iv）U過去分詞（完了分詞）

P過去分詞が規則的に簡単に作られるのに対して，U過去分詞は原則的には簡単であるが，一部の動詞が不規則になったり，自動詞と他動詞で用法が異なったりしてかなり複雑である。原則的には語幹に主語の性，数に対応する過去分詞語尾をつけて作られる。

例

بولنا（bōlnā）話す

男性単数	ـا（-ā）	بولا（bōlā）
男性複数	ـے（-ē）	بولے（bōlē）

女性単数	ـی（-ī）	بولی（bōlī）
女性複数	ـیں（-īṇ）	بولیں（bōlīṇ）

※現在分詞の語尾から ت を除けば過去分詞ができる。既にU名詞の記

述で，U は語尾が ā，ē，ī の言語であると述べたように，名詞，形容詞のみならず動詞にもこのことは適用される。

用例

بڑا لڑکا چلا ۔ (baṛā laṛkā c͟halā) 大きい少年が歩いた

بڑے لڑکے چلے ۔ (baṛē laṛkē c͟halē) 大きい少年たちが歩いた

بڑی لڑکی چلی ۔ (baṛī laṛkī c͟halī) 大きい少女が歩いた

بڑی لڑکیاں چلیں ۔ (baṛī laṛkiyāṇ c͟halīṇ) 大きい少女たちが歩いた

※過去分詞は過去形の他に，ہونا の変化をつけて現在完了形，過去完了形を表し，他動詞の過去分詞は جانا (jānā) の変化をつけて受身（後述）を表す。

9）P，U 複合動詞

既述のように A においては三（四）語根から成る動詞原形（規則，不規則）からいろいろな派生形ができて，さまざまに異なる意味を表すので複合動詞は存在しない。複合動詞 compound verb，فعل مرکب (fe'le-morakkab) とは名詞，形容詞，前置詞と単純動詞とが複合（結合）してできる動詞である。A の記述で動詞原形のみを学んで派生形をよく理解しなかったら幼児用の本さえ読めないと述べたが，P，U における複合動詞は A の派生形のようなものである。例えば英語のごく普通の動詞，answer，appear，begin，believe，converse，end，enjoy，enter，feel，finish，gather，help，return，start，thank，use，wait，work などに相当する単純動詞が P や U にはない。そこで複合動詞よって表現することになる。P，U における単純動詞の数は西欧語のそれに比較してかなり少ないとも言われている。それ故，複合動詞がかなり多い。

ここでは P，U の複合動詞をそれぞれ例示するが，詳しくは文法書や辞書を参照されたい。

i)　P 複合動詞

複合動詞に主として用いられる単純動詞は

آمدن (āmadan),	آوردن (āvardan),	افتادن (oftādan),
بردن (bordan),	بستن (bastan),	خواندن (khāndan),
خوردن (khordan),	دادن (dādan),	داشتن (dāshtan),
رفتن (raftan),	زدن (zadan),	شدن (shodan),
کردن (kardan),	کشیدن (keshīdan),	گذاشتن (gozāshtan),
گرفتن (gereftan),	نمودن (nemūdan),	یافتن (yāftan)

などである。特に کردن との複合動詞が圧倒的に多く，一般的に言って کردن との複合動詞は他動詞，شدن との複合動詞は自動詞になる。

複合動詞における単純動詞は本来の意味と完全に変わる場合が多いので，単純動詞の本来の意味だけで複合動詞の意味を推測することはできない。

名詞（形容詞）と結合する複合動詞の例

خوش آمدن (khosh āmadan) 気に入る	بار آوردن (bār āvardan) 育てる
اتفاق افتادن (ettefāq oftādan) 起こる	لذت بردن (lezzat bordan) 楽しむ
یخ بستن (yakh bastan) 凍る	نماز خواندن (namāz khāndan) 礼拝する
زمین خوردن (zamīn khordan) 倒れる	جواب دادن (javāb dādan) 答える
دست دادن (dast dādan) 握手する	دوست داشتن (dūst dāshtan) 愛する
راه رفتن (rāh raftan) 歩く	حرف زدن (harf zadan) 話す
پیاده شدن (piyāde shodan) 降りる	پیدا شدن (peidā shodan) 見つかる
تمام شدن (tamām shodan) 終わる	جمع شدن (jam‘ shodan) 集まる
سوار شدن (savār shodan) 乗る	گم شدن (gom shodan) 無くなる
موفق شدن (movaffaq shodan) 成功する	احساس کردن (ehsās kardan) 感じる

استراحت کردن (esterāhat kardan) 休息する　باز کردن (bāz kardan) 開ける

پیدا کردن (peidā kardan) 見つける　زندگی کردن (zendegī kardan) 暮らす

شروع کردن (shorū‘ kardan) 始める　شنا کردن (shenā kardan) 泳ぐ

صادر کردن (sāder kardan) 輸出する　صبر کردن (sabr kardan) 待つ

ضبط کردن (zabt kardan) 録音する　فرار کردن (ferār kardan) 逃げる

فراموش کردن (farāmūsh kardan) 忘れる　کار کردن (kār kardan) 働く

مقایسه کردن (moqāyese kardan) 比較する　مکاتبه کردن (mokātebe kardan) 文通する

وارد کردن (vāred kardan) 輸入する　سیگار کشیدن (sīgār keshīdan) タバコを吸う

طول کشیدن (tūl keshīdan) (時間)かかる　تخم گذاشتن (tokhm gozāshtan) 卵を生む

نام گذاشتن (nām gozāshtan) 名をつける　تصمیم گرفتن (tasmīm gereftan) 決心する

جشن گرفتن (jashn gereftan) 祝う　یاد گرفتن (yād gereftan) 習う

انتشار یافتن (enteshār yāftan) 出版される

前置詞（句），副詞などと結合する複合動詞

از بین رفتن (az bein raftan) 無くなる　از دست دادن (az dast dādan) 失う

باز داشتن (bāz dāshtan) 妨げる　بر خوردن (bar khordan) 出会う

بر گشتن (bar gashtan) 帰る　بدنیا آمدن (be-donyā āmadan) 生まれる

بدرد خوردن (be-dard khordan) 役に立つ　بکار بردن (be-kār bordan) 使う

بکار رفتن (be-kār raftan) 使われる　بهم خوردن (be-ham khordan) ぶつかる

بسر بردن (be-sar bordan) 過ごす　پس دادن (pas dādan) 返す

پیش آمدن（pīsh āmadan）起こる　در گذشتن（dar gozashtan）亡くなる

فرا خواندن（farā khāndan）召還する　فرو بردن（forū bordan）飲みこむ

فرو کردن（forū kardan）刺す　وادار کردن（vādār kardan）説得する

ii） U 複合動詞

複合動詞に多く用いられる単純動詞には

آنا（ānā），　پڑنا（paṛnā），　پکڑنا（pakaṛnā），

دینا（dēnā），　ڈالنا（ḍālnā），　رکھنا（rakhnā），

کرنا（karnā），　لگانا（lagānā），　لگنا（lagnā），

لینا（lēnā），　ہونا（hōnā）

などがあり，P の کردن，شدن のように原則として کرنا は他動詞，ہونا は自動詞になる。

名詞（形容詞）と結合する複合動詞の例

ادا کرنا（adā karnā）支払う　ادھار لینا（udhār lēnā）借りる

استعمال کرنا（iste‘māl karnā）使用する　اشارہ کرنا（ishāra karnā）合図する

اصلاح دینا（islāh dēnā）改正する　اطلاع دینا（ittelā‘ dēnā）通知する

اعتقاد رکھنا（e‘teqād rakhnā）信頼する　الزام لگانا（ilzām lagānā）非難する

امتحان دینا（imtehān dēnā）試験を受ける　انتقال کرنا（inteqāl karnā）死去する

اندازہ لگانا（andāza lagānā）推測する　انکار کرنا（inkār karnā）拒否する

برآمد کرنا（bar-āmad karnā）輸出する　برخاست کرنا（bar-khāst karnā）解雇する

بوسہ دینا（bōsa dēnā）キスする　پناہ لینا（panāh lēnā）避難する

پیدا ہونا（paidā hōnā）生まれる　ترقی کرنا（taraqqī karnā）進歩する

تسلی دینا	(tasallī dēnā) 慰める	تعلیم دینا	(ta'līm dēnā) 教育する
جواب دینا	(jawāb dēnā) 答える	حصہ لینا	(hissa lēnā) 参加する
ختم ہونا	(khatam hōnā) 終わる	شروع ہونا	(shurū' hōnā) 始まる
کام کرنا	(kām karnā) 働く	کم کرنا	(kam karnā) 減らす
کوشش کرنا	(kōshish karnā) 努力する	مدد دینا	(madad dēnā) 助ける
منع کرنا	(mana' karnā) 禁止する	وعدہ کرنا	(wa'da karnā) 約束する
یاد آنا	(yād ānā) 思い出す	یاد رکھنا	(yād rakhnā) 覚えておく
یقین ماننا	(yaqīn mānnā) 確信する		

10）A，P，U 繋辞動詞（be 動詞）

P の كما كان (kamā kān)「かつてあったように」，كن فيكون كردن (kon fa-yakūn kardan)「絶滅させる」とか，U の نیست و نابود کرنا (nēst-o-nābūd karnā)「破壊する」，ہستی (hastī)「存在」，نیستی (nēstī)「無」などの表現は，P の場合は A の繋辞動詞 كان (kāna) に由来し，U の場合は P の繋辞動詞 بودن (būdan) に由来している。三言語の繋辞動詞はそれぞれ独自の活用をし，三者間になんの関連もないが，後述する時制と密接な関係があるので，ここでまとめて略述しておくことにする。

i） A 繋辞動詞 كان (kāna)

A が現在形において P，U と非常に異なる点は次の A，P，U の文例を対照すれば明白である。

「これは本です」

A	هٰذا كتاب.	(hādhā kitāb)
P	این کتاب است.	(īn ketāb ast)
U	یہ کتاب ہے ۔	(yeh kitāb hai)

「私は日本人です」

A　أنا يابانى.（'ana yābānī）

P　من ژاپنی هستم.（man z̲h̲āponī hastam）

U　میں جاپانی ہوں ۔（maiṇ jāpānī hūṇ）

※ A においては繋辞動詞の現在形は省略されてなく，表現されない。しかし過去形は表現される。

「その家は大きかった」

A　كان البيت كبيراً.（kāna-l-bayt kabīran）

P　آن خانه بزرگ بود.（ān k̲h̲āne bozorg būd）

U　وه گھر بڑا تھا ۔（voh ghar baṛā thā）

كانの完了形（過去形）

		単　数	双　数	複　数
三人称	男	كان（kāna）	كانا（kānā）	كانوا（kānū）
	女	كانت（kānat）	كانتا（kānatā）	كن（kunna）
二人称	男	كنت（kunta）	كنتما（kuntumā）	كنتم（kuntum）
	女	كنت（kunti）		كنتن（kuntunna）
一人称		كنت（kuntu）		كنا（kunnā）

كانの未完了形

		単　数	双　数	複　数
三人称	男	يكون (yakūnu)	يكونان (yakūnānī)	يكونون (yakūnūna)
	女	تكون (takūnu)	تكونان (takūnāni)	يكن (yakunna)
二人称	男	تكون (takūnu)	تكونان (takūnāni)	تكونون (takūnūna)
	女	تكونين (takūnīna)		تكن (takunna)
一人称		أكون ('akūnu)		نكون (nakūnu)

※未完了形は未来形の意を表す。

كانの命令形

二人称男性単数　　كن (kun)

二人称女性単数　　كوني (kūnī)

二人称双数　　كونا (kūnā)

二人称男性複数　　كونوا (kūnū)

二人称女性複数　　كن (kunna)

كانの用法

※ كانの補語は対格になる。

例　.كان حسن طالباً (kāna ḥasan ṭāliban) ハサンは学生だった

※ كانは助動詞的にも用いられる。

① كان完了形＋動詞完了形　→　過去完了形

② كان完了形＋動詞未完了形　→　過去進行形

③ كان未完了形＋動詞完了形 → 未来完了形

用例

① كان زيد ذهب. (kāna zayd dhahaba)
ザイドはすでに行っていた

② كان يشرب قهوة. (kāna yashrabu qahwa)
彼はコーヒーを飲んでいた

③ يكون علی رجع. (yakūnu ʻalī rajaʻa)
アリーは帰ってしまっていよう

※ كانの否定には前に ما（mā）をつけて表す。

既述のようにAにはbe動詞現在形は省略されてないが，be動詞の現在否定形（～ではない）を表す動詞はある。これは後述するPの現在否定形に相当する。

現在否定動詞 ليس（laysa）

		単　数	双　数	複　数
三人称	男	ليس（laysa）	ليسا（laysā）	ليسوا（laysū）
	女	ليست（laysat）	ليستا（laysatā）	لسن（lasna）
二人称	男	لست（lasta）	لستما（lastumā）	لستم（lastum）
	女	لست（lasti）		لستن（lastunna）
一人称		لست（lastu）		لسنا（lasnā）

※ laysaはkānaと同じように補語は対格になり，また補語に前置詞 بـ

(bi-) をつけることもある。

用例

.ليس مدرساً (laysa mudarrisan) 彼は先生ではない

.لست بعالم (lastu bi-‘ālim) 私は学者ではない

※ laysa は لا (lā) と同じように単純否定副詞として用いられることもある。

用例

.لست أعلم شيئاً عن ذلك (lastu ’a‘lam shay’an ‘an dhālika)
私はそれについてなにも知らない

ii) P 繋辞動詞 بودن (būdan)

بودن の過去形

	単　数	複　数
一人称	بودم (būdam)	بوديم (būdīm)
二人称	بودی (būdī)	بوديد (būdīd)
三人称	بود (būd)	بودند (būdand)

※語幹に人称語尾をつければ機械的にできる

※打消形は نـ (na-) をつければよい。

例

نبودم (na-būdam), 　نبود (na-būd), 　نبوديد (na-būdīd)

過去形活用はきわめて簡単であるが，現在形は印欧諸語の be 動詞変化と同じようにやや複雑で用法・意味によって三種類ある。

بودن の現在形第一変化

	単　数	複　数
一人称	(ا) م（am）	(ا) يم（īm）
二人称	(ا) ى（ī）	(ا) يد（īd）
三人称	است（ast）	(ا) ند（and）

※三人称単数を除き，他は接尾辞のように前にくる名詞，代名詞，形容詞と結合される。この場合，ا は省かれる。前にくる語の語尾が発音されない ـه（-e）である場合には ا をつける。

用例

خوشوقتم.（<u>kh</u>o<u>sh</u>-vaqtam）私はうれしい

گرفتاريد.（gereftārīd）あなたは忙しい

مشهورند.（ma<u>sh</u>hūrand）彼らは有名です

گرسنه‌ام.（gorosne-am）私は空腹です

خسته‌ايد.（<u>kh</u>aste-īd）あなたは疲れている

※ است の前に ـا（-ā），ـو（-ū）で終わる語がくると，ا は省かれることが多い。

پدر شما كجاست؟（pedare <u>sh</u>omā kojā-st）
おなたのお父さんはどこですか

اين كتاب مال اوست.（īn ketāb māle ū-st）この本は彼のものです

بودن の現在形第二変化

	単　数	複　数
一人称	هستم (hastam)	هستیم (hastīm)
二人称	هستی (hastī)	هستید (hastīd)
三人称	هست (hast)	هستند (hastand)

※第二変化は第一変化に比べて強調的な表現であるとともに,「存在する, …がある」の意を表す。

用例

من ژاپنی هستم. (man zhāponī hastam) 私は日本人です

خدا هست. (khodā hast) 神は存在する

※第一, 第二変化とも否定形は同じである。

بودن の現在否定形

	単　数	複　数
一人称	نیستم (nīstam)	نیستیم (nīstīm)
二人称	نیستی (nīstī)	نیستید (nīstīd)
三人称	نیست (nīst)	نیستند (nīstand)

用例

من پولدار نیستم. (man pūl-dār nīstam) 私は金持ちではない

در اینجا هیچ کس نیست. (dar īnjā hīch kas nīst) ここにはだれもいない

بودن の現在形第三変化

	単　数	複　数
一人称	می‌باشم（mī-bāsham）	می‌باشیم（mī-bāshīm）
二人称	می‌باشی（mī-bāshī）	می‌باشید（mī-bāshīd）
三人称	می‌باشد（mī-bāshad）	می‌باشند（mī-bāshand）

※第三変化は強意を表し，主に文語に用いられる。否定形は نمی‌باشم（nemī-bāsham），نمی‌باشد（nemī-bāshad）…になる。

بودن の命令形は باش（bāsh），باشید（bāshīd），否定形は نباش（na-bāsh），نباشید（na-bāshīd），願望形は باد（bād）である。

用例

زود باش.（zūd bash）急げ

خسته نباش.（khaste na-bāsh）お疲れさま

راحت باشید.（rāhat bāshīd）どうぞお楽に

نگران نباش.（negarān na-bāsh）心配するな

زنده باد！（zende bād）万歳！

مرده باد！（morde bād）くたばれ！

iii）U 繫辞動詞 ہونا（hōnā）

ہونا には P بودن の他に شدن（…になる）の二つの意味があり，現在形は同一であるが，過去形は意味によって異なる。例えば

میں بیمار ہوں ۔（maiṇ bīmār hūṇ）私は病気です

میں بیمار تھا ۔ (maiṇ bīmār thā) 私は病気だった

میں بیمار ہوا ۔ (maiṇ bīmār huā) 私は病気になった

ہونا の現在形

	単　数	複　数
一人称	میں ہوں (maiṇ hūṇ)	ہم ہیں (ham haiṇ)
二人称	تو ہے (tū hai) آپ ہیں (āp haiṇ)	تم ہو (tum hō) آپ لوگ ہیں (āp lōg haiṇ)
三人称	وہ ہے (voh hai)	وہ ہیں (voh haiṇ)

※現在形には性別はない。

※否定形は ہونا の変化の前に否定詞 نہیں (nahīṇ) をつけて表す。

میں پاکستانی نہیں ہوں ۔ (maiṇ pākistānī nahīṇ hūṇ)
私はパーキスタン人ではない

ہونا の過去形（I）

	単　数（女）	複　数（女）
一人称	میں تھا (تھی) (maiṇ thā (thī))	ہم تھے (ham thē)
二人称	تو تھا (تھی) (tū thā (thī)) آپ تھے (تھیں) (āp thē (thīṇ))	تم تھے (تھیں) (tum thē (thīṇ)) آپ لوگ تھے (تھیں) (āp lōg thē (thīṇ))
三人称	وہ تھا (تھی) (voh thā (thī))	وہ تھے (تھیں) (voh thē (thīṇ))

※一人称複数は男性形が女性形をも兼用する。

※ ā，ē，ī の原則通り，thā，thē，thī，thīṇ になっている。

ہونا の過去形（II）

	単　数（女）	複　数（女）
一人称	میں ہوا (ہوئی)（main̤ huā（hu'ī））	ہم ہوئے（ham hu'ē）
二人称	تو ہؤا (ہوئی)（tū huā（hu'ī）） آپ ہوئے (ہوئیں)（āp hu'ē（hu'īṇ））	تم ہوئے (ہوئیں)（tum hu'ē（hu'īṇ）） آپ لوگ ہوئے (ہوئیں)（āp lōg hu'e（hu'īṇ））
三人称	وہ ہؤا (ہوئی)（voh huā（hu'ī））	وہ ہوئے (ہوئیں)（voh hu'ē（hu'īṇ））

※この形は（…になった）を意味し，複合動詞に用いられることが多い。例えば حاضر ہونا（hāzir hōnā）出席する，پیدا ہونا（paidā hōnā）生まれる，ختم ہونا（khatam hōnā）終わる，شروع ہونا（shurū' hōnā）始まる，معلوم ہونا（ma'lūm hōnā）分かる

用例

میری چھوٹی بہن کراچی میں پیدا ہوئی -
（mērī chhōṭī bahin karāchī meṇ paidā hu'ī）
私の妹はカラチで生まれた

آپ کا کام کتنے بجے ختم ہوا ؟（āp ka kām kitnē bajē khatam huā）
あなたの仕事は何時に終わったか

※過去形（I）（II）の打消形は現在形と同じように否定詞 نہیں（nahīṇ）をつけて表す。نہ（na）をつけることもある。

用例

اس وقت میں بھوکا نہیں تھا -（us waqt main̤ bhūkā nahīṇ thā）
その時私は空腹ではなかった

میرا دوست اس جلسے میں حاضر نہیں ہوا ۔

(mērā dōst is jalsē meṇ hāzir nahīṇ huā)

私の友人はこの会合に出席しなかった

※ A كان の接続法，要求法，P بودن の未来形，仮説法現在形（完了形），U ہونا の不確定未来形，未来形などについてはそれぞれの文法書を参照されたい。

11）A，P，U 時制と活用

今から半世紀以上も前，大戦末期の頃，U と P を学んでいた筆者は 13 世紀ペルシアの大詩人サアディーの名著 Golestān（ばら園）を読んだ時，第 1 章第 1 話で

إذا يئس الإنسان طال لسانه كسنور مغلوب يصول على الكلب

（'idhā ya'isa-l-'insānu ṭāla lisānuhu ka-sinnawri maghlūbin yaṣūlu 'ala-l-kalbi）

という A 詩に直面して唖然となった。それまでに学んだ U，P の知識ではなにも分からなかったからである。同書中には多くの A 文章や詩が挿入されていて A の知識なくしては完全な理解は不可能であると痛感した。ちなみに上の詩の意味は「人が望みを失うと，その舌はのびる（言いたい放題に言う），あたかも追いつめられた猫が犬に襲いかかるように」。

A 文法の初歩的な知識があればなんでもない簡単な詩であるが，当時の筆者にとってはとても理解できなかったことが思い出される。

A，P，U 時制と活用がどうなっているかを一応予め知り理解しておくことは，既習言語から他の言語学習に移る時に大いに役に立つと思うので対照文法の枠外ではあるが基本的な時制と活用を採り上げることにする。三言語の活用がいかに大きく異なるかを知っておくのも新しい学習の一助になろう。これまでも度々述べてきたように，本書は A，P，U それぞれの文法書ではないので，ここでの記述も必要最少限にとどめる。例えば A の場合，原形規則動詞にとどめ，不規則動詞や派生形の活用，接続法，要求法などは割愛する。それぞれ

の文法書を参照されたい。

イランではイスラーム革命後，イスラーム重視のためにコーランの言語アラビア語教育が憲法で必須科目に定められた。その結果，生徒・学生たちは文系，理系を問わず中学以上でペルシア語とは全く異質のアラビア語の授業を受け，A文法特に動詞の活用を必死になって暗記し，アラビア語，特にコーランの理解に努めている。支配階級になった聖職者たちは教育課程において最も重点を置かれるアラビア語に精通し，発音はともかく，スピーチなどにおいては必ずアラビア語を引用している。

パーキスタンにおいてもアラビア語に精通している者は一般人であっても高い社会的評価と尊敬を受けていると筆者はかつてパーキスタンで聞いたことを思い出す。

i)　A規則動詞完了形（過去形）

كتب（kataba）書く

		単　数	双　数	複　数
三人称	男	كتب（kataba）	كتبا（katabā）	كتبوا（katabū）
	女	كتبت（katabat）	كتبتا（katabatā）	كتبن（katabna）
二人称	男	كتبت（katabta）	كتبتما（katabtumā）	كتبتم（katabtum）
	女	كتبت（katabti）		كتبتن（katabtunna）
一人称		كتبت（katabtu）		كتبنا（katabnā）

※第三語根のどれが子音になるか，すなわち三人称女性複数，二人称単，双，複数，一人称単，複の第三語根が子音になることをしっかり覚えてリズミカルに記憶練習すれば活用は決して難しくない。二人称単数，一人称単数の語尾がa，i，uになることも覚えやすく，二人称双

数，複数語尾は分離人称代名詞 أنتما（'antumā），أنتم（'antum），أنتن（'antunna）の（'an）を除けば活用の語尾と一致する。

※完了形の否定には主として ما（mā）をつけて表す。

例

.ما ذهبت الى المدرسة أمس（mā dhahabtu ilal-madrasa 'amsi）

私は昨日学校に行かなかった

※古典の例外を除いて，A 完了形が P，U の文に現れることはない。

ii） A 規則動詞未完了形（現在形）

		単　数	双　数	複　数
三人称	男	يكتب（yaktubu）	يكتبان（yaktubāni）	يكتبون（yaktubūna）
	女	تكتب（taktubu）	تكتبان（taktubāni）	يكتبن（yaktubna）
二人称	男	تكتب（taktubu）	تكتبان（taktubāni）	تكتبون（taktubūna）
	女	تكتبين（taktubīna）		تكتبن（taktubna）
一人称		أكتب（'aktubu）		نكتب（naktubu）

※第一語根はすべて子音になる。

※第二語根の短母音は a，i，u のいずれかになり，命令形にも密接に関係するので動詞の一つ一つ短母音を記憶せねばならない。

※派生形は活用が一定しているので，短母音を一つ一つ覚える必要はないが，不規則動詞の派生形の活用には初学者はよく注意すべきである。

※未完了形の否定には主として لا をつけて表す。

例

.لا أذهب（lā ’adhhabu）私は行かない

.لا يعرف（lā ya‘rifu）彼は知らない

※活用は省略したが，接続法の否定には لن（lan），要求法の否定には لم（lam）が用いられる。

例

.لن يذهب（lan yadhhaba）彼は決して行かないだろう

.لم يغسل يديه（lam yaghsil yadayhi）彼は手を洗わなかった

※ P の複合形容詞 لا يتغير（lā-yataghayyar）「不変の」，لا يتناهى（lā-yatanāhī）「無限の」，لا يزال（lā-yazāl）「永久の」，لا يموت（lā-yamūt）「不滅の」，لا ينحل（lā-yanhall）「未解決の」などは元来三人称男性単数未完了形で，A では決して形容詞には用いられない。لم يزرع（lam-yazra‘）「不毛の」の لم も同様である。

※ U では上述のような形容詞は使われない。

iii）A 未来形

未来形は未完了形を知っていれば簡単にできる。未完了形の前に سوف（sawfa）を置くか，ـسـ（sa-）を接頭辞のように未完了形に結合すれば未来形ができる。

例

.سوف أذهب الى المكتبة غداً（sawfa ’adhhabu ilal-maktaba ghadan）
私は明日図書館に行くだろう

.سيزورك غداً（sa-yazūru-ka ghdan）
彼は明日あなたを訪問するだろう

12）A，P，U 受動態

A 受動分詞が P，U において名詞，形容詞としてよく用いられることは既に述べた通りであるが，受動態については未だ述べていない。そこで A，P，U それぞれの受動態を対照してみたい。三言語に共通する原則は，文中に行為者（動作の主体）が明示される場合には受動態は用いられず，能動態で表現されることである。そこで「私は彼に打たれた」という文は「彼は私を打った」と表現される。P，U においては例外的な表現もあるが後述する。

A，P，U 受動態で A と P，U では表現方法に根本的な相違がある。A では原則として能動態と受動態の文字は同じで，短母音の変化によって能動態が受動態に変わるのに対して，P では過去分詞に شدن（shodan），U では جانا（jānā）をつけて作られる。例をあげると，

A　قتل（qatala）彼は殺した　　قتل（qutila）彼は殺された

P　کشتن（koshtan）殺す　　او کشته شد.（ū koshte shod）彼は殺された

U　مارنا（mārnā）殺す　　وه مارا گیا.（voh mārā gayā）彼は殺された

A　يقتل（yaqtulu）彼は殺す　　يقتل（yuqtalu）彼は殺される

P　کشتن　　او کشته می‌شود.（ū koshte mī-shavad）彼は殺される

U　مارنا　　وه مارا جاتاہے.（voh mārā jātā hai）彼は殺される

※ P においては …به دست（be-daste…）「…の手で」，…به وسیله（be-vasīleye…）「…の手段で」，…از（az…）「…で」等により，U では

سے… (…se)「…で」, کے ہاتھ سے… (…ke hāth se)「…の手で」, کی طرف (جانب) سے… (…ki taraf (jānib) se)「…の側から」等の表現で行為者が明らかな場合でも受動態で表現されることがある。

Pの用例

این خانه به دست نجار ساخته شد. (īn khāne be-daste najjār sākhte shod)
この家は大工に建てられた

بیمار به وسیله آمبولانس به بیمارستان فرستاده شد.
(bīmār be-vasīleye āmbūlans be-bīmārestān ferestāde shod)
病人は救急車で病院に送られた

Uの用例

میرا دوست دشمن کے ہاتھ سے مارا گیا ۔
(mērā dōst dushman ke hāth se mārā gayā)
私の友人は敵の手で殺された

i) P過去形

不定法の語尾 ـن (-an) を除くと語幹（過去根）が例外なくできる。語幹は三人称単数過去形である。語幹に人称語尾をつければ過去形が規則的にできる。

人称語尾

	単　数	複　数
一人称	ـم (-am)	ـیم (-īm)
二人称	ـی (-ī)	ـید (-īd)
三人称	——	ـند (-and)

用例

رفتن（raftan）行く　語幹 رفت（raft）

	単　数	複　数
一人称	رفتم（raftam）	رفتیم（raftīm）
二人称	رفتی（raftī）	رفتید（raftīd）
三人称	رفت（raft）	رفتند（raftand）

※ نـ（na-）をつければ否定形になる。

نرفتم（na-raftam），نرفتی（na-raftī），نرفت（na-raft）…

※語幹が آـ（ā-）で始まる語の否定形は نیاـ（nayā-）になる。

例　آمد（āmad）彼は来た → نیامد（nayāmad）彼は来なかった

※語幹が اـ（a-），（o-）で始まる語の否定形は ا が省かれ，نیـ（naya-, nayo-）になる。

例　انداخت（andā<u>kh</u>t）→ نینداخت（nayandā<u>kh</u>t）彼は投げなかった

افتاد（oftād）→ نیفتاد（nayoftād）彼は落ちなかった

※過去形に接頭辞 میـ（mī-）をつけると過去進行形（…していた，…したものだった）ができる。

例　.می‌رفتم（mī-raftam）私は行っていた，行ったものだった

نمیـ（nemī-）をつければ否定形になる。

ii）P 現在形

過去形は上述のようにきわめて規則的で平易であるが，現在形は過去形と同じように活用は簡単であるが，動詞一つ一つについてその語根（現在根）を知

らねばならない。語根は既述の通りで，語根は現在形，命令形，仮説法現在形表現に用いられ，P 時制の根幹を成している。

人称語尾

	単　数	複　数
一人称	ـم (-am)	ـیم (-īm)
二人称	ـی (-ī)	ـید (-īd)
三人称	ـد (-ad)	ـند (-and)

※三人称単数 ـد (-ad) がふえただけで，他は過去形語尾と同じである。

用例

رفتن (raftan)　語根 رو (rav)

	単　数	複　数
一人称	می‌روم (mī-ravam)	می‌رویم (mī-ravīm)
二人称	می‌روی (mī-ravī)	می‌روید (mī-ravīd)
三人称	می‌رود (mī-ravad)	می‌روند (mī-ravand)

※現在形には接頭辞 میـ (mī-) をつける。نمیـ (nemī-) をつければ否定形になる。نمی‌روم (nemī-ravam)，نمی‌روی (nemī-ravī)，نمی‌رود (nemī-ravad) …

※ داشتن (dāshtan) 語根 دار (dār) 持つ，は例外として می, نمی をつけない。

※語根の語尾が ـا (-ā), ـو (-ū) で終わる語は人称語尾の前に ی (y) を挿入する。

例

آمدن (āmadan) 語根 آ (ā)　　　　می‌آیم (mī-āyam) 私は来る

گفتن (goftan) 語根 گو (gū)　　　　می‌گویم (mī-gūyam) 私は言う

iii) P未来形

未来形は語幹の前に未来を表す助動詞をつける。

未来形助動詞

	単　数	複　数
一人称	خواهم (khāham)	خواهیم (khāhīm)
二人称	خواهی (khāhī)	خواهید (khāhīd)
三人称	خواهد (khāhad)	خواهند (khāhand)

用例

رفتن 未来形

	単　数	複　数
一人称	خواهم رفت (khāham raft)	خواهیم رفت (khāhīm raft)
二人称	خواهی رفت (khāhī raft)	خواهید رفت (khāhīd raft)
三人称	خواهد رفت (khāhad raft)	خواهند رفت (khāhand raft)

※語幹は不変である。

※助動詞に نـ (na-) をつければ否定形になる。

例　نخواهم رفت (na-k͟hāham raft), نخواهد رفت (na-k͟hāhad raft)

※口語では未来形はあまり用いられず,現在形で代用することが多いが,文語やニュースなどではよく用いられる。

iv) P 仮説法現在形

仮説法現在形は現在形の接頭辞 مىـ (mī-) を除き，その代わりに بـ (be-) をつければ規則的にできる。

用例

رفتن 仮説法現在形

	単　数	複　数
一人称	بروم (be-ravam)	برويم (be-ravīm)
二人称	بروى (be-ravī)	برويد (be-ravīd)
三人称	برود (be-ravad)	بروند (be-ravand)

※ be の代わりに نـ (na-) をつければ否定形になる。

例　نروم (na-ravam), نروى (na-ravī), نرود (na-ravad) …

بودن 仮説法現在形

	単　数	複　数
一人称	باشم (bās͟ham)	باشيم (bās͟hīm)
二人称	باشى (bās͟hī)	باشيد (bās͟hīd)
三人称	باشد (bās͟had)	باشند (bās͟hand)

※ نـ (na-) をつければ否定形になる。

例 نباشم (na-bā<u>sh</u>am), نباشی (na-bā<u>sh</u>ī), نباشد (na-bā<u>sh</u>ad) …

仮説法現在形はU未確定未来形と用法はほぼ同じで，非常に多く用いられる時制でP学習には不可欠である。用法は多岐にわたり，条件，可能，目的，不確定，希望，願望などさまざまであり，一人称単数では「～してもよいですか」，「～しましょうか」など相手の許しを求めたり，「～だろう」と疑念，推測などを表し，一人称複数では「～しましょう」の意を表す。詳しい用法や例文はP文法書を参照されたい。参考までに若干の例文をあげておこう。

بروم یا نروم. (be-ravam yā na-ravam) 行こうか，行くまいか

برویم. (be-ravīm) さあ，行きましょう

این مجله را بخوانم؟ (īn majalle rā be-<u>kh</u>ānam)
この雑誌を読んでもいいですか

امیدوارم حال شما خوب باشد. (omīdvāram hāle-<u>sh</u>omā <u>kh</u>ūb bā<u>sh</u>ad)
お元気のことと思います

می خواهم این خانه را بخرم. (mī-<u>kh</u>āham īn <u>kh</u>āne rā be-<u>kh</u>aram)
私はこの家を買いたい

نمی تواند فارسی حرف بزند. (nemī-tavānad fārsī harf be-zanad)
彼はペルシア語が話せない

v) P完了形

Pでは語幹（過去根），語根（現在根），過去分詞が時制を表す三大要素である。完了形には現在完了形，過去完了形，仮説法完了形があり，未来完了形はなく現在完了形で代用する。完了形は過去分詞＋ بودن の変化によって作られる。

現在完了形　　過去分詞＋ بودن 現在形第一変化

用例

من به ایران رفته‌ام. (man be-īrān rafte-am)

私はイランに行ったことがある

این کتاب را خوانده‌اید؟ (īn ketāb rā khānde-īd)

あなたはこの本を読んだことがありますか

過去完了形　　過去分詞＋ بودن 過去形

用例

وقتیکه رسیدم دوستم رفته بود. (vaqtīke resīdam dūstam rafte būd)

私が到着した時，友人は立ち去っていた

仮説法完了形　　過去分詞＋ بودن 仮説法現在形

用例

دیوانه شده باشد. (dīvāne shode bāshad) 彼は狂ったかもしれない

باید رفته باشد. (bāyad rafte bāshad) 彼は行ったにちがいない

※否定形は過去分詞に نـ (na-) をつける。

例　نکرده است (na-karde ast), نکرده بود (na-karde būd),

نکرده باشد (na-karde bāshad)

vi) P 受動態

受動態は他動詞の過去分詞に شدن (shodan) 語根 شو (shav) の人称変化，時制をつけて作られる。しかし داشتن (dāshtan) 持つ，کردن (kardan) する，からは受動態は作られない。

受動態過去形

زده شدن（zade shodan）打たれる

	単　数	複　数
一人称	زده شدم（zade shodam）	زده شدیم（zade shodīm）
二人称	زده شدی（zade shodī）	زده شدید（zade shodīd）
三人称	زده شد（zade shod）	زده شدند（zade shodand）

受動態現在形

	単　数	複　数
一人称	زده می‌شوم（zade mī-shavam）	زده می‌شویم（zade mī-shavīm）
二人称	زده می‌شوی（zade mī-shavī）	زده می‌شوید（zade mī-shavīd）
三人称	زده می‌شود（zade mī-shavad）	زده می‌شوند（zade mī-shavand）

※ شدن の変化の前に نـ（na-）をつけて否定形を作る。

例　زده نشدم（zade na-shodam），زده نمی‌شوم（zade nemī-shavam）

※受動態未来形は省略する。

i)　U 過去形

U の過去形は A，P のそれに比べるとやや複雑である。人称語尾は名詞，形容詞の ā，ē，ī の原則が適用されて簡単であるが，自動詞と他動詞では用法に大きな相違があり，一部の動詞は不規則な変化をするからである。原則的には不定法語尾 ـنا（-nā）を除いた語幹に主語の人称，性，数に応じた語尾，すなわち男性単数 ـا（-ā），男性複数 ـے（-ē），女性単数 ـی（-ī），女性複数 ـیں

(-īṇ) をつければ過去形ができる。

用例

چلنا (chalnā) 歩く　語幹 **چل** (chal)

	男(女)性単数	男(女)性複数
一人称	میں چلا (چلی) (maiṇ chalā (chalī))	ہم چلے (ham chalē)
二人称	تو چلا (چلی) (tū chalā (chalī)) آپ چلے (چلیں) (āp chalē (chalīṇ))	تم چلے (چلیں) tum chalē (chalīṇ)) آپ لوگ چلے (چلیں) (āp lōg chalē (chalīṇ))
三人称	وہ چلا (چلی) (voh chalā (chalī))	وہ چلے (چلیں) (voh chalē (chalīṇ))

※語幹が ـا (-ā), ـو (-ō) で終わる動詞の過去形語尾は男・単 ـیا (-yā), 男・複 ـئے (-'ē), 女・単 ـئی (-'ī), 女・複 ـئیں (-'īn) になる。

例

آنا (ānā) 来る　آیا (āyā)　آئے (ā'ē)　آئی (ā'ī)　آئیں (ā'īn)

رونا (rōnā) 泣く　رویا (rōyā)　روئے (rō'ē)　روئی (rō'ī)　روئیں (rō'īn)

※次の動詞は不規則過去形になる

不定法	語幹	男・単	男・複	女・単	女・複
جانا (jānā) 行く	جا	گیا (gayā)	گئے (ga'ē)	گئی (ga'ī)	گئیں (ga'īṇ)
دینا (dēnā) 与える	دے	دیا (diyā)	دئے (di'ē)	دی (dī)	دیں (dīṇ)

کرنا (karnā) する	کر	کیا (kiyā)	کئے (ki'ē)	کی (kī)	کیں (kīṇ)
لینا (lēnā) 取る	لے	لیا (liyā)	لئے (li'ē)	لی (lī)	لیں (līṇ)
ہونا (hōnā) なる	ہو	ہوا (huā)	ہوئے (hu'ē)	ہوئی (hu'ī)	ہوئیں (hu'īṇ)

※他動詞が過去形になると，主語に行為格を表す後置詞 نے (ne) がつけられる。نے がつくと主語は意味上だけの主語で，文法的には主格でなくなり，斜格（行為格）に変わり，過去形語尾は目的語の性，数に一致する。

用例

میں نے ایک خط لکھا ۔ (maiṇ ne ēk <u>kh</u>att likhā)
私は一通の手紙を書いた

میں نے تین خط لکھے ۔ (maiṇ ne tīn <u>kh</u>att likhē) 私は三通の手紙を書いた

آپ نے ایک کتاب پڑھی ۔ (āp ne ēk kitāb paṛhī)
あなたは一冊の本を読んだ

آپ نے تین کتابیں پڑھیں ۔ (āp ne tīn kitābēṇ paṛhīṇ)
あなたは三冊の本を読んだ

※ بولنا (bōlnā) 話す，بھولنا (bhūlnā) 忘れる，سمجھنا (samajhnā) 理解する，لانا (lānā) もって来る，は他動詞でも例外として نے をとらない。

※過去形の前に نہیں (nahīṇ) をつけると否定形ができる。

用例

میں کل وہاں نہیں گیا ۔ (maiṇ kal wahāṇ nahīṇ gayā)
私は昨日そこに行かなかった

اس نے کتاب نہیں پڑھی ۔ (us ne kitāb nahīṇ paṛhī)
彼(女)は本を読まなかった

ii) U現在形

現在形は過去形に比べると規則的で容易である。既述の現在分詞＋ ہونا (hōnā) の現在形で，現在形ができる。ただし女性複数の現在分詞 ـتیں (-tīṇ) は否定形のみに用いられ，肯定文では女性単数語尾と同じ ـتی (-tī) が用いられる。

用例

جانا (jānā) 行く　現在分詞 جاتا, جاتے, جاتی

	男(女)性単数	男(女)性複数
一人称	میں جاتا (جاتی) ہوں (maiṇ jātā (jātī) hūṇ)	ہم جاتے ہیں (ham jātē haiṇ)
二人称	تو جاتا (جاتی) ہے (tū jātā (jātī) hai) آپ جاتے (جاتی) ہیں (āp jāte (jātī) haiṇ)	تم جاتے ہو (tum jāte hō) آپ لوگ جاتے (جاتی) ہیں (āp lōg jātē (jātī) haiṇ)
三人称	وہ جاتا (جاتی) ہے (voh jātā (jātī) hai)	وہ جاتے (جاتی) ہیں (voh jāte (jātī) haiṇ)

※時制を問わず二人称女性複数は男性複数で代用され同一形になる。

※否定形は現在分詞の前に نہیں (nahīṇ) を置き，ہونا の人称変化を省く。

میں نہیں جاتا ۔ (maiṇ nahīṇ jātā) 私は行かない

ہم نہیں جاتے ۔ (ham nahīṇ jate) 我々は行かない

وہ نہیں جاتی ۔ (voh nahīṇ jātī) 彼女は行かない

وہ نہیں جاتیں ۔ (voh nahīṇ jātīṇ) 彼女らは行かない

iii) U完了形

現在完了形は過去分詞＋ہونا (hōnā) の現在形，過去完了形は過去分詞＋ہوناの過去形で作られる。他動詞の過去分詞の場合には主語に نے (ne) がつく。未来完了形は省く。

現在完了形の用例

میں پاکستان گیا ہوں ۔ (maiṇ pākistān gayā hūṇ)
私はパーキスタンに行ったことがある

کیا آپ نے یہ کتاب پڑھی ہے ؟ (kyā āp ne yeh kitāb paṛhī hai)
あなたはこの本を読んだことがありますか

過去完了形の用例

جب میں گھر واپس آیا تو وہ چلی گئی تھی ۔
(jab maiṇ ghar wāpas āyā to voh chalī ga'ī thī)
私が帰宅した時，彼女は既に立去っていた

iv) U不確定未来形

不確定未来形は性にかかわりなく，語幹に次の人称語尾をつけて作られる。用法はP仮説法現在形とほぼ同じである。

	単　数	複　数
一人称	ـوں (-ūṇ)	ـیں (-ēṇ)
二人称	ـے (-ē) ـیں (-ēṇ)	ـو (-ō) ـیں (-ēṇ)
三人称	ـے (-ē)	ـیں (-ēṇ)

用例

کرنا (karnā) する　語幹 کر

	単　数	複　数
一人称	میں کروں (maiṇ karūṇ)	ہم کریں (ham karēṇ)
二人称	تو کرے (tū karē) آپ کریں (āp karēṇ)	تم کرو (tum karō) آپ لوگ کریں (āp lōg karēṇ)
三人称	وہ کرے (voh karē)	وہ کریں (voh karēṇ)

※語幹の語尾が ـا (-ā), ـو (-ō, ū) で終わる語には ؤں, ئے, ئیں, ؤ とハムザがつけられる。

※ دینا (dēnā), لینا (lēnā), ہونا (hōnā) は不規則に変化する。

دینا → دوں (dūṇ)　دے (dē)　دو (dō)　دیں (dēṇ)

لینا → لوں (lūṇ)　لے (lē)　لو (lō)　لیں (lēṇ)

ہونا → ہوں (hūṇ)　ہو (hō)　ہو (hō)　ہوں (hōṇ)

※動詞の前に نہ (na) をつけて否定形を作る。

例

آپ لوگ وہاں نہ جائیں ۔ (āp lōg wahāṇ na jā'ēṇ)
あなたたちはそこに行かないように

v） U 未来形

未来形は不確定未来形の語尾に男・単 ـگا (-gā)，男・複 ـگے (-gē)，女・単・複 ـگی (-gī) をつけて作られる。

用例　کھانا (khānā) 食べる

	男(女)性単数	男(女)性複数
一人称	میں کھاؤں گا (گی) (maiṇ khā'ūṇ-gā (gī))	ہم کھائیں گے (ham khā'ēṇ-gē)
二人称	تو کھائے گا (گی) (tū khā'ē-gā (gī)) آپ کھائیں گے (گی) (āp khā'ēn-gē (gī))	تم کھاؤ گے (گی) (tum khā'ō-gē (gī)) آپ لوگ کھائیں گے (گی) (āp lōg khā'ēn-gē (gī))
三人称	وہ کھائے گا (گی) (voh khā'ē-gā (gī))	وہ کھائیں گے (گی) (voh khā'ēn-gē (gī))

※未来形の前に نہیں (nahīṇ) または نہ (na) を置いて否定形を作る。

例

میں یہ کام نہیں کروں گا ۔ (maiṇ yeh kām nahīṇ karūṇ-gā)
私はこの仕事をしないでしょう

vi） U 受動態

受動態は他動詞の過去分詞に جانا（jānā）の人称変化，時制をつけて作られる。

受動態過去形

مارا جانا（mārā jānā）殺される

	男(女)性単数	男(女)性複数
一人称	میں مارا گیا (maiṇ mārā gayā) میں ماری گئی (maiṇ mārī ga'ī)	ہم مارے گئے (ham mārē ga'ē)
二人称	تو مارا گیا (tū mārā gayā) تو ماری گئی (tū mārī ga'ī) آپ مارے گئے (āp māre ga'ē) آپ ماری گئیں (āp marī ga'īṇ)	تم مارے گئے (tum māre ga'ē) تم ماری گئیں (tum marī ga'īn) آپ لوگ مارے گئے (āp lōg mārē ga'ē) آپ لوگ ماری گئیں (āp lōg mārī ga'īṇ)
三人称	وہ مارا گیا (voh mārā gayā) وہ ماری گئی (voh mārī ga'ī)	وہ مارے گئے (voh māre ga'ē) وہ ماری گئیں (voh mārī ga'īṇ)

受動態現在形

	男(女)性単数	男(女)性複数
一人称	میں مارا جاتا ہوں (maiṇ mārā jātā hūṇ) میں ماری جاتی ہوں (maiṇ mārī jātī hūṇ)	ہم مارے جاتے ہیں (ham mārē jātē haiṇ)
二人称	تو مارا جاتا ہے (tū mārā jātā hai) تو ماری جاتی ہے (tū mārī jātī hai) آپ مارے جاتے ہیں (āp mārē jātē haiṇ) آپ ماری جاتی ہیں (āp mārī jātī haiṇ)	تم مارے جاتے ہو (tum mārē jātē hō) تم ماری جاتی ہو (tum mārī jātī hō) آپ لوگ مارے جاتے ہیں (āp log mārē jāte haiṇ) آپ لوگ ماری جاتی ہیں (āp log marī jātī haiṇ)
三人称	وہ مارا جاتا ہے (voh mārā jātā hai) وہ ماری جاتی ہے (voh mārī jātī hai)	وہ مارے جاتے ہیں (voh mārē jāte haiṇ) وہ ماری جاتی ہیں (voh mārī jātī haiṇ)

※受動態未来形は省略する。

※U受動態にはA，P受動態にはない用法がある。それは「不可能」や「強い否定」を受動態で表すことである。この場合には意味上の主格に سے がついて斜格になる。この表現には自動詞が受動態のように用いられることもある。

用例

اس سے یہ روٹی کھائی نہیں جاتی ۔ (us se yeh rōṭī khā'ī nahīṇ jātī)

彼にはこのパンはとても食べられない

مجھ سے پتھر کے فرش پر بیٹھا نہیں جاتا ۔

(mujh se patthar ke farsh par baiṭhā nahīṇ jātā)

私は石の床にとても座れない

(10) 前置詞・後置詞

A, Pにはそれぞれ本来の前置詞，Uには本来の後置詞があり，一見して前置詞と後置詞とでは全く無関係で対照にならないようであるが，AはPに，A, PはUにこれまで述べてきた品詞と同じようにかなりの影響を及ぼし，前置詞としてよりは，むしろ前置詞を含む複合語としてしばしば用いられている。

例えばパーセントを表すU فی صد（fī sad）はA فی المائة（fil-mi'a）とP در صد（dar sad）との混種語で，فی も در もA, Pの前置詞である。

一語だけから成る本来の単純前(後)置詞よりも，Aでは名詞から派生した対格形前置詞，Pでは二語以上から成る複合前置詞，Uでは複合後置詞の方がはるかに多い。まず，A, P, U本来の前(後)置詞を述べ，次いでA, P, Uのそれ以外の前(後)置詞を採り上げた後，AがPに，A, PがUにどのように用いられているかを対照してみよう。

1）A前置詞

Aの単純前置詞は次に接続する名詞（代名詞）との関係で，①非分離前置詞②分離前置詞に分類される。前置詞の次に来る名詞は属格になるが，ここでは語尾変化を省略する。

非分離前置詞

接頭辞のように直接名詞（代名詞）に結合される。

i） ب（bi）～で

بالسيارة（bi-ssayyāra）車で　　بالقاهرة（bil qāhira）カイロで

بالقطار（bil qitār）汽車で

باللغة العربية（bi-llugha-l-'arabīya）アラビア語で

ii）ل（li）～のために

لأمه（li-'ummihi）彼の母のために

لك（la-ka）あなたのために

※非分離人称代名詞に結合すると，لي（lī）以外は li が la に変わる。

iii）ت（ta），و（wa）～に誓って

والله（wa-llāh）神に誓って

iv）ك（ka）～のように

كحسن（ka-ḥasan）ハサンのように

分離前置詞

A 本来の独立形前置詞である。

i）إلى（'ilā）～へ，～まで

إلى المحطة（'ilal-maḥaṭṭa）駅へ

~من ~ إلى~（min~'ilā~）～から～まで

ii）حتى（ḥattā）～まで

حتى الفجر（ḥattal-fajr）夜明けまで

حتى الآن（ḥattal-ān）今まで

iii）على（ʻalā）～の上に

على الطاولة（ʻala-ṭṭāwila）テーブルの上に

عليكم（ʻalay-kum）あなた(あなたがた)の上に

※非分離人称代名詞と結合すると，ʻalā が ʻalay に変わる。

iv）عن（ʻan）～について，～から離れて

عن سليمان（ʻan sulaymān）ソロモンについて

عن المكتب（ʻanil maktab）事務所を去って

v）فى（fī）～の中に

فى البيت（fil bayt）家の中に　فى المساء（fil masāʼ）夕方に

vi）لدى（ladā）～のそばに

لديك（laday-ka）あなたのそばに

لدى（ladayya）私のもとに

vii）مع（maʻa）～とともに

مع أبى（maʻa ʼabī）私の父とともに

مع صديقك（maʻa ṣadīq-ka）あなたの友人とともに

viii）من（min）～から

من اليابان（minal yābān）日本から　منه（min-hu）彼から

ix）منذ（mun<u>dh</u>）～以来，～前に

منذ ذلك الوقت（mun<u>dh</u> <u>dh</u>ālikal waqt）その時以来

منذ يومين（mun<u>dh</u> yawmayni）二日前に

名詞派生対格前置詞

i）أمام（'amāma）～の前に（場所）

أمام القصر（'amāmal qaṣr）城の前に

ii）بعد（ba'da）～の後で（時間）

بعد الحفلة（ba'dal ḥafla）パーティーの後で

iii）بين（bayna）～の間に

بين مصر و لبنان（bayna miṣr wa lubnān）エジプトとレバノンの間に

iv）تجاه（tujāha）～に対して

تجاه العائلة（tujāhal 'ā'ila）家族に対して

v）تحت（taḥta）～の下に

تحت الشجرة（taḥta-<u>sh</u><u>sh</u>ajara）木の下に

vi）حول（ḥawla）～の周りに

حول المدينة（ḥawlal madīna）都市の周りに

vii）خارج（<u>kh</u>ārija）～の外に

خارج المطار（<u>kh</u>arijal maṭār）空港の外に

viii）خلف（<u>kh</u>alfa）～の後ろに

خلف ظهري（<u>kh</u>alfa ẓahrī）私の背後に

ix）داخل（dā<u>kh</u>ila）～の内部に

داخل الغرفة（dā<u>kh</u>ilal-<u>gh</u>urfa）部屋の内部に

x）دون（dūna）～のこちら側に

دون النهر（dūna-nnahr）川のこちら側に

بدون（bi-dūni）～なしで

xi）عند（‘inda）～のそばに

عند الباب（‘indal bāb）戸のそばに

xii）عوض（‘iwaḍa）～の代わりに

عوض ذلك（‘iwaḍa <u>dh</u>ālika）それの代わりに

xiii）فوق（fawqa）～の上方に

فوق السحاب（fawqa-ssaḥāb）雲の上に

xiv）قبل（qabla）～の前に（時間）

قبل الميلاد（qablal mīlād）紀元前

xv）قدام（quddāma）～の前に＝أمام

قدام البيت（quddāmal bayt）家の前に

xvi）نحو（naḥwa）～の方へ

نحو الغرب（naḥwal <u>gh</u>arb）西の方へ

xvii）وراء（warā’a）～の背後に

وراء الجبل（warā’al jabal）山の背後に

2）P前置詞

Pの前置詞にはezāfeをとらないP本来の単純前置詞，ezāfeをとる他品詞派生前置詞，二語以上から成る複合前置詞に分類することができる。

単純前置詞

i）از（az）～から

　　از ایران（az īrān）イランから

ii）با（bā）～とともに，～で

　　با شما（bā shomā）あなたとともに

　　با تاکسی（bā tāksī）タクシーで

iii）بر（bar）～の上に

　　بر صندلی（bar sandalī）椅子の上に

iv）برای（barāye）～のために

　　برای ژاپن（barāye zhāpon）日本のために

v）به（be）～へ，～で

　　به بازار（be bāzār）バザールへ

　　به فارسی（be fārsī）ペルシア語で

vi）بی（bī）～なしで

　　بی پول（bī pūl）金なしで

vii）تا（tā）～まで

تا شب（tā shab）夜まで

viii）جز（joz）～のほかに

جز این کتاب（joz īn ketāb）この本のほかに

ix）در（dar）～の中に

در این اتاق（dar īn otāq）この部屋の中に

※Ｐ単純前置詞は中世ペルシア語に由来する。

中世ペルシア語	近世ペルシア語
abar	بر（bar）
andar	در（dar）
abē	بی（bī）
abāg	با（bā）
az	از（az）
jud	جز（joz）
pad	به（be）
pad~rāy	برای（barāye）
tā	تا（tā）

他品詞派生前置詞（ezāfe をとる）

A 派生前置詞が対格になるのに対して，P 派生前置詞は ezāfe をとるのが対照的である。

i)　برابر（barābare）～の向かい側に

برابر آن عمارت（barābare ān ‘emārat）その建物の向かい側に

ii)　بغل（baghale）～のそばに

بغل پمپ بنزین（baghale pompe benzīn）ガソリンスタンドのそばに

iii)　بهر（bahre）～のために＝برای

iv)　بین（beine）～の間に

بین ایران و ژاپن（beine īrān o zhāpon）イランと日本の間に

v)　بیرون（bīrūne）～の外で

بیرون مدرسه（bīrūne madrese）学校の外で

vi)　پایین（pāyīne）～の下に

پایین درخت（pāyīne derakht）木の下に

vii)　پس（pase）～の後ろに

پس پرده（pase parde）カーテンの後ろに

viii)　پشت（poshte）～の後ろに

پشت خانه（poshte khāne）家の後ろに

ix) پیرامون (pīrāmūne) ～について

پیرامون این شهر (pīrāmūne īn shahr) この都市について

x) پیش (pīshe) ～のもとに

پیش او (pīshe ū) 彼のもとに

xi) تحت (tahte) ～の下で

تحت نظر استاد (tahte nazare ostād) 教授の指導の下で

xii) توی (tūye) ～の中に

توی اتاق (tūye otāq) 部屋の中に

xiii) جلو (jeloue) ～の前に

جلو خانه (jeloue khāne) 家の前に

xiv) دم (dame) ～のそばに

دم در (dame dar) 戸のそばに

xv) دنبال (donbāle) ～の後ろに

دنبال من (donbāle man) 私の後ろに

xvi) دور (doure) ＝ گرد

xvii) روی (rūye) ～の上に

روی میز (rūye mīz) テーブルの上に

xviii）زیر（zīre）～の下に

زیر درخت（zīre derakht）木の下に

xix）سر（sare）～の上に

سر میز（sare-mīz）テーブルに向かって

xx）سوی（sūye）～の方へ

سوی رودخانه（sūye rūdkhāne）川の方へ

xxi）کنار（kenāre）～のかたわらに

کنار جنگل（kenāre jangal）森のかたわらに

xxii）گرد（gerde）～の周りを

گرد خورشید（gerde khorshīd）太陽の周りを

xxiii）مانند（mānande）～のように

مانند خارجی（mānande khārejī）外人のように

xxiv）مثل（mesle）＝مانند

xxv）میان（miyāne）＝بین

xxvi）نزد（nazde）～の近くに

نزد ایستگاه（nazde īstgāh）駅の近くに

xxvii）نزدیک（nazdīke）＝نزد

xxviii) همراه (ham-rāhe) ～といっしょに

همراه دوست (ham-rāhe dūst) 友人といっしょに

<u>複合前置詞</u>

複合前置詞はＰ本来の単純前置詞と結合して用いられる前置句で，結合する語はＰもあればＡもあり，前置詞が結合語の前に来る場合も後に来る場合もあり，結合語が前置詞の後に来る場合には必ず ezāfe をとる。なお並列した複合前置詞は同意である。用例は省略する。

i) از と結合する複合前置詞

بیش از (bī<u>sh</u> az) ～以上＝ بیشتر از (bī<u>sh</u>tar az)

پس از (pas az) ～のあとに＝ بعد از (ba'd az)

پیش از (pī<u>sh</u> az) ～の前に＝ قبل از (qabl az)

خارج از (<u>kh</u>ārej az) ～の外に＝ بیرون از (bīrūn az)

غیر از (<u>gh</u>eir az) ～の他に＝ گذشته از (goza<u>sh</u>te az)

از حیث (az heise) ～の点で＝ از لحاظ (az lehāze)

از راه (az rāhe) ～経由で＝ از طریق (az tarīqe)

از بابت (az bābate) ～に関して

از برکت (az barakate) ～のおかげで

از طرف (az tarafe) ～の方から＝ از جانب (az jānebe)

از قرار (az qarāre) ～の割合で，～によれば

ii) با と結合する複合前置詞

با وجود (bā-vojūde) ～にかかわらず＝ با وصف (bā vasfe)

iii）بر と結合する複合前置詞

بر اثر（bar asare）～の結果＝در اثر（dar asare）

بر حسب（bar hasbe）～に従って＝بنا بر（banā bar）

بر خلاف（bar <u>kh</u>elāfe）～に反対して＝بر ضد（bar zedde）

علاوه بر（‘alāve bar）～の他に＝به علاوه

iv）به と結合する複合前置詞

راجع به（rāje‘ be）～に関して＝مربوط به（marbūt be）

نسبت به（nesbat be）～に比べて

به نسبت（be-nesbate）～の割合で

به استثنای（be estesnāye）～を除いて

بتوسط（be tavassote）～を通して

بجای（be jāye）～の代わりに

به خاطر（be <u>kh</u>ātere）～のために＝به جهت（be jehate）

بدست（be daste）～の手で，～によって

به رغم（be ra<u>gh</u>me）～にもかかわらず

به طرف（be tarafe）～の方へ＝به سمت（be samte）

به علت（be ‘ellate）～の理由で＝به سبب（be sababe）

به عنوان（be ‘onvāne）～として＝به سمت（be semate）

به نظر（be nazare）～の考えでは

به وسیله（be vasīleye）～によって（手段，方法）

v）در と結合する複合前置詞

در اثنای（dar asnāye）～の間に＝در طی（dar tayye）

در اطراف（dar atrāfe）～の周囲に

در باره（dar bāreye）～について＝در باب（dar bābe）

＝در خصوص（dar khosūse）

در حضور（dar hozūre）～の面前で

در حدود（dar hodūde）約

در طول（dar tūle）～に沿って

در ظرف（dar zarfe）～以内に

در عقب（dar ‘aqabe）～の後ろに

در عوض（dar ‘avaze）～の代わりに

در میان（dar miyāne）～の間に

در وسط（dar vasate）～の中央に

P 後置詞 را（rā）

P には中世ペルシア語 rāy に由来する唯一の後置詞 را がある。را は直接目的語が固有名詞や人称（指示）代名詞であったり，目的語に指示形容詞がついた場合に目的語の後につけられ，後述する U の کو（ko）と用法はほぼ同じである。

用例

من دیروز حسن را دیدم.（man dīrūz hasan rā dīdam）
私は昨日ハサンに会った

شما این کتاب را از کجا خریدید؟（shomā īn ketāb rā az kojā kharīdīd）
あなたはこの本をどこで買ったか

※古典では را は現在の用法よりはるかに広く用いられたが，ここでは説明を省略する。

3）U 後置詞

U の後置詞は本来の単純後置詞と A，P 系語を含む複合後置詞から成り，単純後置詞は H と共通している。

単純後置詞

i）　کا（ka），کے（ke），کی（ki）～の

次にくる名詞の性，数，格により変化する。

اس کا باپ（us ka bāp）彼の父

اس کے بیٹے（us ke bēṭe）彼の息子たち

اس کی گھڑی（us ki ghaṛī）彼の時計

اس کے کمرے میں（us ke kamrē meṇ）彼の部屋で

ii）　پر（par）～の上に

میز پر（mēz par）テーブルの上に

iii）　تک（tak）～まで

پاکستان تک（pākistān tak）パーキスタンまで

iv）　سے（se）～から

جاپان سے（jāpān se）日本から

v）　کو（ko）～を

آپ کو（āp ko）あなたを

vi）　میں（meṇ）～の中に

گھر میں（ghar meṇ）家の中に

vii）نے（ne）他動詞過去形参照（行為格）

複合後置詞

複合後置詞は前に کے がつくものと，کی につくものとに大きく分類される。سے がつくものもあるが کے，کی に比べれば非常に少ない。後置詞に続く語は U ばかりでなく，A，P 系の語も多い。用例は省略する。

i）　کے がつく複合後置詞

کے آگے（ke āgē）～の先に

کے اندر（ke andar）～の中に

کے اوپر（ke ūpar）～の上に

کے بارے میں（ke bārē meṇ）～について

کے باہر（ke bāhar）～の外に

کے باوجود（ke bāwujūd）～にもかかわらず

کے بعد（ke ba'd）～のあとに

کے بغیر（ke baghair）～なしに

کے پار（ke pār）～の向こうに

کے پاس（ke pās）～のそばに

کے پیچھے（ke pīchhē）～のうしろに

کے خلاف（ke khilāf）～に反対して

کے درمیان（ke darmiyān）～の間に

کے ذریعے（ke zarī'ē）～によって（手段）

کے ساتھ（ke sāth）～といっしょに

کے سامنے（ke sāmnē）～の前に

کے سبب（ke sabab）～の理由で

کے سوا（ke siwā）～を除いて

کے علاوہ（ke ‘ilāwa）～の他に

کے گرد（ke gird）～の周りに

کے لیے（ke liye）～のために

کے متعلق（ke muta‘alliq）～に関して

کے مطابق（ke mutābiq）～によると

کے نزدیک（ke nazdīk）～の近くに

کے نیچے（ke nīc͟hē）～の下に

کے واسطے（ke wāstē）～のために

ii）کیがつく複合後置詞

کی جگہ（ki jagah）～の代わりに

کی خاطر（ki k͟hātir）～のために

کی طرح（ki tarah）～のように

کی طرف（ki taraf）～の方へ

کی مانند（ki mānind）～のように

کی وجہ سے（ki wajah se）～の理由で

4）A，P，U 前(後)置詞対照

	A	P	U
～の中に	في (fī)	در (dar)	میں (meṇ)
～から	من (min)	از (az)	سے (se)
～の上に	على (‘alā)	بر (bar)	پر (par)
～と共に	مع (ma‘a)	با (bā)	کے ساتھ (ke sāth)
～で	ب (bi)	به (be)	سے (se), میں (meṇ)
～まで	حتى (ḥattā)	تا (tā)	تک (tak)
～を	対格	را (rā)	کو (ko)
～のために	ل (li)	برای (barāye)	کے لیے (ke liye)
～へ	إلى (’ilā)	به (be)	کو (ko)
～のように	ك (ka)	مانند (mānande)	کی مانند (ki mānind)

上に A，P，U 本来の前(後)置詞（一部は複合前(後)置詞）を表にして対照してみたが，A 前置詞が P で前置詞として単独に用いられることはきわめてまれである。إلى (’ilā) の از~الی~ (az~elā~)「～から～まで」や حتی「さえも」は例外的な用例である。A 単純前置詞は前置詞としてではなく，他の語と結合して副詞（句）として P で用いられることが多い。また A の名詞派生対格前置詞では対格が P の ezāfe に代わって複合前置詞として多く用いられている。

P における A 前置詞

i) ب (bi)〈A〉→ ب (be)〈P〉

بالتفصيل (be-ttafsīl) 詳細に　بالخصوص (bel-khosūs) 特に

ii)　ل（li）〈A〉→ ل（le）〈P〉

　　　　لذا（le-zā）それ故　　　　　لهذا（le-hāzā）それ故

iii)　ك（ka）〈A〉→ ک（ka）〈P〉

　　　　كذا（ka-zā）原文のまま

　　　　كما كان（ka-mā kān）かつてあったように

iv)　فى（fī）〈A〉→ فى（fī）〈P〉

　　　　فى الحال（fel-hāl）ただちに　　فى الواقع（fel-vāqe‘）実際は

v)　من（min）〈A〉→ من（men）〈P〉

　　　　من جمله（men jomle）その中に

من حيث المجموع（men heisol-majmū‘）全般的に

vi)　على（‘alā）〈A〉→ على（‘alā）〈P〉

　　　　على الاصول（‘alal osūl）原則として

　　　　على العموم（‘alal ‘omūm）一般に

vii)　إلى（’ilā）〈A〉→ الى（elā）〈P〉

　　　　الى آخر（elā ākhar）…等

　　　　الى الابد（elal abad）永遠に

viii)　مع（ma‘a）〈A〉→ مع（ma‘a）〈P〉

　　　　مع الواسطه（ma‘al vāsete）間接に

　　　　معذلک（ma‘a-zālek）それでも

ix) حتی (ḥattā) 〈A〉 → حتی (hattā) 〈P〉

حتی الامکان (hattal emkān) できる限り

= حتی المقدور (hattal maqdūr)

x) عن ('an) 〈A〉 → عن ('an) 〈P〉

عنقریب ('an qarīb) まもなく

xi) لدی (ladā) 〈A〉 → لدی (ladā) 〈P〉

لدی الوصول (ladal vosūl) 受け取り次第

Pにおける A 派生対格前置詞

A 派生対格前置詞は P においては対格語尾 a は落ちて ezāfe に変わり，複合前置詞や他の複合語として用いられている。

i) قبل (qabla) 〈A〉 → قبل از (qabl az) 〈P〉

ii) بعد (ba'da) 〈A〉 → بعد از (ba'd az) 〈P〉

iii) عند ('inda) 〈A〉 → عند ('end) 〈A〉

عند الامکان ('endal emkān) 可能な場合に

عند اللزوم ('endal lozūm) 必要な場合に

iv) فوق (fawqa) 〈A〉 → فوق (fouq) 〈P〉

فوق الذکر (fouqo-zzekr) 上述の

فوق العاده (fouqol 'āde) 臨時の

v) تحت (tahta) 〈A〉 → تحت (tahte) 〈P〉

vi) بين (bayna) 〈A〉 → بين (beine) 〈P〉

vii) حول (ḥawla) 〈A〉 → در حول (dar houle) 〈P〉

viii) خارج (khārija) 〈A〉 → خارج از (khārej az) 〈P〉

ix) داخل (dākhila) 〈A〉 → داخل (dākhele) 〈P〉

x) وراء (warā'a) 〈A〉 → در ورای (dar varāye) 〈P〉

xi) بدون (bi-dūni) 〈A〉 → بدون (be-dūne) 〈P〉

بدون آب (be-dūne āb) 水がなければ

xii) عوض (‘iwaḍa) 〈A〉 → در عوض (dar ‘avaze) 〈P〉

UにおけるA前置詞

PにおけるのとĀ同じようにUにおいてもA前置詞が前置詞としてそのまま用いられることはなく，他の語と結合した副詞（句）として用いられている。よく用いられる例を若干あげてみよう。

بالآخر (bil ākhir) ついに　　بالكل (bil kul) 全く

حتى الامكان (hattal imkān) できる限り

على الصباح (‘ala-ssabāh) 早朝に

عنقريب (‘an-qarīb) まもなく

فى صد (fī sad) パーセント

فی‌الحال (fil-hāl) もっか

فی کس (fī kas) 一人につき

معاً (ma‘an) いっしょに

منجانب (min jānib) ～の側から

P 複合前置詞と U 複合後置詞の対照

U 複合後置詞には前に کے をとるものと，کی をとるものとがあることは前述の通りであるが，これらを P 派生前置詞および複合前置詞（ともに ezāfe をとる）と対照すると，P の ezāfe や単純前置詞が U の کے, کی に変わったことは明らかである。例をあげて両者を対照してみよう。

P	U
در باره (dar bāreye)	کے بارے میں (ke bārē meṇ)
باوجود (bā-vojūde)	کے باوجود (ke bā-wujūd)
بعد از (ba‘d az)	کے بعد (ke ba‘d)
غیر از (gheir az)	کے بغیر (ke baghair)
در خلاف (dar khelāfe)	کے خلاف (ke khilāf)
در میان (dar miyāne)	کے درمیان (ke dar miyān)
به سبب (be sababe)	کے سبب (ke sabab)
به واسطه (be vāsteye)	کے واسطے (ke wāstē)
علاوه بر (‘alāve bar)	کے علاوه (ke ‘ilāwa)
گرد (gerde)	کے گرد (ke gird)
نزدیک (nazdīke)	کے نزدیک (ke nazdīk)
مطابق (motābeqe)	کے مطابق (ke mutābiq)

در نتیجه	(dar natījeye)	کے نتیجے میں	(ke natījē meṇ)
بجای	(be jāye)	کی جگہ	(ki jagah)
به خاطر	(be khātere)	کی خاطر	(ki khātir)
به طرف	(be tarafe)	کی طرف	(ki taraf)
مانند	(mānande)	کی مانند	(ki mānind)
از این وجه	(az īn vajh)	کی وجہ سے	(ki wajah se)
در یک آن	(dar yek ān)	کی آن میں	(ki ān meṇ)

西欧語の動詞と同じように，A，P，Uの動詞もそれぞれの動詞によって固有の前(後)置詞をとることが多い。それらは偶然に共通する場合もあるが，A系動詞の場合にはそれに伴う前置詞がAからPへ，PからUへと訳される場合もかなり多い。Aの動詞はP，Uでは動名詞，形容詞などに変わり複合動詞として用いられる。これらの例をあげればきりがないので，若干の例をあげて対照してみよう。

	A	P	U
～を恐れる	خاف من~ (khāfa min~)	از~ترسیدن (az~tarsīdan)	~ سے ڈرنا (~se ḍarnā)
～に頼む	طلب من~ (ṭalaba min~)	از~خواستن (az~khāstan)	~سے درخواست کرنا (~se darkhāst karnā)
～と異なる	اختلف عن~ (ikhtalafa ‘an~)	با~اختلاف داشتن (bā~ekhtelāf dāshtan)	~سے مختلف ہونا (~se mukhtalif hōnā)
～に頼る	اعتمد علی~ (i‘tamada ‘alā~)	بر~اعتماد کردن (bar~e‘temād kardan)	~پر اعتماد کرنا (~par e‘temād karnā)

～を含む	اشتمل على~ (ishtamala ʻalā~)	مشتمل بر~بودن (moshtamel bar~būdan)	~پر مشتمل ہونا (~par mushtamil hōnā)
～を誇る	افتخر ب~ (iftakhara bi~)	به~افتخار کردن (be~eftekhār kardan)	~پر فخر کرنا (~par fakhr karnā)
～に驚く	تعجب من~ (taʻajjaba min~)	از~تعجب کردن (az~taʻajjob kardan)	~پر تعجب کرنا (~par taʻajjub karnā)
～に言う	قال ل~ (qāla li~)	به~گفتن (be~goftan)	~سے کہنا (~se kahnā)
～に尋ねる	سأل~ (sa'ala~)	از~پرسیدن (az~porsīdan)	~سے پوچھنا (~se pūchhnā)
～について不平を言う	شكا من~ (shakā min~)	از~شکایت کردن (az~ shekāyat kardan)	~سے شکایت کرنا (~se shikāyat karnā)
～を禁止する	منع من~ (manaʻa min~)	از~منع کردن (az~manʻ kardan)	~سے منع کرنا (~se manaʻ karnā)
～に満足する	رضى عن~ (raḍiya ʻan~)	از~راضی بودن (az~rāzī būdan)	~سے راضی ہونا (~se rāzī hōnā)
～を示す	دل على~ (dalla ʻalā~)	بر~دلالت کردن (bar~dalālat kardan)	~پر دلالت کرنا (~par dalālat karnā)
～を恥じる	خجل من~ (khajila min~)	از~خجل شدن (az~khajel shodan)	~سے خجل ہونا (~se khajil hōnā)
～に参加する	اشترك في~ (ishtaraka fī~)	در~شرکت کردن (dar~sherkat kardan)	~میں شرکت کرنا (~meṇ shirkat karnā)
～に熟練する	ماهر في~ (māhir fī~)	در~ماهر بودن (dar~māher būdan)	~میں ماہر ہونا (~meṇ māhir hōnā)

～を後悔する	ندم على~ (nadima ‘alā~)	از~ندامت کشیدن (az~nadāmat kashīdan)	~سے ندامت کرنا (~se nadāmat karnā)
～を攻める	هجم على~ (hajama ‘alā~)	بر~هجوم کردن (bar~hojūm kardan)	~پر حملہ کرنا (~par hamla karnā)
～を欠席する	غاب عن~ (ghāba ‘an~)	از~غایب شدن (az~ghāyeb shodan)	~سے غیر حاضر ہونا (~se ghair hāzir hōnā)

(11) 副　詞

A，P，U にはそれぞれ本来の副詞があるが，それとともに P には A 系，U には A，P 系の副詞があり，いずれも日常多く用いられている。それぞれの副詞の記述に先立ち，対照のために「時」وقت (waqt/vaqt) に関する副詞を表示し，本来の副詞が互いにいかに相違しているかを示そう。

A，P，U 「時」に関する副詞

	A	P	U
いつ	متى (matā)	کی (kei)	کب (kab)
いま	الآن (al-ān)	اکنون (aknūn)	اب (ab)
昨日	أمس ('amsi)	دیروز (dīrūz)	کل (kal)
今日	اليوم (al-yawma)	امروز (emrūz)	آج (āj)
明日	غداً (ghadan)	فردا (fardā)	کل (kal)
一昨日	أول أمس ('awwal 'amsi)	پریروز (parīrūz)	پرسوں (parsōṇ)

明後日	بعد غد (ba'da ghad)	پسفردا (pas-fardā)	پرسوں (parsōṇ)
昨　夜	ليلة أمس (layla 'amsi)	ديشب (dīshab)	کل رات کو (kal rāt ko)
今　夜	الليلة (allayla)	امشب (emshab)	آج رات کو (āj rāt ko)
明　夜	ليلة غد (layla ghad)	فردا شب (fardā shab)	کل رات کو (kal rāt ko)
先　週	الأسبوع الماضى (al-'usbū'ul-māḍī)	هفته گذشته (hafteye-gozashte)	پچھلے ہفتے (pichhlē haftē)
今　週	هذا الأسبوع (hādhal-'usbū')	اين هفته (īn hafte)	اس ہفتے (is haftē)
来　週	الأسبوع القادم (al-'usbū'ul-qādim)	هفته آينده (hafteye āyande)	اگلے ہفتے (aglē haftē)
昨　年	السنة الماضية (as-sanatul-māḍiya)	پارسال (pārsāl)	پچھلے سال (pichhlē sāl)
今　年	هذه السنة (hādhihi-ssana)	امسال (emsāl)	اس سال (is sāl)
来　年	السنة القادمة (as-sanatul-qādima)	سال آينده (sāle āyande)	اگلے سال (aglē sāl)
将　来	فى المستقبل (fil-mustaqbal)	آينده (āyande)	آئندہ (ā'inda)
昼　に	نهاراً (nahāran)	در روز (dar rūz)	دن کو (din ko)

夜　に	ليلاً (laylan)	در شب (dar shab)	رات کو (rāt ko)
最　近	أخيراً ('akhīran)	اخيراً (akhīran)	آجکل (āj-kal)
その時	فى ذلك الوقت (fī dhālikal-waqt)	در آن وقت (dar ān vaqt)	اس وقت (us waqt)
なん時	كم الساعة (kami-ssā'a)	چه ساعتی (che sā'atī)	کتنے بجے (kitnē bajē)
3 時に	فى الساعة الثالثة (fis-sā'a-ththālisa)	در ساعت سه (dar sā'ate-se)	تین بجے پر (tīn bajē par)
3 時間	ثلاث ساعات (thalāth sā'āt)	سه ساعت (se sā'at)	تین گھنٹے (tīn ghanṭē)
朝早く	مبكراً (mubakkiran)	صبح زود (sobhe-zūd)	صبح سویرے (subah savērē)
時間通りに	فى الميعاد (fil-mī'ād)	سر ساعت (sare-sā'at)	وقت پر (waqt par)
毎　日	كل يوم (kulla yawmin)	هر روز (har rūz)	ہر روز (har rōz)
毎　年	كل سنة (kulla sana)	هر سال (har sāl)	ہر سال (har sāl)
いつも	دائماً (dā'iman)	هميشه (hamīshe)	ہمیشہ (hamēsha)
しばしば	مراراً (mirāran)	بارها (bār-hā)	اکثر (aksar)

時　々	أحياناً (’aḥyānan)	گاه‌گاهی (gāh-gāhī)	کبهی‌کبهی (kabhī-kabhī)

1）A 副詞

A 本来の単純副詞は少なく，名詞，形容詞を対格化したり，前置詞 ب（bi）を名詞につけて副詞句を作ったりする。それぞれに分類して記述しよう。

i）単純副詞

نعم（na‘am）はい　　　لا（lā）いいえ

هنا（hunā）ここに　　　هناك（hunāka）そこに

إذ（’i<u>dh</u>）その時　　　إذن（’i<u>dh</u>an）従って

فقط（faqaṭ）単に　　　أي（’ay）つまり

بل（bal）しかし

قد（qad）すでに（完了形とともに）

قط（qaṭṭ）決して〜でない（否定詞とともに）

بلى（balā）はい（否定疑問に対する肯定）

ii）ب＋名詞の副詞句

بسرعة（bi-sur‘a）速く，早く　　　بجد（bi-jidd）非常に

بسلام（bi-salām）無事に　　　بسهولة（bi-suhūla）たやすく

بكفاية（bi-kifāya）十分に　　　بحزن（bi-ḥuzn）悲しく

ببطء（bi-buṭ’）ゆっくり　　　بلذة（bi-la<u>dh</u><u>dh</u>a）楽しく

بالنيابة（bin-niyāba）代理で　　　بهدوء（bi-hudū’）安らかに

iii）対格形副詞

أحياناً（'aḥyānan）時々
أبداً（'abadan）決して～でない
أيضاً（'ayḍan）～もまた
باكراً（bākiran）朝早く
تدريجياً（tadrījīyan）次第に
تقريباً（taqrīban）約
جداً（jiddan）非常に
جزيلاً（jazīlan）大変
دائماً（dā'iman）いつも
رسمياً（rasmīyan）公式に
سريعاً（sarī'an）速く
شديداً（shadīdan）激しく
طبعاً（ṭab'an）もちろん
ظاهراً（ẓāhiran）表面上
عالمياً（'ālamīyan）世界的に
فجأةً（faj'atan）突然
فوراً（fawran）ただちに
قديماً（qadīman）昔に
قليلاً（qalīlan）少し
كثيراً（kathīran）多く
مثلاً（mathalan）例えば
نتيجةً（natījatan）結果として
نسبياً（nisbīyan）比較的
نهاراً（nahāran）昼に
وحيداً（waḥīdan）ひとりで
يساراً（yasāran）左へ
يميناً（yamīnan）右へ
يومياً（yawmīyan）毎日

iv）ما で終わる副詞

ربما（rubba-mā）おそらく
سرعان ما（sur'āna-mā）まもなく
قليلاً ما（qalīlan-mā）めったに～しない
كثيراً ما（kathīran-mā）しばしば
نادراً ما（nādiran-mā）まれに
قلما（qalla-mā）＝ قليلاً ما

2）P副詞

P本来の単純副詞の他に，複合副詞（副詞句），A系対格形副詞，A系複合副詞などがある。

i）　単純副詞

بله（bale），بلی（balī），آری（ārī）はい

نه（na），خیر（kheir），نخیر（na-kheir）いいえ

اکنون（aknūn）いま　　خیلی（kheilī）非常に

زود（zūd）早く　　دیر（dīr）おそく

آهسته（āheste）ゆっくり　　نیز（nīz）～もまた

همیشه（hamīshe）いつも　　همواره（hamvāre）いつも

هنوز（hanūz）まだ～でない　　هرگز（hargez）決して～でない

ii）　複合副詞（句）

به آسانی（be-āsānī）たやすく　　بخوبی（be-khūbī）よく

به زودی（be-zūdī）まもなく　　به سختی（be-sakhtī）やっと

به ناچار（be-nāchār）仕方なく　　با خوشی（bā-khoshī）喜んで

دست کم（daste-kam）少なくとも　　ناگهان（nā-gahān）突然

اینجا（īn-jā）ここに　　آنجا（ān-jā）そこに

کمتر（kam-tar）めったに～しない　　کم کم（kam-kam）少しずつ

کم و بیش（kam-o-bīsh）多少　　باهم（bā-ham）いっしょに

iii）A対格形副詞

この形の副詞は近世ペルシア語成立の初期，すなわち9世紀後半から10世紀前半に採り入れられ，12世紀以降その数は増大して今日に至っている。P

における この種の副詞は A から借用したものが圧倒的に多いが，中には P 独自で A では用いられないものもある。その例をあげてみよう。

اخلاقاً (akhlāqan) 道徳的に	احتمالاً (ehtemālan) 恐らく
اصولاً (osūlan) 元来	اقلاً (aqallan) 少なくとも
استثناءً (estesnā'an) 例外として	شخصاً (shakhsan) 個人的に
اكثراً (aksaran) たいてい	عميقاً ('amīqan) 深く
لطفاً (lotfan) どうぞ	كاملاً (kāmelan) 完全に
لزوماً (lozūman) 必然的に	مستقيماً (mostaqīman) 直接に
معمولاً (ma'mūlan) 通常	مخصوصاً (makhsūsan) 特に
منظماً (monazzaman) 規則的に	مطمئناً (motama'enan) 確かに

※ P の語を対格形にして副詞に用いることもある。

زباناً (zabānan) 口頭で	تلفناً (telefonan) 電話で
جاناً (jānan) 命にかけて	ناچاراً (nāchāran) 仕方なく

iv) A 系複合副詞

لااقل (lā-aqall) 少なくとも	لابد (lā-bodd) 確かに
بالاخره (bel-akhare) ついに	بالعكس (bel-'aks) 反対に
بتدريج (be-tadrīj) 次第に	فى الجمله (fel-jomle) 要するに
على الخصوص ('alal khosūs) 特に	فى الواقع (fel-vāqe') 実際は
لاينقطع (lā-yanqate') 絶えず	منبعد (men-ba'd) 今後

3）U 副詞

U では H と共通の本来の副詞の他に，P，A 系のかなり多くの副詞が用いられる。

i）H 系副詞

جی ہاں（jī hāṇ）はい
جی نہیں（jī nahīṇ）いいえ
یہاں（yahāṇ）ここに
وہاں（wahāṇ）そこに
ادھر（idhar）こちらへ
ادھر（udhar）あちらへ
اچانک（achānak）突然
باہر（bāhar）外に
پاس（pās）そばに
بہت（bahut）非常に
اکیلے（akēlē）ひとりで
ذرا（zarā）ちょっと
تب（tab）その時

ii）P 系副詞

ہمیشہ（hamēsha）いつも
ہنوز（hanūz）未だ
شاید（shāyad）恐らく
آہستہ（āhista）ゆっくり
نیز（nīz）～もまた
ہرگز（hargiz）決して～でない
آئندہ（ā'inda）将来に
بارہا（bār-hā）しばしば

iii）A 系副詞

اتفاقاً（ittefāqan）偶然に
البتہ（al-batta）確かに
جلدی（jaldī）早く
خصوصاً（khusūsan）特に
دفعتاً（dafatan）突然
صرف（sirf）単に
ضرور（zarūr）必ず
عموماً（'umūman）一般に
غرض（gharaz）要するに
فوراً（fauran）ただちに
مثلاً（masalan）例えば
نہایت（nihāyat）極めて

iv）A，P系複合副詞

بزور（ba-zōr）無理に	بالکل（bil-kul）全く
بکثرت（ba-kasrat）多量に	بظاهر（ba-zāhir）外見は
بے اختیار（bē-ikhtiyār）思わず	بے شک（bē-shak）確かに
علی‌الصباح（‘ala-ssabāh）早朝に	عنقریب（‘an-qarīb）まもなく
فی‌الحال（fil-hāl）現在	فی‌الفور（fil-faur）ただちに
نا معلوم（nā-ma‘lūm）知らずに	منجانب（min-jānib）～の側から

(12) 接続詞

A，P，U にはそれぞれ本来の接続詞があり，その他に P では A 系，U では A，P 系の接続詞も用いられている。この点では既述の他の品詞の場合と同じである。それぞれに単純接続詞と複合接続詞があるので分類して記述する。用例は後述するが，A，P，U の接続詞を対照すれば，どんな接続詞が他の言語で用いられているか明らかになろう。用例は（15）で述べることにする。

1）A 接続詞

i） 単純接続詞

و（wa）そして，と

※ واوالحال（wāwul-ḥāl）状態を表す wāw は未完了形とともに用いられ（～しながら）を意味する。

قام زید و یبکی（qāma zayd wa yabkī）
ザイドは泣きながら立った

أو（'aw）あるいは

ف（fa）それから（非分離）

ثم（thumma）それから

إذن（'idhan）それでは

لكن（lākin）しかし（動詞の前）

لكن（lākinna）しかし（名詞，代名詞の前）

أن（'anna）～ということ

إن（'inna）実に（名詞文の前）

إن (’in) もし～なら（現実の仮定）

لو (law) もし～なら（非現実の仮定）

إذا (’id̲h̲ā) もし～なら，～する時に

متى (matā) ～する時に

منذ (mund̲h̲) ～して以来

حتى (ḥattā) ～するまで

ل (li) ～するために（非分離）

كي (kay) ～するために

أن (’an) ～すること（接続形の前）

إلا (’illā) ～を除いて

بل (bal) ～ではなく～である（否定文の後）

ii) 複合接続詞

لما (lammā) ～した時に（完了形とともに）

عندما (‘inda-mā) ～した（する）時に（完了形，未完了形とともに）

حينما (ḥīna-mā) ＝ عندما

لأن (li-’anna) なぜなら

كأن (ka-’anna) まるで～のように

مع أن (ma‘a-’anna) ～にもかかわらず

وإن (wa-’in) たとえ～でも

أما～ف (’ammā~fa) ～について言えば

وإلا (wa-’illā) さもなければ

إما～أو (’immā~’aw) ～かどちらか

بينما (bayna-mā) ～する間に

ما أن～حتى (mā ’an~ḥattā) ～するやいなや＝ بمجرد أن (bi-mujarrad ’an)

حتى لو (ḥattā-law) たとえ～でも

ما دام (mā-dāma) ～する限りは

كلما（kulla-mā）～するたびに

مهما（mahmā）どんなに～であっても

قبل أن（qabla-'an）～する前に

بعد أن（ba'da 'an）～する後で

ألا（'allā）～しないこと

لا~فقط، بل~أيضاً（lā~faqaṭ, bal~'ayḍan）～ばかりでなく～もまた

2）P 接続詞

i）　単純接続詞

و（va, o）そして，と　　　　یا（yā）あるいは

ولی（valī），اما（ammā），لیکن（līkan），ولیکن（valīkan）しかし

اگر（agar）もし～なら　　　　که（ke）～ということ

چون（chūn）～なので，なぜなら

مگر（magar）もし～でなければ

※「そして」を意味するvaは主として文章，節を結び，oは語と語を結ぶ。oは中世ペルシア語のud，uに由来するが，vaはAのwaにならった発音であろう。

※「しかし」を意味する語は中世ペルシア語ではbēであったが，近世ペルシア語ではبی（bī）に変わって，「～なしに」を表す接頭辞，前置詞になったので，「しかし」を表す語をAから借用した。しかしاما，ولیは現在Aでは「しかし」の意味には用いられない。

ii）　複合接続詞

وقتی（vaqtī），وقتیکه（vaqtī-ke），هنگامیکه（hengāmī-ke），

موقعیکه (mouqeʻī-ke) ～する時に

همیکه (hamīn-ke), به مجردیکه (be-mojarradī-ke),
به محض اینکه (be-mahze-īnke) ～するやいなや

زیرا (zīrā), زیراکه (zīrā-ke), چونکه (chūn-ke),
چراکه (cherā-ke) なぜなら

～یا～یا (yā~yā~) ～か～か　～نه～نه (na~na~) ～も～もない

～هم～هم (ham~ham~) ～も～も

～چه～چه (che~che~), ～خواه～خواه (khāh~khāh~)
～であれ～であれ

اگرچه～ولی (agar-che~valī), هرچند (har-chand) たとえ～でも

با اینکه (bā-īnke), باوجود اینکه (bā-vojūde-īnke) ～にもかかわらず

هرچه (har-che), هرقدر (har-qadr) いかに～でも

～نه～بلکه (na~balke~) ～ではなくて～

نه فقط～بلکه～نیز (na faqat~balke~nīz) ～ばかりでなく～もまた

چنانکه (chonān-ke), بطوریکه (be-tourī-ke) ～のように

مثل اینکه (mesle-īnke), گوئی که (gū'ī-ke) あたかも～のように

مگر اینکه (magar-īnke) もし～でなければ

وگرنه (va-gar-na), والا (va-ellā) さもなければ

قبل (پیش) از اینکه (qabl (pīsh)-az īnke) ～する前に

بعد (پس) از اینکه (baʻd (pas)-az īnke) ～する後で

3）U 接続詞

i）　単純接続詞

اور（aur）そして，と　　　　و（o）と

لیکن（lēkin），مگر（magar）しかし

یا（yā）あるいは　　　　کہ（ke）～ということ

تو（to）では　　　　پھر（phir）それでも

※و（o）はＰ系複合名詞のみに用いられる。

例　آب و ہوا（āb-o-hawā）気候，آمد و رفت（āmad-o-raft）往来

ii）　複合接続詞

جب~تو~（jab~to~）～する時に

اگر~تو~（agar~to~）もし～なら

نہیں تو（nahīṇ to），ورنہ（warna）さもないと

کیونکہ（kyōṇ-ke）なぜなら

بلکہ（bal-ke）～ではなくて

چونکہ~اس لیے（c<u>h</u>ūnke~is liye）～なので

اگرچہ~لیکن（agar-c<u>h</u>e~lēkin）たとえ～でも

چاہے~چاہے~（c<u>h</u>āhē~c<u>h</u>āhē），چاہو~چاہو~（c<u>h</u>āhō~c<u>h</u>āhō~）
～であろうと～であろうと

یا~یا~（yā~yā~）～か～か

~بھی~بھی（~bhī~bhī）～も～も

نہ~نہ~（na~na~）～も～もない

نہ صرف~بلکہ~بھی（na sirf~balke~bhī）～ばかりでなく～もまた

گوکہ (gō-ke) ～とはいえ

جونہی~ (jūṇhī~) ～するやいなや

جوں جوں~ (jūṇ jūṇ) ～するにつれて

گویا (gōyā) あたかも～のように

با وجودے کہ (bā-wujūdē-ke) ～にもかかわらず

حالانکہ~لیکن (hālāṇ-ke~lēkin) ～とはいえ

کہیں~نہ (kahīṇ~na) ～しないように

جب تک~تب تک (jab-tak~tab-tak) ～するかぎり

تاکہ (tā-ke) ～するために

※「～ばかりでなく～もまた」の三言語の表現を対照しても A, P, U の関係がよく分かるであろう。

A لا~فقط، بل~أيضاً

P نه تنها~بلكه~هم، نه فقط~بلكه~نيز (na tanhā~balke~ham)

U نہ صرف~بلکہ~بھی

(13) 間 投 詞

間投詞をAでは حرف‌النداء (ḥarfun-nidā’)，Pでは حرف ندا (harfe-nedā)，Uでは حرف ندا (harfe-nidā) といい，nidā（呼びかけ）の他に称賛，嘆き，注意の喚起などに用いられる。A，P，Uそれぞれ本来の間投詞の他に，PではA系，UではA，P系の間投詞も用いられる。

1）A 間投詞

i）呼びかけ（やあ，おお）

يا（yā），أيها（’ayyuhā），يا أيها（yā ’ayyuhā）

أيتها（’ayyatuhā）女性

ii）称賛

أحسنت（’aḥsanta）よくやった！

عظيم（‘aẓīm）すばらしい！

بخ（bakh），بخ بخ（bakh-bakh）でかした！

iii）嘆き，嫌悪

وا（wā）ああ，悲しいかな！

آه（āhi）ああ！

أف（’uf〔f〕）ちえっ！

وى（way）災いなるかな！

وا أسفا（wā-'asafā），وا حسرتا（wā-ḥasratā）ああ，悲しいかな！

iv）注意の喚起

ها（hā）見よ！そら！

هيا（hayyā）さあ！

إياك（'īyyāka）～しないようご用心！

v）驚き

عجباً（'ajaban），يا للعجب（yā lal-'ajab）なんと不思議だ！

※Ｐ間投詞の記述に先立ち，Ａ，Ｐ，Ｕの挨拶等の表現を対照してみよう。いずれもイスラーム教徒の言語として共通の表現がかなり用いられている。

	A	P	U
こんにちは（あなたに平安あれ！）	السلام عليكم （assalām-'alaykum）	سلام عليكم （salām-'aleykom）	السلام عليكم （assalām-'alaikum）
その返事（そしてあなたにも平安あれ！）	وعليكم السلام （wa-'alaykum-ssalām）	سلام عليكم （salām-'aleykom）	وعليكم السلام （wa-'alaikum-assalām）
ご機嫌いかがですか	كيف حالك؟ （kayfa ḥāluka）	حال شما چطور است؟ （hāle-<u>sh</u>omā <u>ch</u>etour ast）	آپ کیسے ہیں؟ （āp kaisē haiṇ）
おかげさまで	الحمد لله （al-ḥamdu-lillāhi）	الحمد لله （al-hamdo-lellāh）	الحمد لله （al-hamd-lillāh）
ありがとう	شكراً （<u>sh</u>ukran）	متشكرم （mota<u>sh</u>akkeram）	شکریہ （<u>sh</u>ukriya）

どう致しまして	عفواً (‘afwan)	خواهش می‌کنم (khāhesh mī-konam)	کوئی بات نہیں (kō’ī bāt nahīṇ)
どうぞ (勧める場合)	تفضل (tafaḍḍal)	بفرمایید (be-farmāyīd)	لیجئے (lījī’ē)
どうぞ (頼む場合)	من فضلك (min faḍlika)	لطفاً (lotfan)	مہربانی کر کے (mehrbānī kar ke)
おめでとう	مبروك (mabrūk)	مبارک (mobārak)	مبارک (mubārak)
すみません	عن إذنك (‘an ’idhnika)	ببخشید (be-bakhshīd)	معاف کیجئے (mu‘āf kījī’e)
残念です	أنا آسف (’anā āsif)	متأسفم (mota’assefam)	مجھے افسوس ہے (mujhē afsōs hai)
よくいらっしゃいました	أهلاً و سهلاً (’ahlan wa sahlan)	خوش آمدید (khosh āmadīd)	خوش آمدید (khush āmadīd)
神がお望みなら	إن شاء الله (’in shā’ allāh)	انشاء الله (enshā’ allāh)	انشاء الله (inshā’ allāh)
さようなら	مع السلامة (ma‘a-ssalāma)	خدا حافظ (khodā hāfez)	خدا حافظ (khudā hāfiz)

2）P 間投詞

i） 呼びかけ

ای（ei），یا（yā）

ii） 称賛

آفرین（āfarīn）でかした！

به به（bah bah）すばらしい！

خوب（khūb）よし！

iii） 嘆き，嫌悪

آه（āh）ああ！　　افسوس（afsūs）ああ，残念！

حیف（heif）残念！　　اف（of）ちえっ！

وای（vāy），آوخ（āvakh）悲しいかな！

دریغا（darīghā）ああ！

iv） 注意の喚起

اینک（īnak）さて　　ببین（be-bīn）ごらん

ها（hā）さあ　　هان（hān）それ，ご用心

خبردار（khabar-dār）気をつけよ

v） 驚き

عجب（‘ajab），عجبا（‘ajabā）ああ驚いた

یا الله（yā allāh）おやおや

3）U間投詞

i）　呼びかけ

اے（ae），یا（yā），ہاے（hāe），ارے（arē）

ii）　称賛

شاباش（s̲h̲ābās̲h̲）すばらしい

واہ واہ（wāh-wāh）でかした

سبحان اللہ（subhān-allāh）すばらしい

iii）　嘆き，嫌悪

آہ（āh），ہاے（hāe）ああ

افسوس（afsos）残念

اف（uf）ちえっ

iv）　注意の喚起

دیکھو（dēkhō）ねえ

سنو（sunō）おい

لو（lō）さあ

v）　驚き

ارے（arē）まあ

اہا（ahā）おやまあ

(14) 造語法（接頭辞・接尾辞）

A, P, Uそれぞれに本来のさまざまな造語法があるが，ここでは対照の観点から，Aでは主として場所と時を表す名詞，器具を表す名詞の造語法を中心とし，P, Uに大きな影響を及ぼしている関係形容詞，抽象概念を表す名詞，指小名詞などの造語法についても述べる。P, Uにおいては接頭辞，接尾辞を中心とし，複合名詞，複合形容詞の造語法について述べる。これによって学習者の語彙記憶の一助になれば幸いである。

1）A 造語法

i）　場所を表す名詞

場所を表すには **مفعل**（maf‘al）と **مفعل**（maf‘il）が主な型で，語尾が ة になるものもある。P, Uで用いられる語もいくつかある。

مفعل（maf‘al）型

例

متجر（matjar）店	**متحف**（matḥaf）博物館
مخرج（ma<u>kh</u>raj）出口	**مخزن**（ma<u>kh</u>zan）倉庫
مدخل（mad<u>kh</u>al）入口	**مسرح**（masraḥ）劇場
مسكن（maskan）住居	**مصنع**（maṣna‘）工場
مطار（maṭār）空港	**مطبخ**（maṭba<u>kh</u>）台所
مطعم（maṭ‘am）レストラン	**معبد**（ma‘bad）寺院

معهد（ma'had）研究所　　مقام（maqām）立場

مكان（makān）場所　　مكتب（maktab）事務所

ملعب（mal'ab）競技場　　منبع（manba'）源

※語尾が ة で終わる語

例

محلة（maḥalla）都市の地区　　محطة（maḥaṭṭa）駅

محكمة（maḥkama）裁判所　　مدرسة（madrasa）学校

مطبعة（maṭba'a）印刷所　　مغسلة（maghsala）洗面所

مقبرة（maqbara）墓地　　مكتبة（maktaba）図書館，書店

مفعل（maf'il）型

例

مجزر（majzir）屠殺場　　مجلس（majlis）議会

مسجد（masjid）モスク　　مصرف（maṣrif）銀行

معرض（ma'riḍ）展覧会　　موقع（mawqi'）位置

موقف（mawqif）停留所

ii）時を表す名詞

مفعال（mif'āl）型

例

ميعاد（mī'ād）約束の時間　　ميلاد（mīlād）誕生日

iii）器具を表す名詞

器具を表すには **مفعل**（mif‘al），**مفعال**（mif‘āl），**مفعلة**（mif‘ala）が主な型である。

مفعل（mif‘al）型

例

مبرد（mibrad）やすり　　**مدخن**（midkhan）煙突

مدفأ（midfa’u）ストーブ　　**مصعد**（miṣ‘ad）エレベーター

مفك（mifakk）ねじ回し　　**مقص**（miqaṣṣ）はさみ

مفعال（mif‘āl）型

例

محراث（miḥrāth）鋤　　**مسمار**（mismār）釘

مصباح（miṣbāḥ）ランプ　　**مفتاح**（miftāḥ）鍵

منشار（minshār）鋸　　**ميزان**（mīzān）秤

مفعلة（mif‘ala）型

例

مروحة（mirwaḥa）扇　　**مكنسة**（miknasa）箒

مكواة（mikwā）アイロン　　**ملعقة**（mil‘aqa）スプーン

منشفة（minshafa）タオル

iv）関係形容詞

اسم النسبة（ismun-nisba）といわれる関係形容詞とは名詞の語尾に **ـيّ**（-iyyun）をつけてその名詞に関係して作られる形容詞を意味し，元来地名，人名，種族などの固有名詞や職業などにつけられたが，今日では普通名詞の形容詞形としても広く用いられている。関係形容詞を表す語尾はP，Uにおいては単に ـی（-ī）に変わって多く用いられ，A系名詞だけでなく，P，U系名詞にもつけられて形容詞が作られている。

関係形容詞の作り方は単に名詞に ـی をつけるだけで作ることが多いが，名詞の語尾によってさまざまな作り方もある。例えば語尾が ة で終わる語では ة は脱落するなどはその一例である。詳しくはA文法書を参照されたい。

例

العراق	(al-'irāq)	→	عراقی	('irāqī)	イラクの(人)
الیابان	(al-yābān)	→	یابانی	(yābānī)	日本の(人)
مصر	(miṣr)	→	مصری	(miṣrī)	エジプトの(人)
حدید	(ḥadīd)	→	حدیدی	(ḥadīdī)	鉄の
الحسن	(al-ḥasan)	→	حسنی	(ḥasanī)	ハサン系の
حرف	(ḥarf)	→	حرفی	(ḥarfī)	文字の
دین	(dīn)	→	دینی	(dīnī)	宗教の
مكة	(makka)	→	مكی	(makkī)	メッカの(人)
صناعة	(ṣinā'a)	→	صناعی	(ṣinā'ī)	工業の
طبیعة	(ṭabī'a)	→	طبیعی	(ṭabī'ī)	自然の
مدینة	(madīna)	→	مدنی	(madanī)	都市の
نبی	(nabī)	→	نبوی	(nabawī)	預言者の
دنیا	(dunyā)	→	دنیوی	(dunyawī)	現世の
سماء	(samā')	→	سماوی	(samāwī)	空の
معنی	(ma'nan)	→	معنوی	(ma'nawī)	精神的な
روح	(rūḥ)	→	روحانی	(rūḥānī)	精神的な

v） 抽象概念を表す名詞

抽象概念を表す名詞を作るには関係形容詞の語尾に ة（P，Uでは ت に変わる）をつける。形容詞の最上級に ـية（-īya）がつくこともあり，単に形容詞につくこともある。

例

إسلامی	（'islāmī）イスラームの	→	إسلامية	（'islāmīya）イスラーム主義
أصولی	（'uṣūlī）原理の	→	أصولية	（'uṣūlīya）原理主義
إنسانی	（'insānī）人間の	→	إنسانية	（'insānīya）人間性
رمزی	（ramzī）象徴的な	→	رمزية	（ramzīya）象徴主義
شخصی	（s̲h̲ak̲h̲ṣī）個人の	→	شخصية	（s̲h̲ak̲h̲ṣīya）個性
قومی	（qawmī）民族の	→	قومية	（qawmīya）民族主義
أقل	（'aqall）最少の	→	أقلية	（'aqallīya）少数派
أكثر	（'akt̲h̲ar）最多の	→	أكثرية	（'akt̲h̲arīya）多数派
مسئول	（mas'ūl）責任ある	→	مسئولية	（mas'ūlīya）責任

※ P，U においては اسلامیت（e/〔i〕slāmīyat），انسانیت（e/〔i〕nsānīyat）のように変わる。

vi） 職業を表す名詞

職業を表すには فعال（fa“āl）の型が用いられることが多く，P，Uで用いられる語もある。

例

بقال	（baqqāl）食料品屋	حداد	（ḥaddād）鍛冶屋
حجار	（ḥajjār）石工	خباز	（k̲h̲abbāz）パン屋
خطاط	（k̲h̲aṭṭāt）書道家	خياط	（k̲h̲ayyāṭ）仕立屋

قصاب（qaṣṣāb）肉屋　　　　　　نجار（najjār）大工

vii）指小名詞

指小名詞は فعيل（fu‘ayl）の型で主に作られる。

例

جبل（jabal）山	→	جبيل（jubayl）小山
رجل（rajul）男	→	رجيل（rujayl）小男
طفل（ṭifl）子供	→	طفيل（ṭufayl）小さい子
كلب（kalb）犬	→	كليب（kulayb）小犬

viii）強意名詞（形容詞）

例

فعال（fa“āl）	→	رزاق（razzāq）糧の授け主(神)
فعالة（fa“āla）	→	علامة（‘allāma）大学者
مفعيل（mif‘īl）	→	مسكين（miskīn）非常に哀れな
فعيل（fi“īl）	→	صديق（ṣiddīq）非常に正直な
فعيل（fa‘īl）	→	رحيم（raḥīm）非常に慈悲深い(神)
فعول（fa‘ūl）	→	صبور（ṣabūr）非常に忍耐強い

※P，Uで用いられる語もある。

2）P造語法

動名詞については既に動詞のところで述べたので，ここでは接頭辞，接尾辞，複合名詞，複合形容詞について述べる。

接頭辞

i)　با (bā)「～を有する」の形容詞を表す

例

با ادب (bā-adab) 礼儀正しい

با استعداد (bā-este‘dād) 有能な

با تجربه (bā-tajrobe) 経験がある

با حقوق (bā-hoqūq) 有給の

با سواد (bā-savād) 読み書きできる

با صفا (bā-safā) 楽しい

با کمال (bā-kamāl) 教養のある

با هوش (bā-hū<u>sh</u>) 利口な

ii)　بلا (belā) 否定を表す形容詞（副詞）（A系）

例

بلا اراده (belā-erāde) 不本意な（に）

بلا تردید (belā-tardīd) 疑いなく

بلا شرط (belā-<u>sh</u>art) 無条件の（に）

بلا فاصله (belā-fāsele) ただちに

iii)　بی (bī)「～がない」の形容詞を表す

例

بی‌ادب (bī-adab) 粗野な　　بی‌پول (bī-pūl) 一文なしの

بی‌سواد (bī-savād) 文盲の　　بی‌طرف (bī-taraf) 中立の

بی‌کار（bī-kār）無職の　　بی‌گناه（bī-gonāh）無実の

بی‌نظیر（bī-nazīr）無比の　　بی‌هوش（bī-hūsh）気絶した

iv）پر（por）「～に満ちた」の形容詞を表す

例

پرارزش（por-arzesh）貴重な　　پرحرف（por-harf）おしゃべりの

پرخور（por-khor）大食の　　پررنگ（por-rang）（茶）濃い

v）حسن（hosn）「善」の意を表す，ezāfe をとる（A 系）

例

حسن اتفاق（hosne-ettefāq）幸運

حسن ادب（hosne-adab）礼儀正しさ

حسن ظن（hosne-zan〔n〕）好意

حسن نیت（hosne-nīyat）善意

vi）سوء（sū'）「悪」の意を表す，ezāfe をとる（A 系）

例

سوء استفاده（sū'e-estefāde）濫用

سوء تغذیه（sū'e-taghziye）栄養不良

سوء تفاهم（sū'e-tafāhom）誤解

سوء سابقه（sū'e-sābeqe）前科

vii）عدم（‘adam）「不，無」の意を表す，ezāfe をとる（A 系）

例

عدم اجرا（‘adame-ejrā）不履行

عدم اعتماد（‘adame-e‘temād）不信任

عدم توجه（‘adame-tavajjoh）不注意

عدم مسئولیت（‘adame-mas’ūlīyat）無責任

viii）غیر（gheir）否定を表す，ezāfe をとる（A 系）

例

غیرانسانی（gheire-ensānī）非人道的な

غیررسمی（gheire-rasmī）非公式の

غیرفرهنگی（gheire-farhangī）非文化的な

غیرقانونی（gheire-qānūnī）不法な

ix）کم（kam）「～が少ない」の意を表す

例

کم آب（kam-āb）水不足の　　کم آبی（kam-ābī）水不足

کم خواب（kam-khāb）不眠の　　کم خوابی（kam-khābī）不眠症

کم خون（kam-khūn）貧血の　　کم خونی（kam-khūnī）貧血症

x）نا（nā）否定を表す

例

ناامید（nā-omīd）失望した　　نابرابر（nā-barābar）不平等な

نابینا（nā-bīnā）盲目の　　ناپاک（nā-pāk）汚れた

ناتمام（nā-tamām）未完の　　ندان（nā-dān）愚かな

ناراحت（nā-rāhat）不快な　　ناکام（nā-kām）失敗の

xi）هم（ham）「共通の」の意を表す

例

هم جرم（ham-jorm）共犯者　　هم درد（ham-dard）同情者

هم سایه（ham-sāye）隣人　　هم سر（ham-sar）配偶者

<u>**名詞接尾辞**</u>

i）　名詞接尾辞 ـی（-ī）を形容詞につけて抽象名詞を表す

例

آسانی（āsānī）容易　　بدی（badī）悪

بزرگی（bozorgī）偉大　　تنبلی（tanbalī）怠惰

خوبی（khūbī）善　　دشواری（doshvārī）困難

تشنگی（teshnegī）渇き　　خستگی（khastegī）疲労

زندگی（zendegī）人生　　گرسنگی（gorosnegī）飢え

※サイレントの ـه（-e）で終わる形容詞は ه を除いて ـگی（-gī）をつける。

ii）ـی（-ī）名詞につけて抽象名詞を表す

例

دشمنی（doshmanī）敵意　　دوستی（dūstī）友情

روزی（rūzī）日々の糧　　مردی（mardī）男らしさ

iii) ـی (ī) ～商(人)につけて～店を表す

例

بقالی (baqqālī) 食料品店　　صرافی (sarrāfī) 両替店

قصابی (qassābī) 肉屋　　نانوائی (nānvā'ī) パン屋

iv) ـیت (-īyat) (A 系) 抽象名詞を表し，P につけることもある

例

ایرانیت (īrānīyat) イラン主義　　خریت (kharīyat) 愚鈍

دوئیت (do'īyat) 二元性　　تمامیت (tamāmīyat) 保全

خلاقیت (khallāqīyat) 創造力　　موفقیت (movaffaqīyat) 成功

※この種の抽象名詞は A では用いられない語もかなりある。

v) ـبان (-bān)「番人」を表す

例

باغبان (bāgh-bān) 庭師　　پاسبان (pās-bān) 警官

دربان (dar-bān) 門番　　شتربان (shotor-bān) らくだ追い

vi) ـدان (-dān)「入れもの」を表す

例

قلمدان (qalam-dān) 筆入れ　　گلدان (gol-dān) 花瓶

نمکدان (namak-dān) 塩入れ

vii) ـدان (-dān)「学者」を表す

例

حقوق‌دان (hoqūq-dān) 法律家　　ریاضی‌دان (riyāzī-dān) 数学者

فارسی‌دان (fārsī-dān) ペルシア語学者

viii) ـستان (-estān)「場所」を表す

例

بیمارستان (bīmārestān) 病院　　تیمارستان (tīmārestān) 精神病院

قبرستان (qabrestān) 墓地　　گلستان (golestān) ばら園

ix) ـگاه (-gāh), ـکده (-kade)「場所」を表す

例

ایستگاه (īst-gāh) 駅　　دانشگاه (dānesh-gāh) 大学

دادگاه (dād-gāh) 裁判所　　فرودگاه (forūd-gāh) 空港

آتشکده (ātesh-kade) 拝火教寺院　　دانشکده (dānesh-kade) 学部

x) ـگر (-gar), ـگار (-gār), ـکار (-kār), ـچی (-chī)「〜する人」を表す

例

آهنگر (āhan-gar) 鍛冶屋　　کارگر (kār-gar) 労働者

آموزگار (āmūze-gār) 教師　　خواستگار (khāst-gār) 求婚者

گناهکار (gonāh-kār) 罪人　　ورزشکار (varzesh-kār) スポーツマン

تماشاچی (tamāshā-chī) 見物人　　معدنچی (ma'dan-chī) 鉱夫

xi）ـه（-e）「類似したもの」を表す

例

پنجه（panje）かぎつめ　　　　دسته（daste）取っ手

سفیده（sefīde）（卵）白身　　　　هفته（hafte）週

指小名詞接尾辞

名詞に ـک（-ak），ـچه（-c̲h̲e），ـه（-e），ـکه（-eke），ـو（-ū）のいずれかをつけて表す。

例

دخترک（dok̲h̲tarak），دختره（dok̲h̲tare）小娘

مردک（mardak），مردکه（mardeke）小男

پسرک（pesarak）小さい少年

عروسک（‘arūsak）人形

باغچه（bāg̲h̲c̲h̲e）小さい庭　　دریاچه（daryāc̲h̲e）湖

کتابچه（ketābc̲h̲e）小冊子　　یارو（yārū）あいつ

形容詞接尾辞

i）ـی（-ī）A系関係形容詞語尾で，A系ばかりでなく，P系名詞の多くにもつけられ形容詞が作られる。

例

اردنی（ordonī）ヨルダンの　　ایرانی（īrānī）イランの

روسی（rūsī）ロシアの　　ژاپنی（z̲h̲āponī）日本の

سوری（sūrī）シリアの　　تاریخی（tārīk̲h̲ī）歴史の

مرکزی（markazī）中央の　　آبی（ābī）水色の

جنگلی（jangalī）森の　　　چوبی（chūbī）木製の

دریائی（daryā'ī）海の　　　خانگی（khanegī）家庭の

※Ｐ系の（ī）はＡ系ではなく，元来中世ペルシア語接尾辞 -īg から派生したが，現在では厳密に区別されていない。

ii）ـا（-ā）語根につける

例

بینا（bīnā）目の見える　　　توانا（tavānā）強力な

دارا（dārā）所有する　　　دانا（dānā）賢明な

iii）ـانه（-āne）名詞（形容詞）につけて形容詞（副詞）を作る。

例

دوستانه（dūstāne）友好の　　　روزانه（rūzāne）日々の

دلیرانه（delīrāne）勇敢に　　　خوشبختانه（khosh-bakhtāne）幸運にも

iv）ـمند（-mand）「～を有する」を表す

例

ارزشمند（arzesh-mand）貴重な　　　ثروتمند（servat-mand）富裕な

خردمند（kherad-mand）賢明な　　　دانشمند（dānesh-mand）学識ある

v）ـین（-īn）物質，時，場所を表す

例

زرین（zarrīn）金の　　　سیمین（sīmīn）銀の

اولین（avvalīn）最初の　　　آخرین（ākherīn）最後の

زبرین（zebarīn）上の　　　زیرین（zīrīn）下の

vi）ـناک（-nāk）「～に満ちた」を表す

例

خطرناک（<u>kh</u>atar-nāk）危険な　　دردناک（dard-nāk）苦痛な

vii）ـگین（-gīn）精神状態を表す

例

خشمگین（<u>kh</u>a<u>sh</u>m-gīn）怒った　　سهمگین（sahm-gīn）怖い

شرمگین（<u>sh</u>arm-gīn）恥じた　　غمگین（<u>gh</u>am-gīn）悲しい

viii）ـور（-var）特性を表す

例

نامور（nām-var）有名な　　سخنور（so<u>kh</u>an-var）雄弁な

ix）ـوار（-vār）「ふさわしい」を表す

例

دیوانه‌وار（dīvāne-vār）狂人のような　　شاهوار（<u>sh</u>āh-vār）王らしい

<u>複合名詞</u>

P の複合名詞には P 系，A 系の二種がある。

P 系複合名詞

i）　名詞＋名詞（ezāfe なし）

例

سردرد（sar-dard）頭痛　　روزنامه（rūz-nāme）新聞

خرگوش（khar-gūsh）うさぎ　　مارماهی（mār-māhī）うなぎ

آشپزخانه（āshpaz-khāne）台所　　هنرپیشه（honar-pīshe）俳優

ii）名詞＋名詞（ezāfe あり）

例

باغ وحش（bāghe-vahsh）動物園　　تختخواب（takhte-khāb）ベッド

تخم مرغ（tokhme-morgh）卵　　ماه عسل（māhe-'asal）ハネームーン

iii）形容詞＋名詞

例

تندباد（tond-bād）突風　　نوروز（nou-rūz）イランの正月

دراز گوش（derāz-gūsh）ろば　　زردآب（zard-āb）胆汁

iv）名詞＋形容詞（ezāfe）なし

例

تخته سیاه（takhte-siyāh）黒板　　پدربزرگ（pedar-bozorg）祖父

خیارشور（khiyār-shūr）きゅうりの漬物

آفتاب زرد（āftāb-zard）日暮れ

v）数詞＋名詞

例

دوچرخه（do-charkhe）自転車　　چهار راه（chahār-rāh）十字路

هزار پا（hezār-pā）むかで　　هشت پا（hasht-pā）たこ

vi）名詞＋語根

例

آتش‌نشان（ātesh-neshan）消防士　　آهن ربا（āhan-robā）磁石

پیامبر（payām-bar）預言者　　دستمال（dast-māl）ハンカチ

سینه‌بند（sīne-band）ブラジャー　　شهردار（shahr-dār）市長

vii）再帰代名詞 خود ＋語根

例

خودآموز（khod-āmūz）自習書　　خودرو（khod-rou）車

خودتراش（khod-tarāsh）電気かみそり

خودنویس（khod-nevīs）万年筆

viii）形容詞（副詞）＋語根（語幹）

例

پس‌انداز（pas-andāz）貯金　　پیشرفت（pīsh-raft）進歩

تندنویس（tond-nevīs）速記者　　دوربین（dūr-bīn）カメラ

ix）同じ動詞の語幹＋語根

例

جستجو（joste-jū）捜索　　گفتگو（gofte-gū）会話

شستشو（shoste-shū）洗濯

A系複合名詞

Pにおける A系複合名詞とは ezāfe を用いず，定冠詞 ال で二つのA系単語が結ばれた名詞を意味し，かなりあるが現在Aでは必ずしも用いられない語が多い。

例

ابن‌الوقت（ebnol-vaqt）日和見主義者

اثاث‌البيت（asāsol-beit）家具

بحرالعلوم（bahrol-'olūm）博学の人

بيت‌المال（beitol-māl）国庫

حق‌التحرير（haqqot-tahrīr）原稿料

رسم‌الخط（rasmol-khatt）正書法

فارغ‌التحصيل（fāreghot-tahsīl）卒業生

لوازم‌التحرير（lavāzemot-tahrīr）文房具

ماءالشعير（mā'oshsha'īr）ノンアルコール・ビール

سريع‌السير（sarī'-osseir）急行

複合形容詞

Pの複合形容詞には複合名詞と同じようにP系，A系の二種がある。

P系複合形容詞

i）形容詞＋名詞

例

بدمزه（bad-maze）まずい　　بلندقد（boland-qadd）背の高い

پاکدامن（pāk-dāman）貞節な　　خوشوقت（khosh-vaqt）うれしい

ii）名詞＋形容詞

例

تندرست（tan-dorost）健康な　　دلتنگ（del-tang）悲しい

سربلند（sar-boland）名誉ある　　لنگ دراز（leng-derāz）足長の

iii）名詞＋名詞

例

سنگدل（sang-del）冷酷な

فارسی‌زبان（fārsī-zabān）ペルシア語を話す

گلرنگ（gol-rang）ばら色の

iv）　名詞＋過去分詞

例

رنگ پریده（rang-parīde）色あせた　　جهان دیده（jahān-dīde）世慣れた

درس‌خوانده（dars-khānde）教育がある　　دل شکسته（del-shekaste）失望した

v）名詞＋語根

例

امکان‌پذیر（emkān-pazīr）可能な　　خنده‌آور（khande-āvar）おかしい

دستگیر（dast-gīr）逮捕された　　سرکش（sar-kesh）不従順な

vi）形容詞＋語根

例

بدبین（bad-bīn）悲観的な　　خوش‌بین（khosh-bīn）楽観的な

کوتاه‌اندیش（kūtāh-andīsh）先見の明のない

تیزرو（tīz-rou）速い

A 系複合形容詞

i） 形容詞＋定形名詞

例

تام‌الاختیار（tāmmol-ekhtiyār）全権を有する

حاضرالذهن（hāzeroz-zehn）当意即妙の

سهل‌الحصول（sahlol-hosūl）入手しやすい

صعب‌العلاج（sa‘bol-‘elāj）治療困難な

عدیم‌المثال（‘adīmol-mesāl）無比の

طویل‌المدت（tavīlol-moddat）長期の

ii） 前置詞＋定形名詞

تحت‌الحمایه（tahtol-hemāye）保護下の

فوق‌الذکر（fouqoz-zekr）上述の

iii） A 否定副詞＋未完了形

例

لایتغیر（lā-yataghayyar）不変の　　لایزال（lā-yazāl）永久の

لم یزرع（lam-yazra‘）不毛の　　لم یزل（lam-yazal）永遠の

3）U 造語法

U 動名詞と P 語根（過去分詞）とが結合した複合名詞（形容詞）について

は既に動詞のところで述べたので，ここでは接頭辞，接尾辞および上記以外の複合名詞（形容詞）について述べる。これらにはHと共通するものが多いが，三言語対照の見地からH系は割愛し，A系，P系に限定する。発音，用法の相違に注意されたい。既にA系，P系で述べたことはここでは省略する。

<u>接頭辞</u>

i）با（bā）P系

例

باخبر（bā-<u>kh</u>abar）消息通の　　باعزت（bā-‘izzat）尊敬される

باقاعده（bā-qā‘eda）規則的な　　بامزه（bā-maza）おいしい

ii）بلا（bilā）A系

例

بلاشبہ（bilā-<u>sh</u>ubha）疑いなく　　بلاناغہ（bilā-nā<u>gh</u>a）絶えず

بلاواسطہ（bilā-wāsta）直接に　　بلاوجہ（bilā-wajah）理由もなく

iii）بے（bē）P系＝بی（bī）

例

بے اختیار（bē-i<u>kh</u>teyār）思わず　　بے باک（bē-bāk）大胆な

بے پروا（bē-parwā）無関心な　　بے وقوف（bē-waqūf）愚かな

iv）پر（pur）P系

例

پراثر（pur-asar）効果的な　　پرتکلف（pur-takalluf）形式ばった

پرخطر（pur-khatar）危険な　　پرلطف（pur-lutf）楽しい

v）عدم（‘adam）A 系

例

عدم ادائیگی（‘adam-adā’īgī）不払い　عدم حاضری（‘adam-hāzirī）欠席

عدم فرصتی（‘adam-fursatī）多忙　عدم موجودگی（‘adam-maujūdagī）不在

vi）غیر（ghair）A 系

例

غیر حاضر（ghair-hāzir）不在の

غیر ذمہداری（ghair-zimme-dārī）無責任

غیر ملکی（ghair-mulkī）外国の

غیر ممکن（ghair-mumkin）不可能な

vii）کم（kam）P 系

例

کم بخت（kam-bakht）不運な　　کمزور（kam-zōr）弱い

کمسن（kam-sin）幼年の　　کمیاب（kam-yāb）稀な

viii）نا（nā）P 系

例

نا پسند（nā-pasand）気に入らない　نا جائز（nā-jā’iz）不法な

نا راض（nā-rāz）不快な　　نا مناسب（nā-munāsib）不適当な

ix）ہم（ham）P系

例

ہم جماعت（ham-jamā‘at）同級生　　ہمدردی（ham-dardī）同情

ہمراہ（ham-rāh）同行者　　ہمشیر（ham-s͟hīr）乳兄弟

接尾辞

名詞接尾辞

i）ـی（-ī）形容詞につけて抽象名詞（P系）

例

آسانی（āsānī）容易　　سردی（sardī）寒さ

گرمی（garmī）暑さ　　نرمی（narmī）柔和

نیکی（nēkī）善行　　وفاداری（wafā-dārī）忠実

ii）ـی（-ī）名詞につけて抽象名詞（P系）

例

دشمنی（dus͟hmanī）敵意　　دوستی（dōstī）友情

روزی（rōzī）日々の糧　　نمائندگی（namā'indagī）代表

iii）ـیت（-iyat）抽象名詞を表す（A系）

例

اقلیت（aqliyat）少数派　　اکثریت（aksariyat）多数派

انسانیت（insāniyat）人道主義　　واقفیت（wāqifiyat）知識

iv）ـبان（-bān）（P 系）

例

باغبان（bāgh-bān）庭師　　گاڑی‌بان（gāṛī-bān）荷馬車屋

موٹربان（mōṭar-bān）モーター係　　نگہبان（nigah-bān）守護者

v）ـدان（-dān）（P 系）

例

قلم‌دان（qalam-dān）筆入れ　　گلدان（gul-dān）花瓶

vi）ـگاہ（-gāh），ـستان（-istān）（P 系）

例

تجربہ‌گاہ（tajruba-gāh）実験所　　نشرگاہ（nashr-gāh）放送局

قبرستان（qabristān）墓地　　ریگستان（rēgistān）砂漠

vii）ـگر（-gar），ـگار（-gār），ـکار（-kār）（P 系）

ـچی（-chī）（T 系）

例

زرگر（zar-gar）金細工師　　کاریگر（kārī-gar）職人

پرہیزگار（parhēz-gār）禁欲者　　مددگار（madad-gār）援助者

دست‌کار（dast-kār）手工芸者　　سفارت کار（sifārat-kār）外交官

باورچی（bāwar-chī）コック　　خزانچی（khazān-chī）管財人

viii）ـور（-war），ـور（-ūr）（P 系）

例

جانور（jān-war）動物　　مزدور（mazdūr）労働者

سرور (sar-war) 指導者

指小名詞接尾辞

名詞の語尾にـک (-ak)，چہ (-c̲h̲a)，ـچی (-c̲h̲ī) をつけて表す。H系は除く。

例

مردک (mardak) 小男	عینک (‘ainak) メガネ
باغچہ (bāg̲h̲c̲h̲a) 小さい庭	روزنامچہ (rōz-nāmc̲h̲a) 日記
صندوقچہ (sandūqc̲h̲a) 小箱	دیگچی (dēgc̲h̲ī) 小鍋

形容詞接尾辞

i) ـی (-ī) A系ばかりでなく，P系，H系にも多くつけられる。

例

اقتصادی (iqtisādī) 経済の	سیاسی (siyāsī) 政治の
علمی (‘ilmī) 学問の	قیمتی (qīmatī) 高価な
پاکستانی (pākistānī) パーキスタンの	لاہوری (lāhōrī) ラホールの
بحری (bahrī) 海の	شہری (s̲h̲ahrī) 都市の
اونی (ūnī) 羊毛の	پہاڑی (pahāṛī) 山の

ii) ـانہ (-āna) (P系)

例

سالانہ (sālāna) 年々の	ماہانہ (māhāna) 毎月の
مردانہ (mardāna) 男らしい	زنانہ (zanāna) 女性の

iii) ـمند (-mand), ـناک (-nāk), ـین (-īn), ـگین (-gīn), ـوار (-wār), ـور (-war) (P系)

例

حاجتمند (hājat-mand) 必要とする　دولتمند (daulat-mand) 金持ちの

صحتمند (sehat-mand) 健康な　افسوسناک (afsōs-nāk) 残念な

خطرناک (khatar-nāk) 危険な　شرمناک (sharm-nāk) 恥ずべき

ہولناک (haul-nāk) 恐ろしい　رنگین (rangīn) カラフルな

زریں (zarrīṇ) 金の　سنگین (sangīn) 石造りの

نمکین (namkīn) 塩からい　غمگین (gham-gīn) 悲しい

امیدوار (ummīd-wār) 有望な　سوگوار (sōg-wār) 服喪の

طاقتور (tāqat-war) 強力な　نامور (nām-war) 著名な

複合名詞

Uの複合名詞には名詞＋名詞から成る語が多く，名詞にはA系，P系，H系がさまざまに用いられている。

i) 名詞＋名詞

例

اداکار (adā-kār) 俳優　اداکارہ (adā-kāra) 女優

پاخانہ (pā-khāna) 便所　تہخانہ (tah-khāna) 地下室

چڑیا گھر (chiṛyā-ghar) 動物園　ڈاکخانہ (ḍāk-khāna) 郵便局

دستخط (dast-khatt) 署名　رضاکار (razā-kār) ボランティア

سرحد (sar-had) 国境　شکرقند (shakar-qand) さつまいも

شاہراہ (shāh-rāh) 公道　صورتحال (sūrate-hāl) 現状

طالب علم (tālibe-‘ilm) 学生　طریق کار (tarīqe-kār) 手続き

طلبا تحریک (tulabā-tahrīk) 学生運動　عجائب گھر (‘ajā’ib-ghar) 博物館

غسل خانہ (g͟husl-k͟hāna) 浴室　کتب خانہ (kutub-k͟hāna) 図書館

ہدایت کار (hidāyat-kār) 監督　وصیت نامہ (wasīyat-nāma) 遺言状

ii）名詞＋形容詞（izāfa あり）

例

بر اعظم (barre-a‘zam) 大陸　آثار قدیمہ (āsāre-qadīma) 遺跡

وزارت خارجہ (vizārate-k͟hārija) 外務省　وزیراعظم (wazīre-a‘zam) 首相

قرطاس ابیض (qirtāse-abyaz) 白書　قطب جنوبی (qutbe-junūbī) 南極

iii）名詞＋ o ＋名詞

例

آب و ہوا (āb-o-hawā) 気候　آبا و اجداد (ābā-o-ajdād) 先祖

آمد و رفت (āmad-o-raft) 交通　جاہ و جلال (jāh-o-jalāl) 荘厳

کار و بار (kār-o-bār) 商売

複合形容詞

i）形容詞＋名詞

例

بد بخت (bad-bak͟ht) 不幸な　بد حواس (bad-hawās) 困惑した

بد صورت (bad-sūrat) 醜い　بد نام (bad-nām) 悪名高い

تنگ دل (tang-del) 狭量な　تنگ دست (tang-dast) 貧しい

خوبصورت（khūb-sūrat）美しい　خوش اخلاق（khush-akhlāq）礼儀正しい

خوش قسمت（khush-qismat）幸運な　کمزور（kam-zōr）弱い

عالی شان（‘ālī-shān）壮麗な　قابل ذکر（qābile-zikr）述べるに値する

ii）A 否定副詞＋名詞（未完了形）

例

لا تعداد（lā-ta‘dād）無数の　لا جواب（lā-jawāb）無比の

لا زوال（lā-zawāl）不滅の　لا علاج（lā-‘ilāj）不治の

لا مذہب（lā-mazhab）不信心な　لا یزال（lā-yazāl）不滅の

※名詞＋P 語根（過去分詞）から成る U 複合名詞（形容詞）は非常に多いが，既述のように動詞のところで例をあげたので，ここでは省略する。

※ A 系複合名詞（形容詞）についても冠詞のところで例をあげたので，ここでは省略する。

(15) 構文（語順），文の種類，従属節

A，P，U ともに単文，重文，複文があることは他の諸言語と同じであるが，この分類とは別に A には P，U にはない文がある。それは動詞文である。動詞文とは名詞文と対を成す文で，まず次の語順を見ていただきたい。

(A) 名詞文＝主語（名詞）＋述語＋目的語
(A) 動詞文＝述語（動詞）＋主語＋目的語

すなわち，主語（名詞）で始まる文が名詞文で，述語（動詞）で始まる文が動詞文である。P，U には動詞文の語順はなく，名詞文のみであるから，このような文法用語は存在しない。A では名詞文を جملة أسمية (jumla-smīya)，動詞文を جملة فعلية (jumla-fi'līya) といい，動詞文の方が一般的である。名詞文，動詞文の用法の前に A，P，U 単文の語順を対照してみよう。

1）A，P，U 単文の語順

i) A 主語＋補語
P 主語＋補語＋述語
U 主語＋補語＋述語

用例　その家は大きい

A البيت كبير. (al-bayt kabīr)

P آن خانه بزرگ است. (ān khāne bozorg ast)

U وہ گھر بڑا ہے ۔ (voh ghar baṛā hai)

※繋辞で述べたようにAの現在形は省略される。

ii) A　述語＋主語
　　P　主語＋述語
　　U　主語＋述語

用例　その少年は昨日ここに来た

A　أتى الولد إلى هنا أمس. ('atā-l-walad 'ilā hunā 'amsi)

P　آن پسر دیروز اینجا آمد. (ān pesar dīrūz īnjā āmad)

U　وہ لڑکا کل یہاں آیا ۔ (voh laṛkā kal yahāṇ āyā)

※A, P, Uの副詞の位置に注意。

iii) A　述語＋主語＋目的語
　　P　主語＋目的語＋述語
　　U　主語＋目的語＋述語

用例　私の兄（弟）は今日この本を読む

A　يقرأ أخي هذا الكتاب اليوم.
(yaqra'u 'akhī hādhal-kitāba-l-yawma)

P　برادرم امروز این کتاب را می‌خواند.
(barādaram emrūz īn ketāb-rā mī-khānad)

U　میرا بھائی آج یہ کتاب پڑھتا ہے ۔ (mērā bhā'ī āj yeh kitāb paṛhtā hai)

iv) A　述語＋主語＋間接目的＋直接目的
　　P　主語＋直接目的＋間接目的＋述語
　　U　主語＋直接目的＋間接目的＋述語

用例　私の父はあなたにこの時計をあげる

A　يعطيك أبى هذه الساعة. (yu‘ṭī-ka ’abī hā<u>dh</u>ihi-s-sā‘a)

P　پدرم به شما این ساعت را می‌دهد.
(pedaram be-<u>sh</u>omā īn sā‘at rā mī-dehad)

U　میرا باپ آپ کو یہ گھڑی دیتا ہے ۔
(mērā bāp āp ko yeh ghaṛī dētā hai)

※P，U においては直接目的と間接目的が入れ替わることがある。

v)　A　述語＋主語＋目的語＋補語
P　主語＋目的語＋補語＋述語
U　主語＋目的語＋補語＋述語

用例　アリーはこの車が安いと思う

A　يظن على هذه السيارة رخيصة. (yaẓunnu ‘alī hā<u>dh</u>ihi-s-sayyāra ra<u>kh</u>īṣa)

P　علی این ماشین را ارزان می‌داند. (‘alī īn mā<u>sh</u>īn rā arzān mī-dānad)

U　علی اس کار کو سستی سمجھتا ہے ۔ (‘alī is kār ko sastī samajhtā hai)

vi)　A　疑問副詞＋述語＋主語＋目的語
P　主語＋目的語＋疑問副詞＋述語
U　主語＋目的語＋疑問副詞＋述語

用例　彼の母は果物をどこで買ったか

A　أين اشترت أمه الفاكهة؟ (’ayna i<u>sh</u>tarat ’ummhu-l-fākiha)

P　مادرش میوه را از کجا خرید؟ (mādara<u>sh</u> mīve rā az kojā <u>kh</u>arīd)

U　اس کی ماں نے پھل کہاں خریدا ؟ (us ki māṇ ne phal kahāṇ <u>kh</u>arīdā)

※P，Uにおいては目的語と疑問副詞が入れ替わることがある。

以上，A，P，U単文の主要な語順の用例をあげて対照したが，Aの場合，名詞文にすれば英語の語順とほぼ同じであり，P，Uの場合は日本語の語順とほぼ同じであると言えよう。しかし後述する複文になると日本語の語順とは接続詞，関係代名詞などで大きく異なるのでよく注意する必要がある。

2）A 名詞文，動詞文の用法

名詞文においては主語と述語の性数は一致する。

用例

الرجل باع بيتاً. （ar-rajul bā'a baytan） その男は家を売った

البنت ركبت سيارة. （al-bint rakibat sayyāra） その娘は車に乗った

التاجران شربا القهوة فى الفندق. （at-tājirāni sharibā-l-qahwa fil-funduq）
その二人の商人はホテルでコーヒーを飲んだ

الطلبة ذهبوا إلى الجامعة. （at-ṭalaba dhahabū 'ilal-jāmi'a）
その学生たちは大学に行った

動詞文においては，

i） 主語が男性単数，双数，複数のいずれであっても，述語は常に三人称男性単数になる。

例

ذهب الرجلان إلى السوق. （dhahaba-r-rajulāni 'ila s-sūq）
その二人の男は市場に行った

لعب الاولاد فى الميدان. （la'iba-l-awlād fi-l-maydān）
その子供たちは広場で遊んだ

ii）主語が女性単数，双数，複数のいずれであっても，述語は常に三人称女性単数になる。

例

.شربت البنتان الشاى (sharibati l-bintāni sh-shāya)
その二人の娘はお茶を飲んだ

.ذهبت الطالبات إلى المكتبة (dhahabati-ṭ-ṭālibāt 'ilal-maktaba)
その女子学生たちは図書館に行った

iii）動詞文においても，重文などで一度主語が現れると，その後は名詞文に変わり，動詞は主語の性数に一致する。

例

.طلع الرجال الجبل قبل الظهر و نزلوا منه بعد الظهر
(ṭala'a r-rijālu l-jabal qabla ẓ-ẓuhr wa nazalū minhu ba'da ẓ-ẓuhr)
その男たちは午前に山に登り，そして午後にそこから下りた

.وصلت التلميذات و جلسن فى الفصل
(waṣalati t-tilmīdhāt wa jalasna fil-faṣl)
その女生徒たちは到着し，そして教室に座った

3）従属節（複文）

A，P，Uともに従属節として名詞節，形容詞節，副詞節があり，その表現には接続詞，関係代名詞が用いられることは共通である。それぞれの節を用例をあげながら，A，P，Uを対照し用法を略述する。詳しくは各言語の文法書を参照されたい。

名詞節

Aにおいては接続詞 أن（'anna）を用い，名詞節の主語は対格になり，人称代名詞は非分離形（接尾形）が用いられる。

P，U においては接続詞 که，کہ (ke) が用いられ，節の語順は単文と同じである。

用例　我々は彼の友人がアメリカに住んでいることを知っている

A　نعرف أن صديقه يسكن فى أمريكا.
(na‘rifu ’anna ṣadīqa-hu yaskunu fī ’amrīkā)

P　ما می دانیم که دوستش در امریکا زندگی می‌کند.
(mā mī-dānīm ke dūst-ash dar amrīkā zendegī mī-konad)

U　ہم جانتے ہیں کہ اس کا دوست امریکے میں رہتا ہے ۔
(ham jāntē haiṇ ke us kā dōst amrīkē meṇ rahtā hai)

用例　私は彼から彼の母が二日前に死んだと聞いた

A　سمعت منه أن أمه ماتت قبل يومين.
(sami‘utu min-hu ’anna ’umma-hu mātat qabla yawmayni)

P　من از او شنیدم که مادرش دوروز پیش درگذشت.
(man az ū shenīdam ke mādarash do rūze pīsh dar-gozasht)

U　میں نے اس سے سنا کہ اس کی ماں دو دن پہلے مرگئی ۔
(maiṇ ne us se sunā ke us ki māṇ dō din pahle mar ga’ī)

用例　私はあなたが外人女性と結婚したことを知らない

A　لا أعرف أنك تزوجت من إمرأة خارجية.
(lā ’a‘rifu ’anna-ka tazawwajta min ’imra’a khārijīya)

P　من نمی‌دانم که شما با زن خارجی ازدواج کردید.
(man nemī-dānam ke shomā bā zane-kharejī ezdevāj kardīd)

U　میں نہیں جانتا کہ آپ نے غیر ملکی عورت سے شادی کی ۔
(maiṇ nahīṇ jāntā ke āp-ne ghair mulkī ‘aurat se shādī kī)

形容詞節

形容詞節を導く関係代名詞についてまずA，P，Uを表示し，それから用法，用例を述べることにする。

A関係代名詞

	単　数	双　数	複　数
男　性	الذی（allad͟hī）	الذان（allad͟hāni） الذین（allad͟hayni）	الذین（allad͟hīna）
女　性	التی（allatī）	اللتان（allatāni） اللتین（allatayni）	اللاتی（allātī） اللواتی（allawātī）

※双数を除き，男性，女性の単数・複数には格変化はない。

※先行詞には必ず定冠詞をつけて限定名詞にする。

※先行詞が非限定の場合には関係代名詞は用いられず省略される。

※双数を除き，男性，女性の単数・複数ともに主格であるから，斜格は非分離人称代名詞を用いて表現する。

※先行詞を含む関係代名詞として من（man）と ما（mā）が用いられ，man は「～する者」，mā は「～すること」を意味し，ともに性，数，格の変化はない。

以上の用例は後述する。

P関係代名詞

Pには関係代名詞として主格 که（ke）があるのみで，斜格は人称代名詞（分離，非分離）や前置詞を用いて表現する。

※先行詞の語尾には原則として限定を表す ـی（-ī）がつけられる。ただし先行詞が固有名詞や代名詞などの場合には限定されない。

※ A の ما に相当する先行詞を含む関係代名詞として P には آنچه（ān-che）がある。هرکه（har-ke）は「～する者はだれでも」，هرچه（har-che）は「～はなんでも」を表す。

U 関係代名詞

	主格	斜格	目的格	所有格	行為格
単数	جو （jō）	جس （jis）	جس کو, جسے （jis-ko），（jisē）	جس کا, کے, کی （jis-ka, ke, ki）	جس نے （jis-ne）
複数	جو （jō）	جن （jin）	جن کو, جنہیں （jin-ko），（jinhēṇ）	جن کا, کے, کی （jin-ka, ke, ki）	جنہوں نے （jinhōṇ-ne）

上述のように U の関係代名詞は A，P に比べるとやや複雑であり，言い換えると表現がより正確である。

※先行詞に限定の指示形容詞 وہ（voh）または وہی（wohī）をつける。

※ جوکوئی（jō-kō'ī）は P の هرکه に，جوکچھ（jō-kuchh）は P の هرچه に相当する。

※ جو…وہ…（jō … voh …）で「～すること（者）」を表す。

※関係代名詞を形容詞的に用いて先行詞の前に置くのは A，P にない U 独特の用法である。

例

جس گھر میں میرا دوست رہتا تھا اس میں اب میں رہتا ہوں ۔

（jis ghar meṇ mērā dōst rahtā thā us meṇ ab maiṇ rahtā hūṇ）

私の友人が住んでいた家に今私が住んでいる

名詞節と同じように形容詞節の文例をA，P，Uそれぞれで対照してみよう。

i）関係代名詞が主格の場合

用例　これは昨日私の家に来た男です

A　هذا هو الرجل الذى جاء إلى بيتى أمس.

(hādhā huwa r-rajulu lladhī jā'a 'ilā baytī 'amsi)

P　این مردی است که دیروز به منزلم آمد.

(īn mardī ast ke dīrūz be-manzelam āmad)

U　یہ وہی مرد ہے جو کل میرے گھر آیا ۔

(yeh wohī mard hai jō kal mērē ghar āyā)

ii）関係代名詞が所有格の場合

用例　これはこの町で父が金持ちの商人である娘です

A　هذه هى البنت التى أبوها تاجر غنى فى هذه المدينة.

(hādhihi hiya-l bintu llatī 'abū-hā tājir ghanī fī hādhihi-l-madīna)

P　این دختری است که پدرش دراین شهر بازرگان ثروتمند است.

(īn dokhtarī ast ke pedarash dar īn shahr bāzargāne-servatmand ast)

U　یہ وہی بیٹی ہے جس کا باپ اس شہرمیں دولتمند تاجر ہے ۔

(yeh wohī bēṭī hai jis ka bāp is shahr meṇ daulatmand tājir hai)

iii) 関係代名詞が目的格の場合

用例　私の知らない少年が部屋に入った

A　دخل الغرفة الولد الذى لا أعرفه.

(dakhala-l-ghurfa-l-waladu lladhī lā ’a‘rifu-hu)

P　پسری که او را نمی‌شناسم وارد اطاق شد.

(pesarī ke ū-rā nemī-shenāsam vārede-otāq shod)

U　وہ لڑکا جسے میں نہیں جانتا کمرے میں داخل ہوا ۔

(voh laṛkā jisē maiṇ nahīṇ jāntā kamrē meṇ dākhil huā)

用例　私が昨夜読んだ本は大変面白かった

A　كان الكتاب الذى قرأته ليلة أمس ممتعاً جداً.

(kāna al-kitābu lladhī qara’tu-hu layla ’amsi mumti‘an jiddan)

P　کتابی که دیشب خواندم خیلی جالب بود.

(ketābī ke dīshab khāndam kheilī jāleb būd)

U　جو کتاب میں نے کل رات کو پڑھی وہ بہت دلچسپ تھی ۔

(jō kitāb maiṇ ne kal rāt ko paṛhī voh bahut dilchasp thī)

iv) 上記以外の格の場合

用例　あなたの友人が住んでいる家はどこですか

A　أين البيت الذى يسكن صديقك فيه؟

(’ayna l-baytu-lladhī yaskunu ṣadīqu-ka fīhi)

P　منزلی که در آن دوست شما زندگی می‌کند کجاست؟

(manzelī ke dar ān dūste-shomā zendegī mī-konad kojā-st)

U　وہ گھر جس میں آپ کا دوست رہتا ہے کہاں ہے ؟

(voh ghar jis meṇ āp ka dōst rahtā hai kahāṇ hai)

用例　私がこの靴を買った店は小さかった

A　كان الدكان الذى اشتريت هذا الحذاء منه صغيراً.

(kāna d-dukkānu-lladhī ishtaraytu hādha-l-ḥidhā'a min-hu ṣaghīran)

P　مغازه‌ای که از آن این کفش را خریدم کوچک بود.

(maghāzeī ke az ān īn kafsh-rā kharīdam kūchek būd)

U　وہ دکان جس سے میں نے یہ جوتا خریدا چھوٹی تھی ۔

(voh dukān jis se maiṇ ne yeh jūtā kharīdā chhōṭī thī)

用例　私が昨日一緒に町へ行った男が殺された

A　قتل الرجل الذى ذهبت معه إلى المدينة أمس.

(qutila r-rajulu-lladhī dhahabtu ma'a-hu 'ilal-madīna 'amsi)

P　مردی که با او دیروز من به شهر رفتم کشته شد.

(mardī ke bā ū dīrūz man be-shahr raftam koshte shod)

U　وہ مرد جس کے ساتھ میں کل شہر گیا تھا مارا گیا ۔

(voh mard jis ke sāth maiṇ kal shahr gayā thā mārā gayā)

v)　先行詞を含む関係代名詞の場合

用例　私が昨日事務所であなたに言ったことを忘れるな

A　لا تنس ما قلته لك فى المكتب أمس.

(lā-tansa mā qultu-hu la-ka fil-maktab 'amsi)

P　آنچه را که دیروز در دفتر به شما گفتم فراموش نکنید.

(ān-che rā ke dīrūz dar daftar be-shomā goftam farāmūsh na-konīd)

U　جو میں نے کل دفتر میں آپ سے کہا اسے نہ بھولیے ۔

(jo maiṇ ne kal daftar meṇ āp se kahā usē na-bhūlīye)

用例　あなたは彼が本で書いたことを理解したか

A　هل فهمت ما كتبه في كتابه؟
(hal fahimta mā kataba-hu fī kitābi-hi)

P　آیا آنچه را که او در کتابش نوشت فهمیدید ؟
(āyā ān-c͟he rā ke ū dar ketāba<u>sh</u> neve<u>sh</u>t fahmīdīd)

U　جو کچھ اس نے اپنی کتاب میں لکھا اسے آپ سمجھ گئے ؟
(jo ku<u>ch</u>h us-ne apnī kitāb meṇ likhā usē āp samajh gā'ē)

用例　試みる者は成功する

A　من حاول نجح. (man ḥāwala najaḥa)

P　هر که سعی می‌کند موفق می‌شود.
(har ke sa'ī mī-konad movaffaq mī-<u>sh</u>avad)

U　جو کوئی سعی کرےگا وہ کامیاب ہوگا ۔
(jō kō'ī sa'ī karē-gā voh kāmyāb hōgā)

※A，P，Uの関係代名詞はそれぞれ独自の用法があって他言語に影響を与えることはないが，先行詞を含むAの関係代名詞 ما (mā) は関係代名詞とは全く関係はなく，P，Uにおいては複合語として用いられている。

Pにおける ما 複合語

例

ما بعد (mā-ba'd) 後続の　　ما بقی (mā-baqī) 残り

ما به التفاوت (mā-behottafāvot) 相違　　ما بین (mā-bein) 間隔

ما تحت (mā-taht) 肛門　　ما ترک (mā-tarak) 遺産

ما جرا (mā-jarā) 出来事　　ما حصل (mā-hasal) 結果

ما حضر （mā-hazar）有合わせの料理　ما فات （mā-fāt）損失

ما قبل （mā-qabl）前例　ما وقع （mā-vaqa'）事件

ما وراء الطبيعه （mā-varā-ot-tabī'e）形而上学　ما يحتاج （mā-yahtāj）必需品

U における ما 複合語

例

ما بقا （mā-baqā）残り　ما تحت （mā-taht）下位の

ما جرا （mā-jrā）出来事　ما حول （mā-haul）環境

ما حضر （mā-hazar）有合わせの料理　ما فوق （mā-fauq）上位の

※上述の P，U 複合語は A では殆ど用いられていないことに注意されたい。

副詞節

副詞節は既述の接続詞を用いて表現される。用例をあげればきりがないので若干の例にとどめる。

用例　私が彼の家に着いた時，彼は部屋で英語で手紙を書いていた

A　عندما وصلت إلى بيته كان يكتب رسالة باللغة الإنكليزية فى الغرفة.
（'inda-mā waṣaltu 'ilā bayti-hi kāna yaktubu risāla bi-llughal-'inkilīzīya fil-ghurfa）

P　وقتيكه من به منزل او رسيدم او در اطاق به زبان انگليسى نامه مى‌نوشت.
（vaqtī-ke man be-manzele-ū rasīdam ū dar otāq be-zabāne-engelīsī nāme mī-nevesht）

U　جب میں اس کے گھر پہنچا تو وہ کمرے میں انگریزی میں خط لکھ رہا تھا ۔
（jab maiṇ us ke ghar pahunchā to voh kamrē meṇ angrēzī meṇ khatt likh rahā thā）

用例　その学生は昨日大学に行かなかった，なぜならば彼は病気だったから

A　ما ذهب الطالب إلى الجامعة أمس لأنه أصبح مريضاً.

(mā dhahaba ṭ-ṭālib ’ilal jāmi‘a ’amsi li-’anna-hu aṣbaḥa marīḍan)

P　آن دانشجو دیروز به دانشگاه نرفت زیرا او مریض شد.

(ān dānesh-jū dīrūz be-dānesh-gāh na-raft zīrā ū marīz shod)

U　وہ طالب علم کل یونیورسٹی نہیں گیا کیونکہ وہ بیمار تھا ۔

(voh tālibe-‘ilm kal yunivarsiṭī nahīṇ gayā kyōṇ-ke voh bīmār thā)

用例　その泥棒は警官を見るやいなやそこから逃亡した

A　ما أن رأى اللص الشرطي حتى فر من هناك.

(mā ’an ra’ā l-liṣṣu sh-shurṭīya ḥattā farra min hunāka)

P　همینکه آن دزد پلیس را دید از آنجا فرار کرد.

(hamīn-ke ān dozd polīs-rā dīd az ānjā farār kard)

U　جوں ہی اس چور نے پولیس کو دیکھا توں ہی وہ وہاں سے بھاگ گیا ۔

(jūṇ hī us chōr-ne polīs ko dēkhā tūṇ hī voh wahāṇ se bhāg gayā)

用例　私は生きている限り家族のために働くだろう

A　ما دمت حياً سوف أعمل لعائلتي.

(mā dumtu ḥayyān sawfa ’a‘malu li-‘ā’ilatī)

P　تاوقتیکه من زنده هستم برای خانواده‌ام کار خواهم کرد.

(tā-vaqtīke man zende hastam barāye khanevāde-am kār khāham kard)

U　جب تک میں زندہ رہوں تب تک اپنے خاندان کے لیےکام کرونگا ۔

(jab-tak maiṇ zinda rahūṇ tab tak apnē khāndān ke liye kām karūṇ-gā)

用例　昨日は寒かったにもかかわらず，私の母は市場に買物に行った

A　مع أن الجو كان بارداً أمس ذهبت أمي إلى السوق لشراء.

(ma‘a ’anna-l-jawwa kāna bāridan ’amsi dhahabat ’ummī ’ila-s-sūq li-shirā’i)

P　با اینکه دیروز هوا سرد بود مادرم برای خرید به بازار رفت.

(bā-īnke dīrūz havā sard būd mādaram barāye kharīd be-bāzār raft)

U　باوجودے کہ کل ٹھنڈا تھا میری ماں خریداری کے لیے بازار گئی ۔

(bā-wujūdē-ke kal ṭhanḍā thā mērī māṇ kharīdārī ke liye bāzār ga’ī)

用例　彼の友人は人生に絶望したかのようにピストルで自殺した

A　قتل صديقه نفسه بالمسدسة كأنه يئس من حياته.

(qatala ṣadīqu-hu nafsa-hu bil-musaddasa ka’anna-hu ya’isa min ḥayāti-hi)

P　دوست او با تپانچه خودکشی کرد گوئی که از زندگی مأیوس شد.

(dūste-ū bā tapānche khod-koshī kard gū’ī-ke az zendegī ma’yūs shod)

U　اس کے دوست نے پستول سے خودکشی کی گویا وہ زندگی سے مایوس ہوا ۔

(us ke dōst-ne pistōl se khud-kushī kī gōyā voh zindagī se māyūs huā)

用例　彼の父は仕事に成功するように毎日努力している

A　يجتهد أبوه كل يوم لينجح فى عمله.

(yajtahidu ’abū-hu kulla-yawmin li-yanjaḥa fī ‘amali-hi)

P　پدر او هر روز کوشش می‌کند تا در کار موفق شود.

(pedare-ū har rūz kūshesh mī-konad tā dar kār movaffaq shavad)

U　اس کا باپ ہر روز کوشش کرتا ہے تا کہ کام میں کامیاب ہو جائے ۔

(us ka bāp har rōz kōshish kartā hai tā-ke kām meṇ kām-yāb hō jā’ē)

用例　たとえその家がいかに安くても私は決して買わない

A　لا أشترى البيت أبداً و لو كان ثمنه رخيصاً.

（lā 'ashtarī l-bayt 'abadan wa-law kāna thamanu-hu rakhīṣan）

P　اگرچه آن منزل ارزان است ولی من آنرا هرگز نخواهم خرید.

（agar-che ān manzel arzān ast valī man ān-rā hargez na-khāham kharīd）

U　اگرچہ وہ گھر سستا ہے لیکن میں اسکو ہرگز نہیں خریدوں‌گا ۔

（agar-che voh ghar sastā hai lēkin maiṇ us-ko hargiz nahīṇ kharīdūṇ-gā）

条件節（仮定文）

既述の接続詞のところで条件節に用いる接続詞のみを述べたにすぎないので，ここではA，P，Uそれぞれの条件節の用法と用例を述べることにする。仮定文には事実の可能な場合と不可能な場合とがあり，それぞれの用法が異なるので，分けて説明し用例をあげる。

A 条件節

i）　可能な場合

この場合の接続詞には إن（'in）と إذا（'idhā）（もし～なら）が用いられ，إن で始まる条件節には動詞は完了形または未完了短形が用いられ，主節でも完了形または未完了短形が用いられ，それぞれを組み合わせることも出来る。إذا で始まる条件節では完了形が用いられ，主節では完了形または未完了形，未来形などが用いられる。

用例

إن شاء الله（'in shā'a allāh）もし神がお望みになるなら

إن يقلع إنسان عين آخر، تقلع عينه.

（'in yaqla' 'insān 'ayna ākhari, tuqla' 'aynu-hu）

もし人が他人の目をえぐるなら，彼の目はえぐられる

إذا كان الجو جميلاً غداً، سأذهب إلى حديقة الحيوان.
('idhā kāna-l-jaww jamīlan ghadan, sa-'adhhabu 'ilā ḥadīqatu-l-ḥayawān)
もし明日天気がよければ，私は動物園に行くだろう

إن ذهب زيد أذهب معه. ('in dhahaba zayd 'adhhabu ma'a-hu)
もしザイドが行けば，私は彼と一緒に行く

ii) 不可能な場合（非現実の仮定）

この場合には条件節の接続詞に لو (law) を用い，主節の始めには ل (la) を用いる。両節とも通常完了形が用いられる。

用例

لو كنت غنياً لساعدتك. (law kuntu ghanīyan, la-sā'adatu-ka)
もし私が金持ちだったら，あなたを助けるのだが

لو كنت طائراً لطرت إليك. (law kuntu ṭā'iran la-ṭirtu 'ilay-ka)
もし私が鳥だったら，あなたのところに飛んでいくのだが

P 条件節

i) 可能な場合

この場合と不可能な場合とは，A のように場合によって条件節を表す接続詞が異なることはなく，いずれの場合も اگر (agar)（もし～なら）が用いられ，چنانچه (chonānche) が用いられることもある。しかし条件節・主節の時制が場合によって異なるので分けて述べる。可能な場合には条件節は原則として仮説法現在形が用いられるが，時としては現在形，過去形，仮説法完了形のいずれかが用いられることもある。主節は現在形または未来形が用いられる。

用例

اگر مریض باشد، به مدرسه نخواهد رفت.

(agar marīz bāshad, be-madrese na-khāhad raft)

もし彼が病気なら，学校に行かないだろう

اگر شما بروید، من هم می‌روم.

(agar shomā be-ravīd, man ham mī-ravam)

もしあなたが行けば，私も行く

اگر شما درس بخوانید، در امتحان موفق می‌شوید.

(agar shomā dars be-khānīd, dar emtehān movaffaq mī-shavīd)

もしあなたが勉強すれば，試験に成功しよう

اگر شما او را دیدید، سلام مرا برسانید.

(agar shomā ū-rā dīdīd, salāme-marā be-resānīd)

もし彼に会ったら，私からよろしくと伝えて下さい

اگر فردا وقت داشته باشید، باهم به موزه برویم.

(agar fardā vaqt dāshte bāshīd, bāham be-mūze be-ravīm)

もし明日あなたに暇があったら，一緒に博物館に行きましょう

ii） 不可能な場合

条件節には過去形，過去進行形，過去完了形のいずれかが用いられ，主節には過去進行形または過去完了形が用いられる。

用例

اگر ارزان بود، من برای دخترم آن عروسک را خریده بودم.

(agar arzān būd, man barāye dokhtaram ān ‘arūsak rā kharīde būdam)

もし安かったら，私は娘のためにその人形を買ったのだが

اگر من پرنده بودم، خدمت شما می‌پریدم.

(agar man parande būdam, khedmate-shomā mī-parīdam)

もし私が鳥だったら，あなたのところに飛んでいくのだが

اگر پزشک زودتر می‌رسید ، پدرم فوت نمی‌کرد.

(agar pezeshk zūd-tar mī-resīd, pedaram fout nemī-kard)

もし医者がもっと早く到着したら，私の父は死ななかったであろう

اگر سگ آن بچه را پیدا نکرده بود ، او از سرما می‌مرد.

(agar sag ān bachche-rā peidā na-karde bud, ū az sarmā mī-mord)

もし犬がその子供を見つけなかったとしたら，その子は凍死したであろう

U 条件節

i）　可能な場合

条件節が اگر（agar）で始まるのは，P 条件節と同じであるが，主節の始めに تو（to）が用いられる。条件節の時制には不確定未来形のほかに，過去，現在，未来形のいずれかが用いられ，主節には不確定未来形または未来形が用いられる。

用例

اگر کل بارش ہو تو میں وہاں نہیں جاؤں‌گا ۔

(agar kal bārish hō to maiṇ wahāṇ nahīṇ jā'ūṇ-gā)

もし明日雨なら，私はそこに行かないでしょう

اگر آپ اردو بولیں‌گے تو میں بہت خوش ہوں‌گا ۔

(agar āp urdū bōlēṇ-gē to maiṇ bahut khush hūṇ-gā)

もしあなたがウルドゥー語を話すなら，私は大変嬉しいでしょう

اگر ریل گاڑی وقت پر نہ آئے تو بس سے جائیں ۔

(agar rēl-gāṛī waqt par na ā'ē to bas se jā'ēṇ)

もし列車が時刻通りに来ないなら，バスで行きましょう

اگر میں کل وہاں گیا تو اس کے بارے میں اس سے کہوں‌گا ۔

(agar maiṇ kal wahāṇ gayā to is ke bārē meṇ us se kahūṇ-gā)

もし私が明日そこに行ったら，これについて彼に言いましょう

ii) 不可能な場合

条件節，主節ともに現在（未完了）分詞が用いられ，否定には نہ (na) が用いられる。

用例

اگر میں چڑیا ہوتا تو آپ کے ہاں اڑتا ۔

(agar maiṇ chiṛiyā hōtā to āp ke hāṇ uṛtā)

もし私が鳥だったら，あなたのところに飛んでいくのだが

اگر تم مجھ سے پوچھتے تو میں جواب دیتا ۔

(agar tum mujh se pūchhtē to maiṇ jawāb dētā)

もし君が私に尋ねたら，私は答えたのだが

اگر مجھے پہلے سے خطرہ معلوم ہوتا تو میں وہاں کبھی نہ جاتا ۔

(agar mujhē pahlē se khatra ma'lūm hōtā to maiṇ wahāṇ kabhī na jātā)

もし私が以前から危険を分かっていたら，決して私はそこに行かなかったのだが

※上述のA，P，U文例はこの他にもよりこまやかな表現もできるが，対照の見地から極力簡明な文例にした。

著者紹介

黒柳恒男［くろやなぎ・つねお］
東京外国語大学名誉教授（ペルシア語学・文学）

目録進呈　落丁本・乱丁本はお取替えいたします。

平成14年3月30日　ⓒ第1版発行

アラビア語・ペルシア語・ウルドゥー語対照文法

著　　者　黒　柳　恒　男
発 行 者　佐　藤　政　人

発　行　所
株式会社　**大　学　書　林**
東京都文京区小石川4丁目7番4号
振替口座　00120-8-43740
電話　(03)3812-6281～3
郵便番号　112-0002

ISBN4-475-01859-5　　ロガータ・横山印刷・牧製本